딸아, 돈 공부 절대 미루지 마라

딸아, 돈 공부 절대 미루지 마라

초판 1쇄 발행 2023년 5월 22일
초판 11쇄 발행 2024년 8월 28일

지은이 | 박소연
발행인 | 강수진
편집 | 조예은
마케팅 | 이진희
홍보 | 이여경
디자인 | design co*kkiri

표지 일러스트 | jooyoon
북에디팅 | 방미희

주소 | (04075) 서울시 마포구 독막로 92 공감빌딩 6층
전화 | 마케팅 02-332-4804 편집 02-332-4809
팩스 | 02-332-4809
이메일 | mavenbook@naver.com
홈페이지 | www.mavenbook.co.kr
발행처 | 메이븐
출판등록 | 2017년 2월 1일 제2017-000064

ⓒ박소연, 2023(저작권자와 맺은 특약에 따라 검인을 생략합니다)
ISBN 979-11-90538-57-2 (03190)

돈과 인생에 대한 가장 현실적인 조언 50

딸아, 돈 공부 절대 미루지 마라

박소연 지음

메이븐
MAVEN

몇 년 전 책을 쓴다고 하기에 기다리고 있었는데 기다림이 꽤 길었다. 다 된 원고를 보고 나니 왜 저자가 이토록 오랫동안 책에 매달렸는지 알 것 같다. 하나밖에 없는 딸에게 전하는 이야기라 고민이 많았나 보다. 경제 상황이 좋든 나쁘든, 주식 시장이 상승하든 폭락하든 그와 상관없이 언제나 통할 수 있는 원칙들을 정리하기 위해 애쓴 흔적이 곳곳에 묻어 있다. 덕분에 우리는 참 단단한 책을 볼 수 있게 되었다. 자고 나면 흔들리는 주식 시장 때문에 불안한 수많은 딸들에게 이 책은 든든한 버팀목이 되어 줄 것이 분명하다.

— 김영익 (서강대 경제대학원 교수)

2005년 즈음이었던 것 같다. 대신증권에서 나온 시황 분석 보고서를 재미있게 읽었다. 깊이가 있고, 주제도 참신했고, 술술 읽히게 글도 잘 썼다. 여의도 증권가에서 쏟아져 나오는 여느 보고서들과는 확실히 달랐다. 필자의 이름은 박소연. 함께 일하고 싶었다. 만나서 이직을 권유했는데, 고맙게도 내 청을 받아들여 줬다.

그녀는 통찰력 있는 애널리스트이다. 깊이 있는 분석은 기본이고, 여의도에서 접하기 힘든 인문학적 소양이 느껴진다. 애널리스트로서의 능력도 출중하지만, 후배인 박 이사를 내가 존경하는 이유는 그녀가 '좋은 동료'이기 때문이다. 시니어로서 모든 일에 앞장서고, 후배들에게 쏟는 애정은 아낌이 없다. 또 세상의 변화에 호기심이 많고, 늘 학습하고, 진지한 태도로 살아가니 좋은 글을 쓴 수밖에 없다. 이 책은 22년 차 애널리스트로서 투자자가 가져야 할 태도와 기본 지식을 잘 설명하고 있을뿐더러 경험에서 우러나온 직장 생활의 지혜까지 전한다. 지금 주식을 살지 말지 고민하는 사람들이 있다면 이 책 먼저 읽어 보기를 권한다. 삶에 대한 통찰은 훌륭하고, 읽는 재미는 덤이다.

– 김학균 (신영증권 리서치센터장)

저자의 팬으로서 그녀가 쓴 수많은 리포트들을 읽으며 많은 도움을 받았는데, 이 책에는 그동안 그녀가 말하고 싶어 했던 모든 것이 담겨 있다. 이 책을 읽는 독자들은 신기한 경험을 하게 될 것이다. 20대 사회 초년생과 아직 온전한 어른이 되지 못한 30대와 고민이 깊어지는 40대 모두를 아우르는 내용이 담겨 있기 때문이다. 독자의 나이와 상황은 다르더라도 '엄마' 혹은 '언니' 박소연 애널리스트와 얼굴을 맞대고 '돈' 얘기를 나누는 귀한 시간이 될 것이다. 우리나라뿐 아니라 세계적으로 돈에 대해 이처럼 현실적인 조언을 해 줄 여성 멘토가 드물기에 이 책이 더욱 반갑다. "어느 주식을 사는 게 좋을까요?"라고 묻는 사람들에게 이 책을 권해 주고 싶다.

– 김효진 (전 KB증권 리서치센터 매크로 팀장)

딸아, 너도 알다시피 내 결혼식엔 어머니가 없었다. 스물한 살의 어느 날, 어머니가 악성 림프종으로 10개월 만에 세상을 떠났기 때문이다. 언젠가 어머니와 작별 인사를 나누게 될 거라 생각은 했지만 그 시간이 그처럼 빨리 올 줄은 몰랐다. 나는 오랫동안 어머니의 죽음을 받아들이지 못했고, 그로 인해 혼란과 방황 속에 우울한 이십 대를 보내야만 했다. 무엇보다 삶의 중요한 순간순간마다 그 자리에 어머니가 없다는 사실을 견디는 것은 쉬운 일이 아니었다.

다행히 네 아빠를 만나 결혼을 하고 너와 네 동생을 낳고 살면서 상처는 서서히 아물어 갔다. 그런데 가끔씩 너를 보고 있으면 어머니 생각이 나곤 했다. 내가 만약 어머니처럼 너무 일찍 세상을 떠나게 되면 어쩌지, 나는 너한테 그런 슬픔을 안겨 주기 싫은데, 하는 생각을 했던 것이다.

어머니가 돌아가신 나이가 꼭 마흔여섯이었다. 그런데 정말 올 것 같지 않았던 마흔여섯이 나에게도 왔다. 어머니가 돌아가셨던 바로 그 나이. 이제는 안다. 세상에 영원한 것은 없고, 누구나 예고 없이 세상과 작별할 수 있으며, 내가 할 수 있는 일은 최대한 후회 없이 사는 것뿐임을.

이 책을 쓰게 된 것은 그 때문이다. 너에게 해 주고 싶은 이야기가 있다면 나중으로 미루지 말고 써 두어야겠다 싶었다. 감정 표현이 서툰 탓에 평소 못 해 준 말들도 글로 써서 전하는 것은 할 수 있을 것 같았다. 그럼에도 어떤 것은 내 지나친 걱정일 수도 있고, 어떤 건 쓸데없는 잔소리 같고, 어떤 건 나도 못 하는 걸 너에게 강요하는 것 같아 쓰고, 지우고, 다시 쓰기를 반복했다. 이 책은 그렇게 몇 년 동안 내가 너한테 해 주고 싶었던 돈과 인생에 대한 이야기를 모아 정리한 것이다.

나는 지난 20여 년간 증권업계에서 애널리스트로 일하며 벼락부자가 된 사람부터 사업으로 성공한 자수성가형 부자, 부동산 투자나 주식 투자로 돈을 번 자산관리형 부자 등 수없이 많은 부자의 탄생을 지켜보았다. 그러나 한편으로는 있는 돈 없는 돈 모두 끌어모아 투자를 했다가 하루아침에 가난해지는 사람도 보았다. 나 역시 돈을 모으고 불리는 과정에서 잦은 실패를 경험했다. 그 과정은 때론 즐거웠지만 때론 고통스러웠다. 앞으로도 몇 번의 상승장과 하락장이 우리를 노크할 것이다.

너도 앞으로 사회생활을 시작하고, 일을 배우고, 결혼을 하고, 아이를 낳고, 그렇게 인생의 과정을 밟아 가겠지. 그런데 살아 보니 돈이 있다고 해서 반드시 행복한 것은 아니지만, 돈이 없으면 행복할 권리조차 주장하기 힘들어지는 경우가 많았다. 의외로 돈이 인생을 정의하는 경우도 있었다. 그러므로 언제든 돈을 모으고 불리는 고민을 멈추어서는 안 된다. 경제적 자립은 삶의 자립이고, 네가 원하는 인생을 살기 위한 주춧돌을 세우는 과정이기 때문이다.

여자들은 마흔이 넘는 순간 결혼을 했든, 하지 않았든 '자산'을 만들어 놓지 않은 것을 가장 많이 후회한다고 한다. 마흔 살은 일적으로만 놓고 보면 가장 전성기인 나이다. 여기저기 찾는 사람도 많고, 할 수 있는 일도 많아지지만 앞으로 그 시간이 얼마 남지 않았다는 것을 피부로 느끼는 나이. 그래서 어떤 형태로든 자산을 모아 둔 사람과 자산을 모아 두지 않은 사람의 마흔은 생활 전반에 있어 양적으로나 질적으로 엄청난 차이를 보인다.

게다가 이제는 물가가 빠르게 오르는 인플레이션의 시대이다. 가만히 제자리에서 성실하게 살고 있는데도 불구하고 모든 이의 월급이 스르르 녹아 버리는 시대, 예적금만 해서는 물가 상승률을 방어할 수 없고, 월급이 올라도 오른 게 아닌 시대가 되어 버린 것이다.

그러므로 마흔 넘어 후회하고 싶지 않다면, 마흔 넘어 초라해지고 싶지 않다면, 지금부터라도 돈 공부를 해야 한다. 네가 원하는 삶을 살기 위해 얼마만큼의 돈이 필요한지, 어떻게 그 돈을 모을 수 있을지, 또 어떻게 그 돈을 현명하게 써야 할지 진지하게 생각해 봐야 한다. 네가 그 과정에서 너만의 원칙을 세우고, 이를 충실하게 실천한다면 경제적 자립은 자연스레 따라올 것이다. 돈 때문에 기죽지 않고 당당하게 살아갈 수 있을 거라는 말이다.

물론 돈 공부 없이도 투자는 할 수 있다. 운이 좋으면 한두 번쯤 돈을 벌 수도 있을 것이다. 하지만 아무 준비가 안 된 사람의 운은 금방 사라지고 만다. 그리고 운이 좋아 돈을 벌었다 해도 그것을 너의 실력으로 착각했다가는 다음에 찾아올 하락장에서 네가 투자한 돈을 모두 잃을 수도 있다. 그러니 무작정 투자에 뛰어들기보다는, 돈을 공부하고 세상의 흐름을 파악하는 것이 먼저다.

그리스 신화에 나오는 부의 신인 '플루투스(plutus)'는 앞을 볼 수 없는 맹인이라고 한다. 제우스가 부의 공평한 분배를 위해 일부러 그렇게 만들었기 때문이다. 그런데 앞을 못 보다 보니 열심히 사는 사람과 그렇지 못한 사람을 가려내지 못하고 마구잡이로 돈을 나눠 주게 되었다. 이에 돈은 때때로 누군가에게는 넘치게 가고, 누군가에게는 너무 부족하게 가는 바람에 플루투스는 사람들에게 미움을 받게 되었다. 그러나 결국 주변의 노력으로 플루투스는 눈을 뜨게 되고, 다시 부는 공평하게 흐르게 된다.

이처럼 돈이라는 것은 때로 말도 안 되게 쉽게 벌리기도 하지만, 그만큼 어이없이 쉽게 빼앗기기도 한다. 돈의 속성 자체가 그렇다. 그러나 네가 만약 충분히 돈에 대해 공부해서 돈을 다루는 법을 익히게 되면 그것까지 너에게서 앗아가지는 못한다. 결국 부의 신이 너에게 합당한 결과를 가져다줄 것이라는 얘기다.

나는 네가 어떤 투자를 하든 힘들게 번 돈을 허무하게 잃지 않았으면 좋겠다. 돈을 잃었다는 경험은 너의 피와 살에 단단히 새겨지겠지만, 결국 너는 잃어버린 종잣돈을 모으기 위해 또다시 몇 년을 고생해야 한다. 젊은 시절의 1년은 나이 든 사람의 10년과 맞먹는 천금과 같은 시간인데 그 시간을 다시 종잣돈을 모으는 데 바쳐야 한다면 너무 아깝지 않을까. 그래서 이 책에는 당장 투자를 해서 돈을 벌 수 있는 비법이나 빨리 부자가 되는 지름길은 들어 있지 않다. 지금은 그 말이 맞다고 여겨지더라도 시장은 변덕스럽게 변하게 마련이고, 부의 신은 앞을 못 보기 때문에 때때로 너를 보지 못하고 지나칠 수 있다.

그래서 나는 너에게 시장이 좋든 나쁘든 작동하는 투자의 기본 원칙들을 알려 주고 싶다. 이 원칙들은 지난 20여 년간 애널리스트로 일하며 수많은 투자자들을 지켜보고, 나 스스로도 시행착오를 거듭하며 얻게 된 것들이다. 네가 만약 이 원칙들을 너의 것으로 만들 수 있다면 누가 뭐라든 돈 때문에 기죽지 않고 당당하게 살아갈 수 있을 것이다.

네가 어떤 삶을 살든 네가 가진 돈은 그 크기만큼 너를 지켜준다. 그러니 하루라도 빨리 돈 공부를 시작해라. 세상의 흐름과 돈의 방향을 파악하고, 네 돈을 어디로 흐르게 할지 결정해라. 이 책이 너로 하여금 좌절할 때 다시 일어서게 하고, 실패를 최소화할 수 있게 하며, 돈 공부를 시작하게 만들 수 있다면 나는 더 바랄 것이 없겠다.

너를 아끼는 엄마가

CONTENTS

CHAPTER 3. 부자들이 말해 주지 않는 부의 비밀

CHAPTER 4. 미래의 부를 끌어당기는 돈 공부법

CHAPTER 5. 22년 차 애널리스트의 실전 투자 원칙

CHAPTER 6. 내일도 출근하는 너에게 해 주고 싶은 말들

일러두기

원 달러 환율은 2023년 1월 2일~4월 28일의 평균 환율(1,290.33원)을 따랐습니다.

*고시 회차 최종, 매매 기준 환율

CHAPTER 1

딸아, 돈 공부
절대 미루지 마라

예적금만 믿고 있다가는
가난해지는 시대

1980년대 우리나라 은행의 정기예금 금리는 12~13퍼센트였다. 그래서 정기예금에다 1000만 원을 1년 동안 넣어 두기만 해도 이자가 최소 120만 원이 더 붙곤 했다. 1억을 넣어 두면 1200만 원, 10억을 넣어 두면 1억 2천만 원을 이자로 벌 수 있었던 것이다. 그래서 따로 재테크를 할 필요가 없었다. 그저 열심히 회사 다니면서 착실히 저축만 하면 그것이 자연스럽게 노후 대비로 이어졌다.

그런데 2000년대 초반 예금 금리가 10퍼센트 아래로 떨어지더니 2020년 코로나19 직후에는 0.5퍼센트까지 떨어졌다. 1000만 원을 1년 동안 은행에 맡겨 두어도 이자가 5만 원밖에 안 붙는 상황이 된 것이다. 그나마 작년 말 금리 인상으로 예금 금리가 한때

5퍼센트까지 치솟았지만 금세 3퍼센트로 떨어졌다. 월급을 아껴서 저축만 해서는 안 되는 시대가 열린 것이다.

하지만 그럼에도 여전히 재테크를 두려워하는 사람들이 많다. 그들은 주식에 투자했다 돈을 날리고, 집을 샀는데 대출이자가 너무 높아서 허리가 휘는 사람들의 이야기를 접하며 '거봐. 주식도 부동산도 안 하길 천만다행이지, 욕심부리면 망한다니까…'라면서 가슴을 쓸어내린다. 즉 아무것도 안 한 덕분에 자신의 돈을 지켰다고 생각하는 것이다.

하지만 그들이 한 가지 간과하는 게 있다. 아무것도 안 해서 돈을 지킨 게 아니라 지금 이 순간에도 돈의 가치는 계속 떨어지고 있기 때문에 결국은 돈을 지킨 게 아니라는 사실이다.

월급은 4퍼센트 올랐는데 물가는 6퍼센트 올랐다고 해 보자. 그러면 실제로는 작년보다 더 적게 번 것이 된다. 왜냐하면 같은 물건을 사는 데도 돈이 더 많이 들어서 지출이 더 많아지기 때문이다. 마트에서 장을 보면 물건을 몇 개 안 샀는데도 10만 원이 나오는 경우도 허다하다. 그러면 월급은 분명 올랐는데 그 돈으로 생활하는 것이 갑자기 팍팍하게 느껴지기 시작한다. 당연히 저축할 수 있는 돈도 줄어든다. 돈을 모으기가 힘들어지는 것이다. 문화생활과 취미 활동에도 제약이 생겨 삶의 질이 떨어진다. 때때로 자유를 누리던 삶에 불행의 그림자가 드리워지는 것이다.

그런데 더 큰 문제는 경기 침체로 연봉을 2~3퍼센트만 올리거나, 회사가 어렵다는 이유로 연봉을 동결시키는 사례가 많다는 데 있다. 연봉이 동결될 경우 물가 6퍼센트는 고스란히 가계 경제에 있어 타격으로 돌아온다. 소득은 오르지 않았는데 물가가 높아 지출이 많아지면서 소비가 늘어나 가계부가 마이너스를 기록하게 되는 것이다.

이때 집을 사거나 전세금을 올리는 과정에서 대출을 받은 게 있다면 문제는 더 심각해진다. 2021년까지만 해도 금리는 거의 제로에 가까웠고 대출이자는 2.5퍼센트였는데 지금은 금리가 3.5퍼센트로 오른 데다 대출이자는 7퍼센트까지 치솟았다가 4~5퍼센트 대로 내려오고 있다. 하지만 2021년에 비해서는 여전히 대출이자가 2배 정도 높아 4~5억 원을 대출받았다고 하면 월 대출이자만 100만 원 더 내야 하는 상황이 되어 버렸다.

그런데 2022년부터 시작된 고물가, 고금리로 인한 '인플레이션 (Inflation)'이 끝날 기미를 보이기는커녕 장기화될 조짐이다. 가만히 있으면 돈을 지키는 게 아니라, 가만히 있기만 했는데 가진 돈의 가치가 떨어지고 지출은 많아져 무엇이든 하지 않으면 가난해질 수밖에 없는 시대가 된 것이다.

'인플레이션'은 화폐가치가 떨어져 물가가 상승하는 경제 현상을 말한다. 그와 관련해 친구가 재미있는 이야기를 한 적이 있다. 자신은 겨울 코트는 27만 원이 넘으면 안 된다는 소비 철학을 가지고 있다고. 그래서 왜 그러느냐고 묻자 그녀가 말했다.

"내가 20대 때 아르바이트를 해서 무리하게 산 게 겨울 코트였어. 당시 27만 원이었는데 고가 옷에 속했지. 그런데 5년이 지나니까 40~50만 원 대로 뛰더니 어느덧 코트값이 70~80만이 되더라고. 금으로 된 단추를 다는 것도 아니고 품질이 월등이 좋아진 것도 아닌데 코트 한 벌 값이 70만 원이 넘는 건 좀 너무하지 않니?"

그래서 친구는 절대 27만 원 넘는 코트를 사지 않는다고 했다. 하지만 동일한 품질의 동일한 물품인데도 시간이 지남에 따라 점진적으로 물건값은 오르게 되어 있다. 그래서 예전에는 27만 원을 주고 샀는데 이제는 그 가격에 그 물건을 살 수 없게 된다. 화폐가치가 그만큼 하락했기 때문이다. 같은 액수의 돈을 가지고 있지만 구매력은 예전보다 떨어지는 것이다.

이처럼 통화량이 많아지면서 화폐가치가 하락하고 그로 인해 물가가 오르는 인플레이션이 찾아왔을 때 어떻게 해야 할까? 그에 대비하기 위해서는 기본적으로 두 가지 방법이 있는데 첫 번째는 오른 물가만큼 월급이 똑같이 올라 주면 된다. 물론 이 방법은 회사가 그렇게 해 줄 수 없다고 말하면 너로서는 어떻게 해 볼 도리가 없다.

두 번째는 투자를 통해 인플레이션으로 생긴 위험을 방어하는 방법이다. 혹시 '헷지(Hedge)'라는 용어를 들어 본 적이 있니? '울타리'라는 뜻인데 주인의 소유물을 지키는 울타리처럼 '투자가의 자산을 지킨다'는 뜻으로도 사용되고 있다. 좀 더 구체적으로 말하자면 헷지는 위험 요인들로 인해 자산의 변동이 생길 때 그것을 보호하기 위해 하는 행위 혹은 투자를 의미한다. 만약 물가 인상률이 5퍼센트이면 그것을 방어하기 위해 펀드나 주식을 해서 5퍼센트 수익을 낸다고 해 보자. 그러면 너는 네 자산을 지킬 수 있게 된다. 헷지를 통해 인플레이션에 대비하는 것이다.

내가 너에게 돈 공부를 해야 한다고 말하는 이유는 바로 거기에 있다. 네가 열심히 번 돈의 가치가 휴지 조각이 되지 않게 하려면 돈을 공부해서 돈을 잘 지키고 불릴 수 있어야 한다. 네가 돈에 대해 정확히 알고 있어야만 경제를 잘 이해하고, 돈을 효율적으로 잘 관리할 줄 알아야만 그 어떤 위기가 오더라도 잘 대처해 나갈 수 있다는 말이나.

글을 모르는 사람을 '문맹'이라고 부르듯 우리는 돈을 모르는 사람을 '금융 문맹'이라 부른다. 그런데 생각보다 돈에 대해 잘 아는 사람은 그리 많지 않다. 금융 문맹이 의외로 많다는 뜻이다. 더 큰 문제는 그들이 돈에 대해 잘 모르는 것을 별로 심각하게 받아들이지 않는다는 데에 있다. 이와 관련해 앨런 그린스펀 전 미국 연방준비제도이사회 의장은 "현재 세대와 경제에 있어 가장 큰 문제는 금융 이해력이 부족하다는 점이다. 문맹은 생활을 불편하게 하지만 금융 문맹은 생존을 불가능하게 만들기 때문에 문맹보다 더 무섭다"라고 경고한 바 있다.

돈의 흐름을 읽고, 경제 공부를 하는 것은 생존에 직결되는 문제다. 왜냐하면 '저물가 고성장'의 시대가 끝났기 때문이다. 한국은 지난 30여 년 동안 비약적인 경제성장을 이루었다. 그래서 취업의 문턱이 그리 높지 않았고, 어디든 취직해서 열심히 일하면 연봉이 올라갔고, 예적금 금리가 높아 저축만 열심히 해도 직장 생활 15년 차쯤 되었을 때에는 집을 살 수 있었다. 안정적인 삶을 이루는 것이 하늘의 별 따기처럼 어렵지는 않았다는 말이다. 하지만 지금은 상황이 너무 달라졌다. 앞선 세대가 했던 방법으로는 안정적인 삶을 영위하는 것이 불가능해졌다. 돈을 쓰지 않고 가만히 있는데도 돈의 가치가 떨어지기 때문에, 네가 무언가 조치를 취하지 않는다면 모은 돈의 가치가 점차 떨어져 돈에 쪼들리고 허덕이는 삶을 살게 될 것이다.

이 모든 사실에도 불구하고 MZ세대가 '부모보다 가난한 첫 세대'가 될 것이라는 전망은 나에게 충격으로 다가왔다. 20대 시절을 학자금 대출을 안은 채 시작해, 비좁은 취업 문을 간신히 뚫고 직장인이 되었지만 꽃길 같은 미래는커녕 결혼도, 내 집 마련도 쉽지 않은 가혹한 현실을 받아들이는 게 쉬울 리 없다. 늘 돈이 부족하고, 매 순간마다 돈 때문에 스트레스 받고 위축되는 삶을 원하는 사람은 아무도 없을 것이다.

더 이상 돈이 없어도 행복하게 살 수 있다는 말은 믿지 마라. 돈이 없으면 그나마 있던 행복도 무너지는 게 지금의 현실이다. 그러니 하루빨리 금융 문맹에서 벗어나려 노력해야 한다. 마음만 먹으면 대학 졸업장이 없어도 잘살 수 있고, 영어를 할 줄 몰라도 사는 데 별다른 지장이 없을 수 있지만, 금융 문맹은 앞으로 살아남기 힘들 것이다.

생각보다 마흔은 금방 온다

"엄마, 서른 살 때는 어땠어?"

네가 그렇게 물으면 나는 별로 할 말이 없다. 나는 그때 결혼을 하고 너를 낳아 정신 없는 하루하루에 적응하기 바빴다. 사느라 바빠서 어떻게 시간이 가는 줄도 몰랐던 것이다.

그런데 마흔 살은 달랐다. 나에게 남아 있는 '좋은 시간'이 얼마 남지 않았다는 것이 피부로 확 느껴졌다. 나는 더 이상 젊지 않으며, 위로 올라가는 문은 점점 좁아지는데 밑으로는 나를 대체할 후배들이 무섭게 덤벼 왔다. 그래서 왠지 모르게 '나는 아직 젊고 쓸 만하다'라는 사실을 증명하지 않으면 안 될 것 같은 절박감이 몰려왔다.

마흔은 일 하나만 놓고 보면 가장 전성기라고 할 수 있는 시기다. 금전적으로도 안정되어 있고, 거래처에서도 나만 찾고, 내 손을 거치면 모든 것이 원활해지는, 일적으로는 아주 자신감이 넘치는 시기. 그러나 동시에 그 시기가 오래 가지 못할 것이라는 사실을 사무치게 느끼게 된다. 조만간 경제적으로 수입이 더 이상 증가하기 어려운 시점이 오겠구나 하는 사실을 비로소 실감하게 되는 것이다. 이는 현금흐름 감소를 완충하고 나를 보호해 줄 '자산'의 필요성을 절감하게 됨을 의미한다.

기업의 재무제표를 보면 손익계산서, 현금흐름표, 대차대조표가 있는데 그것을 삶에 적용해 보면 다음과 같다. 매달 들어오는 월급(수입)에서 소비(지출과 대출, 이자 상환)를 결산하는 가계부는 손익계산서이고, 실제 내 은행 잔고와 지갑에 당장 쓸 수 있는 현금이 얼마나 들어 있는지를 보여 주는 게 현금흐름표이며, 내가 회사를 그만두고 더 이상 일을 안 하더라도 쓸 수 있는 자산이 얼마인지를 알 수 있는 것이 바로 대차대조표이다.

그런데 마흔이 되면 아무리 손익계산서와 현금흐름표가 훌륭해도 대차대조표가 부실하면 불안해질 수밖에 없다. 일을 못 하게 되거나 사업을 못 하게 되어 들어오는 돈이 없으면 당장 돈에 쪼들리게 되기 때문이다.

물론 결혼을 한다면 네가 일을 그만두어도 너 대신 안정적인 현금흐름을 가져다줄 남편이 있어 괜찮다고 생각할 수 있다. 하지만 남자에게도 마흔은 똑같이 찾아온다. 일적으로는 전성기이지만 그 시간이 얼마 남지 않았음을 절감하게 되는 것이다. 그래서 외벌이로 아내와 아이까지 책임지는 남자들은 마흔이 더 가혹하게 느껴진다고 한다. 일 이외의 선택지가 없는데 일을 할 수 있는 시간은 점점 줄어들고 있기 때문이다.

그래서 누군가 나한테 그런 말을 한 적이 있었다. 결혼을 하고 아이를 낳는 것은 자전거를 타는 것과 같다고. 페달을 세게 밟을 수도 있고 약하게 밟을 수도 있지만 페달을 밟지 않는 순간 자전거는 바로 쓰러지게 되어 있다고. 그러니 싫든 좋든 자전거에서 내리기 전까지는 페달을 계속 밟는 것밖에는 방법이 없다고.

그래서인지 결국 마흔이 되면 결혼을 했든 하지 않았든 '자산'을 만들어 놓지 않은 것을 가장 후회하게 된다. 이때 자산은 은행 예금일 수도 있고, 아파트나 오피스텔 같은 부동산일 수도 있고, 알짜 우량주나 우량 채권일 수도 있다. 저작권 같은 무형자산도 그에 포함될 수 있겠지.

물론 너에게 마흔이라는 나이는 아직 멀게만 느껴질 수도 있다. 어쩌면 지금은 결혼 자금을 모으는 것만 생각해도 벅찰 수 있다. 하지만 결혼은 결코 너에게 경제적 여유를 가져다주지 못한다. 오히려 자칫 잘못하면 결혼 비용으로 수천만 원을 쓰고, 신혼집 전세 비용을 마련하기 위해 대출이라도 받게 되면, 결혼과 동시에 빚더미에 올라앉을 수도 있다. 결혼을 하면 뭔가 안정된 삶을 살 수 있지 않을까 하는 막연한 기대감이 있겠지만 그게 결코 쉽지 않다는 이야기다. 결혼을 하든 하지 않든 네 수중에 돈이 없으면 계속 돈에 쫓기면서 불안정한 삶을 살게 될 수밖에 없다.

그리고 생각보다 마흔은 금방 온다. 어떤 형태로든 자산을 모아 둔 사람과 자산을 모아 두지 않은 사람의 마흔은 생활 전반에 걸쳐 질적으로 엄청난 차이를 보인다. 그러니 마흔이 되어 후회하고 싶지 않다면 지금 당장 네가 가진 자산을 가지고 대차대조표부터 써 보아라. 중요한 것은 네가 지금 무엇인가를 하지 않는다면 10년 뒤 네 미래는 아무것도 달라지지 않을 것이라는 점이다.

왜 나는 이렇게 불안한 걸까?

　한번 우리가 이렇게 한번 머리를 맞대고 생각을 해 보자고 / 너한테 10만 원이 있고 나한테 100만 원이 있어 / 그러면 상당히 너는 내가 부럽겠지 / 짜증 나겠지 / 근데 입장을 한번 바꿔서 우리가 생각을 해 보자고 / 나는 과연 니 덕분에 행복할까 / 내가 더 많이 가져서 만족할까 / 아니지 / 세상에는 1000만 원을 가진 놈도 있지 / 난 그 놈을 부러워하는 거야 / 짜증 나는 거야 / 누가 더 짜증 날까 널까 날까 몰라 나는 / 근데 세상에는 말이야 / 부러움이란 거를 모르는 놈도 있거든 / 그게 누구냐면 바로 나야 / 너네 자랑하고 싶은 거 있으면 얼마든지 해 / 난 괜찮아 왜냐면 나는 부럽지가 않아 한 개도 부럽지가 않아

가수 장기하의 노래 〈부럽지가 않어〉의 일부다. 그런데 나는 이 노래 가사에 감탄을 금치 못했다. 돈을 대할 때는 무엇보다 타인의 성공과 재산을 부러워하며 비교의 덫에 빠지지 않는 것이 중요한데, 가사가 그 핵심을 정확히 꿰뚫고 있기 때문이다. 10만 원 가진 사람은 100만 원 가진 사람을 부러워하지만 정작 100만 원 가진 사람은 바로 옆에 있는 1000만 원 가진 사람을 부러워하며 한숨을 내쉰다.

세상에는 늘 나보다 많은 돈을 가진 사람들이 존재한다. 이 정도 벌면 괜찮지 않을까 싶은데 주위를 둘러보면 나보다 더 돈이 많고 화려한 삶을 사는 사람들이 너무 많아서 금세 기가 죽는다. 그처럼 한번 돈을 좇기 시작하면 그 삶이 끝날 줄을 모른다. 1억이 있으면 10억 부자가 부럽고, 10억이 있으면 30억을 가진 사람이 부럽기 마련이다. 그러다 어느 순간부터는 짜증이 나기 시작한다. 아무리 벌어도 나보다 더 부유한 사람이 존재하기 때문이다. 막연히 돈을 좇는 삶이 금방 불행해지는 이유다.

그런데 같은 10억을 가지고 있어도 50억 부자를 부러워하지 않는 사람들이 종종 있다. 남들이 아무리 '겉으로만 태연한 척하는 거야. 속으로는 부럽겠지. 저런 걸 바로 정신 승리라고 한다니까' 하며 비아냥대도 그들은 꿈쩍하지 않는다. 왜냐하면 그들의 인생 목표는 50억을 버는 것이 아니기 때문이다. 그들의 인생 목표는 각자 따로 있다. 사업 규모를 더 키우거나 행복한 가정을 꾸리는 것 등등…. 그래서 그들은 자신이 원하는 목표를 향해 앞으로 나아가며 매 순간 최선을 다할 뿐이다. 그렇다고 해서 그들이 흥청망청 돈을 쓰고 과시하며 사는 것은 절대 아니다. 경제적 자유 없이는 지금처럼 자신이 원하는 삶에 집중할 수 없다는 사실을 너무나 잘 알고 있다. 그래서 그들은 결코 돈을 함부로 쓰지 않는다. 자산을 더 불리기 위한 공부도 열심히 한다.

딸아, 너는 이미 눈치챘겠지만 나는 자신보다 훨씬 부유한 사람을 부러워하지 않고 흔들리지 않는 그런 사람을 좋아한다. 그들은 돈을 좇지 않지만 신기하게도 돈이 그들을 좇아오는 경우가 많았고 심지어 그들 주위에는 좋은 사람들이 많았다. 부자의 품격은 바로 그런 게 아닐까.

매달 돈에 쪼들리는 너에게 이런 이야기는 남의 일처럼 들릴지 모른다. 너는 그저 하루빨리 재테크를 열심히 해서 돈 걱정 없이 살고 싶을 뿐이라고 항변할 수도 있다. 그런데 네가 생각하는 인생을 일찍 그려 두지 않으면 어느 순간 돈에 끌려 다니면서 돈의 노예가 되고 만다.

미국에서 조사한 바에 따르면 나는 1년에 11만 달러를 벌고 다른 사람들은 20만 달러를 버는 세계와, 나는 11만 달러를 벌고 다른 사람들은 8만 달러를 버는 세계 중 어떤 것을 선택하겠느냐는 질문에 대다수가 후자를 선택했다. 다른 사람들과 비교해서 내가 더 낫다는 만족감을 느끼고 싶기 때문이다.

그런데 비교 심리는 절대 거기서 멈추지 않는다. 친구가 산 명품

백이 부러워 무리를 하게 만들고, 비싼 외제차가 부러워 빚을 내면서까지 그것을 사게 만든다. 남이 주식 투자를 해서 돈을 벌었으면 나도 그것을 해야 할 것만 같은 조급함이 들기도 한다. 상대방과 비교해서 꿀리고 싶지 않은 마음에 자꾸만 금전적으로 무리를 하게 되는 것이다. 그 결과 돈을 모으기는커녕 대출을 갚기 위해 회사를 다녀야 하는 상태에 이른다. 철학자 쇼펜하우어는 이를 두고 "우리들의 불행은 대부분 남을 의식하는 데서 온다"고 꼬집기도 했다.

문제는 이 모든 걸 알면서도 비교 심리의 덫에 빠지지 않는 게 참 어렵다는 것이다. 평소 부동산과 주식에 아무 관심이 없던 사람들도 주식이 오르고 아파트값이 치솟는다는 뉴스가 연일 보도되면 관심을 보인다. 그러다 다른 사람들이 큰돈을 벌었다는 기사를 보면 괜히 상대적 박탈감에 시달리며 우울해한다. 이대로 가만히 있다가는 나만 뒤처질 것 같은 불안에 시달릴 때도 있다.

왜 우리는 비교를 멈추지 못하고 자꾸만 스스로 불안에 시달리는 걸까? 그 문제를 고민하던 중 나는 의외의 곳에서 해답을 찾았다. 내가 보기에는 날씬하고 예쁜데도 항상 뚱뚱하다고 생각해 괴로워하며 15년간 폭식과 다이어트를 계속 반복한 후배가 있었다. 안타까운 마음에 여러 조언을 해 주었지만 그때마다 그녀는 나에게 말했다.

"언니, 저도 다 해 봤어요."

하루에 한 끼만 먹으며 잘 버티다가 날 잡고 폭식을 해서 다이어트에 실패했다며 울상을 지을 때도 있었고, 극단적으로 다이어트를 해서 살을 뺐다며 기분이 좋다고 말한 것도 잠시, 요요 현상이 와서 다시 살이 찌고 있다며 낙담한 적도 있었다. 그런 상황이 반복될수록 그녀의 피부는 푸석해져 갔고 머리숱도 줄고 무엇보다 정신적으로 피폐해져 가더구나.

그런데 시간이 흘러 좋은 남자를 만나 결혼을 하고 아이를 낳아 기르더니 어느 순간 다이어트가 필요 없을 정도로 살이 쏙 빠져 있었다. 깜짝 놀라 "아니, 어디 아팠었니? 아니면 아이 키우는 게 힘든 거야? 무슨 문제 있는 건 아니지?" 하고 물었더니 후배의 대답이 너무 의외였다. 사랑을 받고 사랑을 주는 것이 이렇게 충만하고 기쁜 일인지 몰랐다고, 결혼을 하고 안정감이 생기니 애정결핍이 충족되면서 더 이상 폭식을 하지 않게 되었고, 그러다 보니 저절로 살이 빠져서 다이어트를 할 필요가 없어졌다고 하는 게 아닌가. 그 말을 하는 그녀의 얼굴은 너무나 편안하고 밝아 보였다.

결국 그녀를 15년 동안 폭식과 다이어트를 반복하며 미치게 만든 주범은 마음속의 허기였다. 애정 결핍이 폭식을 하게 만들었고 폭식 후 무리한 다이어트를 하게 만든 것이다. 그런데 존중과 사랑을 받으며 마음이 채워지니까 더 이상 허기를 느끼지 않게 되었고 폭식 증상도 말끔히 사라졌다. 그녀에게 필요한 것은 무리한 다이어트가 아니라 존중과 사랑이었던 것이다.

이것은 사실 돈을 다루는 문제에도 똑같이 적용된다. 돈 얘기만 나오면 자신도 모르게 신경질적으로 반응하게 된다든지, 친구 집들이에 가서 축하한다는 말을 하면서도 자가인지 전세인지 집요하게 궁금해하고, 괜시리 울적한 마음에 퉁명스러워져 분위기를 싸하게 만들었던 적이 누구나 한 번쯤 있을 것이다. 그럴 때는 스스로가 참 못나게 느껴지지만 통제가 잘 안 되는 감정 때문에 괴로울 수밖에 없다.

그런데 그것은 단순히 네 통장 잔고의 문제가 아니라, 네가 경제적 불안감을 해소하기 위한 제대로 된 플랜을 가지고 있지 않기 때문에 발생하는 마음가짐의 문제에 가깝다. 500만 원이 있어도 명확한 계획이 있다면 두렵지 않지만, 같은 500만 원이 있어도 경제관념이 제대로 서 있지 않고 아무 준비도 안 되어 있다면 너도 모르게 불안을 느끼게 된다는 뜻이다.

그러므로 자꾸만 불안한 마음이 든다면 이루고 싶은 경제적 독립의 모습은 어떤 것인지 상상하고, 구체적으로 그림을 그리는 과정이 필요하다. 너에게 필요한 돈은 얼마이고, 네 힘으로 벌 수 있는 액수가 얼마이고, 그 돈을 어떻게 쓸 것인지까지 구체적으로 미리 생각해 보면, 네 욕망이 어느 정도인지 가늠해 볼 수 있고, 그에 대한 현실적인 대안을 세울 수 있다. 그리고 이를 실현하기 위해 어떤 스텝들이 필요할지 계획을 세우고 한 단계씩 밟아 나가야 한다.

네가 얼마를 가지고 있든 계획을 세우고 하나씩 실천해 나간다면 그것이 너에게 심리적 안정감을 가져다줄 것이다. 그게 바로 타인과 나를 비교하며 자꾸만 움츠러드는 문제를 풀 수 있는 열쇠다. 가진 재산이 500만 원밖에 없어도 경제적 플랜이 확실하게 세워져 있으면 남들 앞에서 쫄지 않고 당당할 수 있다는 얘기다.

그러니 주변 사람들은 다 부자가 됐는데 나만 뒤처지면 어쩌나 조바심이 나서 뉴스에 나온 잘 알지도 못하는 회사에 전 재산을 떡하니 투자했다가 손해를 보고 끙끙거리고 있다면, 평소 커피 한 잔 사 먹을 때는 500원 아끼려고 몇백 미터를 더 걸어가면서도 어느 날 갑자기 지름신이 강림해서 필요 없는 물건을 마구 사들이고 있다면 더 이상 스스로를 탓하며 아까운 시간을 그냥 흘려보내지 마라. 불안이 너를 잠식하게 두지 말라는 말이다.

앞서 얘기했듯 해결책은 의외로 쉬운 곳에 있다. 매달 30만 원이라도 네가 미래를 위해 적금 통장에 불입을 하고 있다면 그 행동 자체가 너의 마음을 지켜 줄 것이다. 네가 부러워하는 사람은 지금 부자이지만 너도 계획을 세우고 그것을 지켜 나가다 보면 그 사람보다 불행할 일은 결코 없을 것이다. 사람은 계획을 세우면 안정감을 느끼는 동물이다. 막연한 불안과 두려움은 '내가 무언가를 하겠다'는 계획을 세우는 순간 사라지고, 그 자리에 자신감이 피어날 것이다.

부자들이 월급을
결코 우습게 보지 않는 이유

    미국의 하버드대 경제학과 교수인 센딜 멀레이너선과 프린스턴대 심리학과 교수인 엘다 샤퍼는 《결핍의 경제학》을 통해 결핍이 사람들의 행동과 정신에 어떤 영향을 미치는지를 생생하게 보여준다. 그에 따르면 결핍이 지나칠 경우 사람들은 정상적인 판단을 하지 못한다. 지금 부족하다고 느끼는 것에만 온통 매몰되어 다른 것을 전혀 고려하지 못하기 때문이다. 그래서 외로운 사람일수록 친구를 제대로 사귀기 어렵고, 시간에 쫓기면 쫓길수록 실수를 더 많이 하게 된다. 이처럼 인간에게 극단적인 결핍은 악순환을 일으킨다.

    나는 그러한 극단적 결핍의 폐해가 큰 분야가 돈이라고 생각한다. 분명 월급이 들어왔는데 카드값이 나가고 나면 쓸 돈이 없다고 해 보자. 그러면 다음 달이 아니라 당장 다음 주 생활비가 걱정되면서 초조해지고 신경이 날카로워지게 마련이다.

이런 경우 '터널 시야(Tunnel Vision)'에 빠지기 쉽다. 터널 속에서 터널 입구를 바라보면 모든 것이 까맣고 한 줄기 빛만 보인다. 즉 돈 문제 말고는 아무것에도 신경을 쓰지 못하게 되는 것이다. 그래서 친구와 만나 커피 한잔 마시면서도 지갑에 얼마가 있는지를 신경 쓰게 되고, 돈 얘기가 나오면 괜히 혼자 자존심이 상해서 평소 같으면 농담으로 넘길 얘기에도 자극을 받고 발끈하게 된다. 그러다 보니 돈에 쪼들리기 시작하면 생활이 궁핍해지는 것을 넘어서서 인간관계마저 틀어지기 십상이다. 무성영화 시대 최고의 배우이자 감독으로 꼽히는 찰리 채플린은 영국 빈민촌에서 태어나 알코올 중독자인 아버지 밑에서 찢어지게 가난한 유년 시절을 보냈는데, 훗날 그는 이렇게 말했다.

"추위, 배고픔, 그리고 가난에 대한 수치스러움은 한 사람의 정신세계에 생각보다 큰 영향을 미친다. 궁핍은 매력적인 것도, 유익한 것도 아니다. 가난은 나에게 부자나 상류계급의 미덕과 우아함을 과대평가하게 만들어 가치관을 왜곡시켰을 뿐이다."

실제로 채플린은 성공을 거둔 뒤 돈 문제에 지나치게 인색했다고 한다. 돈을 아끼려고 옷을 안 갈아입다 보니 옷에서 악취가 나기 일쑤였고, 지인들과 식사 자리가 생기면 돈을 안 내려고 일부러 지갑을 안 가지고 갔다는 일화가 있을 정도다. 지독한 가난의 경험이 두고두고 그를 위축시키고 시야를 좁게 만든 것이다.

내가 취직하고 처음으로 명품 가방을 샀을 때의 일이다. 한번은 비가 억수로 오는 날 그 가방을 신주 모시듯 감싸 안고 뛰었더니 친구가 한마디 했다.

"그럴 거면 우산은 왜 쓰니? 네 머리랑 옷은 다 젖었는데 가방만 젖지 않으면 괜찮은 거야? 아무리 명품이라도 그렇지 너무 휘둘리는 거 아냐?"

그때 느꼈다. 명품이 아니었다면 나는 당연히 가방을 챙기기 전에 나부터 챙겼을 것이다. 아니 가방이 젖는 것쯤은 솔직히 신경도 안 썼을 것이다. 그런데 나는 들고 다니라고 만들어진 그 가방을 너무 아까워 몇 번 쓰지도 못했다. 그럴 거면 애초에 그 가방은 사지 말았어야 했다. 하지만 나는 그 순간 나도 모르게 가방을 보호하기 위해 필사적으로 감쌌고 덕분에 나는 생쥐꼴을 면치 못했다. 본말전도(本末顚倒)가 되어 버린 것이다.

그 사건은 나에게 큰 깨달음을 주었다. 휘둘리는 삶이 과연 어떤 것인지, 그것이 얼마나 우스꽝스러운지를 알게 해 준 것이다. 내가 무언가에 휘둘린다는 것은 내가 그것의 노예가 되어 버림을 뜻한다. 가방의 주인은 나인데 내가 가방을 모시는 형국이 되어 버리는 것. 더 큰 문제는 그게 얼마나 우스꽝스러운지 모른다는 것이다. 생쥐꼴이 되기 전까지는 말이다.

돈에 휘둘리는 것도 마찬가지다. 내가 아무리 돈에 휘둘리고 싶지 않다고 해도 철저히 대비를 해 놓지 않으면 어느 날 갑자기 형편을 확 조여 와 순식간에 내 삶을 뒤흔들어 놓는다. 그러므로 돈에 휘둘리고 싶지 않다면 피치 못할 사고가 생겨도 재정적으로 쪼들리지 않게끔 자산을 관리해 두어야 한다.

이때 가장 중요한 게 '재정적인 안전감(financial safety)'이다. 안전감은 말 그대로 '한 번 실패한다고 해도 내 인생 어떻게 되지 않는다'라는 최소한의 마지노선을 뜻하는데, 안전감을 가진 사람들은 새로운 것을 시도하는 데 주저함이 없다. 실패해도 다시 도전하면 되기 때문이다. 보통 안정감과 안전감을 같은 개념으로 생각하는데 둘은 엄연히 다르다. '안정감(stability)'은 큰 변화 없이 일정한 상태를 유지하는 것이라 사실상 아무것도 안 하는 정적인 상태를 말한다. 반면 '안전감(safety)'은 오늘 설사 실패해도 내일 새롭게 시도해 볼 수 있다는 동적인 개념에 가깝다.

이때 가장 쉽게 재정적 안전감을 확보하는 방법은 월급을 받는 것이다. 쇼핑에 실패해도, 투자한 주식이 조금 빠지더라도 꼬박꼬박 통장에 꽂히는 월급이 있으면 평정심을 유지할 수 있다. 실제로 주식 시장이 하락할 때 계좌가 반토막 나더라도 월급이 있으면 당장 먹고살 걱정을 해야 하는 건 아니기 때문에 주식을 팔지 않아도 된다. 그런데 월급이 없으면 매달 나가야 할 생활비와 고정 비용을 감당할 방법이 없어서 주식을 팔아야만 한다.

그래서 기업 운영도 마찬가지지만 자산 관리에 있어 매달 규칙적인 수입이 있다는 것은 매우 중요한 의미를 지닌다. 매달 일정한 돈이 수입으로 들어와야만 생활비를 비롯해 써야 할 고정 비용을 무리 없이 지출할 수 있기 때문이다.

예를 들어 은퇴를 했는데 15억짜리 아파트에 살고 있어도 모아 둔 돈이 전혀 없거나 매달 들어오는 현금이 없으면 당장 생활비가 없어 쩔쩔매게 된다. 반면 은퇴를 했는데 8억짜리 아파트에 살고 있고 모아 둔 돈이 7억 있다면 그 돈과 그 돈에서 발생하는 이자로 생활비를 쓰면 된다.

친하게 지내던 회사 후배는 재작년 소위 말하는 영끌('영혼까지 끌어모으다'의 줄임말)을 해서 아파트를 샀다. 코인, 아파트, 주식 등 모든 것이 오르는 통에 가만히 있으면 벼락거지가 된다는 말이 유행하던 때라 심리적 압박감을 견디기 어려웠던 것이다. 문제는 모아 놓은 돈은 4억 정도에 불과했는데 급한 마음에 대출을 받아 8억이 넘는 아파트를 덜컥 사 버린 데에서 불행이 시작됐다. 당시 후배는 첫아이 임신을 하고 육아휴직 중이었는데, 그때만 해도 대출금리가 낮아 남편의 월급만으로도 감당이 가능했다.

그런데 얼마 전부터 대출금리가 급등하면서 상황이 반전됐다. 매월 원금 상환은 별개로, 대출이자만 200만 원이 넘어가 남편 월급만으로는 감당하기 어려운 상황이 된 것이다. 후배는 고민 고민하다가 아이를 예정보다 일찍 어린이집에 보내기로 하고 복직을 선택했다. 두 돌까지는 남의 손에 맡기지 않고 자신이 키우고 싶었는데, 그 계획을 접을 수밖에 없었던 것이다. 그러나 다행히 다시 맞벌이를 하자 대출이자는 물론 원금 상환도 조금씩 할 수 있게 되었다. 얼마 전 그녀는 나에게 이런 이야기를 했다.

"언니, 월급이 이렇게 소중한지 몰랐어요. 앞으로는 열심히 회사 다니려고요."

이것이 바로 재정적 안전감이다. 다행히 그녀는 다니던 직장을 그만두지 않고 휴직을 한 경우라 원할 때 바로 복직을 할 수 있었지만, 만약 회사를 그만둔 상황이었다면 선택지는 훨씬 좁아졌을 것이다. 천금 같은 아파트를 눈물을 머금고 다시 팔아야 했을 수도 있고, 울며 겨자 먹기로 불러만 준다면 감사하다며 마음에 차지 않고 적성에 맞지도 않는 회사에 들어가야 했을 수도 있다.

후배는 아파트를 사고 대출을 받을 때까지만 해도 아파트 가격이 떨어질 수도 있고, 금리 인상으로 가계 부채가 이렇게 자신을 옥죄어 올 수도 있다는 생각을 미처 하지 못했다. 물론 부동산은 내가 원할 때 바로 현금화하기가 어렵기 때문에 집을 살 때는 신중해야 하며, 대출을 받을 때는 최악의 상황을 염두에 두어야 한다는 것을 그녀도 알고는 있었다. 다만 그 일이 자신에게 현실로 다가올 줄은 몰랐던 것이다. 그러므로 자칫 방심하면 돈은 우리의 목줄을 죄고 이리저리 흔들 수 있음을 명심해야 한다. '영끌족'이 되어 한순간에 나락으로 떨어져 당장 먹고살 걱정을 하게 되는 것이 남의 일이 아닐 수도 있다.

이처럼 돈에 휘둘리지 않으려면 재정적인 안전감을 확보하는 것이 굉장히 중요하다. 현금흐름이라는 차원에서 '월급'을 다시 바라볼 필요가 있는 것이다. 만약에 네가 월급을 250만 원 받고 있다고 해 보자. 대기업에 다니거나 금융업계에 다니는 네 동기들의 월급에 비해 너무 적다고 우울해할 수도 있지만 현금흐름 측면에서 보자면 250만 원은 7억 원의 상가나 꼬마 빌딩을 보유한 것과 같은 효과를 지닌다. 7억 원짜리 상업용 부동산에서 나오는 임대료가 매달 4퍼센트, 250만 원 가량 되기 때문이다.

그리고 유튜브 채널 운영 등 어떤 형태의 부업을 한다 해도 그것이 매달 일정한 금액의 수입을 보장하지 못한다면 매달 나가야 할 고정 비용 때문에 스트레스를 받게 된다. 1월 달에 100만 원, 2월 달에 200만 원, 3월 달에 300만 원을 벌면 한 달 평균 수입은 200만 원이지만 달마다 고정적으로 나가야 할 비용이 110만 원이라고 하면 1월 달에는 수입이 100만 원밖에 안 되기 때문에 당장 10만 원을 다른 곳에서 가져와야 한다. 여윳돈이 없을 경우 돈에 쪼들리게 된다는 얘기다. 부정기적인 수입에 기대어 사는 것이 쉽지 않고 스트레스가 많을 수밖에 없는 이유다.

현금흐름은 일정하게 유지되어야 삶이 윤택해진다. 월급처럼 규칙적으로 돈이 들어와야 안정적으로 자금을 굴릴 수 있다. 그리고 규칙적인 수입이 있으면 미래 예측이 가능해진다. 250만 원이 중단이나 차질 없이 통장에 들어온다는 사실은, 그것으로 '이번 달은 이렇게 보내면 되겠다'는 계획을 세우고 통제하는 것을 가능하게 하기 때문이다. 그것은 곧 리스크를 제어할 수 있다는 뜻이기에 안전감을 가질 수 있게 해 준다.

이처럼 월급의 힘은 생각보다 세다. 그러므로 회사를 그만둘 때에는 이직할 곳이 정해진 게 아니라면 현금흐름이 끊길 것을 대비해 6개월 정도는 부족함 없이 살 수 있는 돈을 마련한 다음 그만두는 것이 맞다. 그렇지 않으면 어느 순간 다음 달 생활비가 없어 어느 회사든 불러 주기만 하면 들어가야 하는 상황이 닥칠 수도 있다. 돈은 있을 때는 몰라도 없을 때는 이렇게 무서운 존재감을 드러내며, 삶을 절박해지게 만든다. 그래서 규칙적인 수입은 생각보다 중요하다. 그러니 돈에 휘둘리지 않고 싶다면, 당장 쓸 생활비가 없어 손실이 난 주식이라도 팔아야 하는 상황을 만들고 싶지 않다면, 언제 어디서든 재정적인 안전감이 무너지지 않도록 잘 살펴야 한다. 그것이 경제적 자유의 기초가 됨은 물론이다.

합리적 낙관주의자는
쉽게 무너지지 않는다

___

네가 재테크를 잘해 보고 싶어서 유튜브를 보다가 책도 사야겠다며 서점에 가 보면 알겠지만 돈 버는 방법에 대한 책은 정말 많은 것 같다. 주식이든, 부동산이든, 코인이든, 아니면 자신의 성공 경험을 담은 책이든 말이다.

그런데 네가 만약 나에게 괜찮은 책을 추천해 달라고 한다면 나는 세계 금융 위기의 역사를 다룬 《베어마켓》을 읽어 보라고 권하고 싶다. '베어마켓(Bear Market)'은 주가가 하락하는 장을 뜻하는데, 하락장을 곰에 비유한 말이다. CLSA 증권사의 고문으로 있었던 러셀 내피어는 이 책에서 지난 미국 100년의 역사 속에서 가장 극심했던 약세장을 4개로 추려내 그것이 어떤 식으로 전개되었고, 얼마나 오래 지속되었으며, 어떤 계기로 종료되었는지를 분석하고 있다. 그가 이 책을 쓴 이유는 "강세장에서는 배울 것이 없다. 약세장의 교훈이 피가 되고 살이 된다"라고 생각했기 때문이다.

그런데 왜 돈 버는 법을 알려 달라는데 금융 위기의 역사를 다룬 책을 권하느냐고? 네가 약세장에서 얻은 교훈을 네 것으로 만들 수만 있다면 그것이 곧 돈을 버는 가장 빠른 길이 될 것이라 생각하기 때문이다.

강세장에서는 돈 벌 확률이 높다. 오늘 사면 내일 주식이 오르기 때문이다. 그러면 더 큰 수익을 얻기 위해 슬슬 욕심을 내기 시작한다. 며칠 사이에 월급보다 더 많이 벌면 투자는 쉬워 보이고 이렇게만 하면 조만간 다니기 싫은 회사를 그만두고 자유를 얻게 될 거라는 희망에 부푼다. 그래서 더 많은 돈을 끌어다 주식에 투자했는데, 다음 날 갑자기 증시가 추락하기 시작한다. '내일이면 괜찮아지겠지' 생각하지만 좀처럼 그런 날은 오지 않는다. 약세장은 생각보다 오래 지속되는 경향을 보이기 때문이다. 결국 돈을 날리고 빈털터리가 되고 만다. 그래서 미국의 월스트리트가 가장 신뢰하는 투자자 하워드 막스는 《투자에 대한 생각》에서 이렇게 말했다.

"호황은 우리에게 쓸모없는 교훈만 준다. 투자는 쉬운 것이고, 당신은 투자의 비밀을 알고 있으며, 리스크에 대해서는 걱정할 필요가 없다고 생각하게 만든다. 그렇기에 가장 값진 교훈은 불황에서 얻을 수 있다. 그런 점에서 나는 운 좋게도 특별한 시대를 살았다. 1970년대에는 아랍 석유파동, 스테그플레이션, 니프티50의 폭락, 주식의 죽음(Death of Equities)으로 불리던 시기를 겪었고, 1987년엔 다우지수가 하루 만에 22.6퍼센트 폭락한 블랙 먼데이를 겪었다. 1994년에는 채권 대학살이 있었다. 이것이 나의 투자 철학을 형성하는 데 주효했다. 대부분의 전문 투자자들은 1980년대나 1990년대에 이 산업에 뛰어들었기 때문에, 주가 하락폭이 5퍼센트를 초과할 수 있다는 사실을 몰랐다. 5퍼센트는 1982~1999년에 나타났던 최대 하락폭이었기 때문이다."

삶이라는 것이 운이 좋고 시기가 좋을 때에는 조금만 노력해도 굉장히 쉽게 풀리기 때문에 모든 것이 다 쉬워 보인다. 그럴 때는 당연히 장밋빛 미래를 그리게 마련이다. 그리고 내가 잘나서, 내가 잘해서 그런 결과가 나온 거라고 생각하게 된다. 그래서 나쁠 때를 대비하라는 주위 사람들의 말을 귀담아 듣지 않는다. 내가 잘되니까 부러워서 시샘을 하는 거라고 생각해 무시해 버리는 것이다.

하지만 강세장이 영원히 계속되지는 않는다. 언젠가 증시는 반드시 나빠지게 되어 있다. 문제는 그게 어느 시점인지 아무도 모른다는 데 있다. 그래서 다들 축포를 터뜨리고 있을 때일수록 현실을 냉정하게 바라보고 증시가 추락할 때를 대비할 수 있어야 한다. 하워드 막스처럼 불황과 호황을 모두 경험한 사람들은 호황일 때 불황을 대비하고, 불황일 때 호황을 대비한다.

인생도 마찬가지다. 살아보니 싫든 좋든 인생에는 굴곡이 있을 수밖에 없다. 좋은 시절이 지나가면 힘든 시절이 찾아오게 마련이다. 그런데 힘든 시절도 영원히 계속되지는 않는다. 죽을 것처럼 힘든 시절이 끝나면 반드시 봄이 찾아온다.

그래서 나는 막연한 낙관주의를 경계한다. 무작정 잘될 거라고 말하는 사람들을 신뢰하지 않는다. 왜냐하면 그런 사람들이야말로 오히려 힘든 시기가 왔을 때 버텨 내지 못하고 무너지는 모습을 많이 봤기 때문이다. 반면 좋을 때에 나쁜 때를 대비해 둔 사람들은 힘들 때 쉽게 무너지지 않는다. 그래서 안 좋을 때를 같이 겪어 보면 그가 앞으로 어떻게 살아갈 사람인지가 보인다.

'스톡데일의 역설(Stockdale Paradox)'이라는 말이 있다. 미국 해군의 제임스 스톡데일 중령은 베트남 전쟁에서 전투기 조종사로 근무하다가 대공포에 피격되어 8년 동안 동료들과 하노이 포로 수용소에 수감되어 있었다. 스무 번 넘는 고문에도 기어코 살아남은 그는 1973년 포로 교환으로 석방되어 해군 중장으로 퇴역했다. 그는 포로 수용소에 같이 있었지만 죽은 동료들과 자신처럼 살아남은 사람들의 차이가 무엇인지 고민했다. 그러면서 이런 말을 남겼다.

"불필요하게 상황을 낙관한 사람들이 있었다. 크리스마스 전에는 나갈 것이라고 믿다가, 크리스마스가 되면 부활절(4월) 석방을 기대한다. 그러다 다시 추수감사절(11월)에 석방되리라 믿지만 다시 크리스마스를 맞이하고, 결국 반복되는 상실감에 쓰러져 목숨을 잃었다."

즉 "우린 곧 나갈 수 있어", "희망을 품어"라고 말하던 낙관론자들이 1년이 지나고 2년이 지나도 상황이 좋아지지 않자 계속되는 상실감을 견디지 못해 죽고 말았다는 것이다. 그만큼 무모하고 막연한 낙관주의는 위험하다. 엄혹한 현실이 닥치면 와르르 무너질 수 있기 때문이다. 그러므로 꼭 살아 나가겠다는 믿음을 갖는 것도 좋지만 매일매일 당면한 가혹한 현실을 직시할 수 있어야 한다.

그래서 나는 네가 미래는 낙관하되 현실에 대해서는 냉정한 태도를 견지하며 최악의 경우에 대비할 수 있는 '합리적 낙관주의자'가 되기를 바란다. 만약 그럴 수만 있다면 앞으로 인생에 그 어떤 어려움이 닥쳐오더라도 네가 잘 헤쳐 나갈 수 있을 거라고 생각하기 때문이다. 2022년이 지나고 2023년이 밝아 왔지만 시장도 경제도 아직 불투명하다. 자고 나면 기쁘고 좋은 소식보다 더 나쁜 소식과 우울한 전망이 기다리고 있는 하루하루를 보내고 있는 것이다. 그런데 이 기간이 생각보다 더 오래 지속될 수 있을 것 같다는 생각이 든다. 하지만 나는 그다지 두렵지 않다. 그 어떤 난관이 찾아와도 내가 할 수 있는 최선의 방법을 찾을 테고, 그 방법을 찾을 때까지 나는 계속 노력할 것이기 때문이다. 무엇보다 최악의 상황을 염두에 두고 움직이기에 쉽게 지치지 않을 자신이 있다.

주식 시장 격언 중에 '일생일대의 매수 기회는 끔찍한 폭락 이후에 찾아온다'는 말이 있다. 위기 속에 기회가 있다는 말은 투자의 세계에서도 어김없이 통한다. 하지만 그 어떤 순간에도 위기를 뚫고 살아남는 것이 먼저다. 그러려면 미래는 낙관하되 현실을 냉정하게 볼 수 있어야 한다. 그것이 네가 너에게 '합리적 낙관주의자'가 되기를 권하는 이유다.

돈 공부 절대 미루지 마라

너도 알다시피 나는 어린 시절 강남의 대치동에 있는 한 아파트에서 자랐다. 20년 넘게 살다 보니 그 집 곳곳에 켜켜이 쌓인 추억도 많았다. 그런데 스물한 살 때 엄마를 갑자기 여의고 난 후 집에 있으면 곳곳에 묻어 있는 엄마와의 추억이 떠올라 견딜 수가 없었다. 엄마는 이제 내 곁에 없다는 사실을 매일매일 확인하는 기분이었다. 아버지도 비슷한 마음이었던 것 같다. 언제까지 슬픔에 잠겨 있을 수는 없는 노릇이었으니까. 남겨진 사람은 또 살아가야 하니까. 그러던 어느 날 아버지는 경기도 일산으로 이사를 가자고 했고, 나와 동생들은 그러자고 했다.

그때까지만 해도 그 아파트는 매매가 2억 7천만 원에서 3억 원 사이를 왔다 갔다 했다. 그런데 2002년 아버지가 집을 내놓을 무렵 갑자기 아파트값이 뛰기 시작하더니 금세 매매가가 4억 원으로 올라갔다. 나는 아버지한테 가격이 올랐을 때 빨리 팔자고 했고 아버지는 4억 5천만 원에 집을 내놨다. 일주일쯤 지났나, 집을 사겠다는 사람이 나타나더니 바로 입금을 하겠다고 했다. 아버지는 고민 끝에 2천만 원을 더 얹어 4억 7천만 원에 집을 팔았다. 원래 움직였던 가격대에 비해 2억 원을 더 챙긴 것이다.

그런데 그 아파트가 지금은 20억 원이 넘는다. 그래서 아버지는 두고두고 아파트 판 것을 후회했고, 나도 그 아파트를 떠올릴 때마다 너무나 속이 상했다. 내가 아버지를 부추기는 바람에 괜히 집을 판 게 아닐까 하는 왠지 모를 죄책감에 시달린 적도 있었다.

하지만 아무리 후회해 봤자 소용이 없는 노릇이었다. 나는 그때 자산의 가격이라는 것이 절대 고정적이지 않으며 굉장히 역동적으로 움직인다는 것을 실감했다. 그리고 부동산 가격이 오를 때도 있고 내려갈 때도 있지만, 좋은 물건일 경우에는 기다리면 그 가치가 얼마나 높게 상승할 수 있는지도 알게 되었다. 가장 좋은 투자란 '싼 물건을 골라 가격이 오르기를 기다리는 것'임을 몸소 경험한 것이다.

물론 다시는 그런 뼈아픈 실수를 반복하고 싶지 않았다. 그래서 나는 네 아빠와 결혼하기 전부터 집을 보러 다녔고, 결혼 후에는 내 집 마련을 최우선 목표로 움직였다. 부동산 공부도 열심히 했다. 그러다 결혼하고 1년 후 집값이 계속 오르는 것 같아 네 아빠와 상의를 했다. 모아 놓은 돈은 많지 않지만 평당 천만 원 정도의 집이면 맞벌이니까 감당 가능할 거라고 보고, 동네를 몇 곳 정해 부지런히 집을 보러 다녔다. 그날도 열심히 발품을 팔다 매물로 나온 집이 있다기에 공인중개소 소장과 함께 보러 갔다. 그런데 아무리 벨을 눌러도 인기척이 없었다. 난감해진 소장이 혹시나 하는 마음에 현관문을 두드리기 시작했다.

"안에 아무도 안 계세요?"

"……."

얼마쯤 지났을까. 갑자기 현관문이 열리더니 한 아주머니가 나와서는 대뜸 우리를 손가락질하며 욕을 퍼부어 댔다.

"야 이 도둑놈들아, 지금 시세가 얼만데 3억 3천만 원을 얘기해? 4억 아래로는 죽어도 못 팔아. 이 날강도들아!"

설레는 마음으로 집을 보러 간 우리는 얼굴이 벌게질 수밖에 없었고, 소장은 부인과 상의 없이 남편이 단독으로 집을 내놓아서 상황이 이렇게 된 것 같다며 사과하고는 황급히 자리를 떴다. 우리는 아무 말 없이 근처 분식집에 밥을 먹으러 갔고, 그리 좋아하는 떡볶이와 라면이 나왔는데 둘 다 쉬이 젓가락질을 하지 못했다. 30여 분의 침묵 끝에 네 아빠가 마침내 입술을 떼고 한 말.

"썅!"

한 번도 내 앞에서 욕하는 걸 본 적이 없었는데 갑자기 네 아빠입에서 육두문자가 튀어나오자 나도 모르게 헛웃음이 터져 나왔다. 나는 아직도 그때를 잊지 못한다. 집 없는 서러움이 어떤 건지를 처음으로 느꼈던 순간이기 때문이다. 하지만 우리는 그 후로도 계속 집을 보러 다녔고, 결국에는 집을 장만했다. 그게 직장 생활 6년 차인 서른 살 때의 일이었다.

지금 와서 생각해 보면 만약 아버지가 대치동 아파트를 팔지 않았다면 나는 부동산이 자산으로서 얼마나 큰 역할을 하는지 깨닫지 못했을 것이다. 만약 그랬다면 결혼 전부터 부지런히 집을 보러 다니지 않았을 테고, 내 집을 장만하는 시기는 많이 늦어졌을 것이다. 하지만 나는 간절했다. 4억 7천만 원에 판 아파트가 10억을 넘어가고, 15억을 넘어가는 것을 보며 더욱 간절해졌다. 그래서 나는 바쁘게 회사를 다니는 중에도 어떻게든 시간을 내어 부동산을 공부했다. 그 덕분에 모두의 지상 과제라는 '내 집 마련'을 비교적 이른 나이에 이룰 수 있었다.

전셋집에 살 때는 늘 불안감이 있었다. 벽에 못 하나 박는 것도 마음대로 하지 못했고, 어느 날 갑자기 집주인이 집을 빼 줘야 한다고 말할까 봐 혹은 보증금을 올려 달라고 할까 봐 불안했다. 그런데 집을 사고 나니 이제 내 집이니까, 우리의 집이니까 그럴 필요가 없었다. 내 집을 가졌다는 것은 그런 의미였다. 내 마음대로 할 수 있고, 원하는 대로 살아도 될 권리를 얻는 것. 나는 결국 집을 사서 자유를 얻은 것이었다.

어쩌면 투자자인 찰리 멍거가 "나는 처음부터 부자가 되려고 했던 것은 아니다. 그저 독립성을 갖고 싶었다"고 말한 이유도 거기에 있지 않을까. 돈을 버는 것 자체가 목적이 아니라, 돈을 벌어서 원하는 대로 살아가는 힘을 얻고자 하는 것.

사람마다 돈을 벌어야 하는 이유는 가지각색일지 모른다. 하지만 목표로 하는 돈이 얼마든, 정말 구체적인 목표를 세우고 그것을 위해 노력이라는 것을 해야만 한다. 인생에서 노력 없이 주어지는 것은 거의 없기 때문이다. 그래서 나는 노동을 통해서든 투자를 통해서든 돈을 벌려고 하는 것은 어떤 형태로든 '투쟁'을 하고 있는 거라는 생각을 한다. 모든 사람은 나름의 의미에서 매일매일 힘든 투쟁을 하고 있는 것이다.

그런데 의외로 주식이나 부동산을 '투기'하듯 얘기하는 사람들이 있다. '어떤 주식을 사야 하느냐'고 물으면서도 주식과 펀드의 차이조차 모르는 사람이 의외로 많고, 언제쯤 집을 장만할 수 있을지 모르겠다며 푸념을 하는 이들 중에는 아직까지 청약을 해 본 적이 없는 경우가 의외로 많았다.

수영을 잘하려면 동작부터 배워야 하고, 수학을 잘하려면 공식부터 이해해야 한다. 주식과 부동산도 마찬가지다. 그것에 대한 '공부'를 해야 주식과 부동산 투자를 잘할 수 있다. 이것이 기본이지만 많은 사람들이 실전부터 들어가고 보려는 것 같다. 그래, 한 번은 운이 좋아 성공할 수 있을지 모른다. 그러나 공부하지 않으면 금방 무너진다. 공부 안 하면 결국 투자를 해서 돈을 벌 수 없다는 말이다.

그래서 사람들이 나에게 언제 어느 주식을 사야 되냐고 물을 때 나는 그렇게 대답한다. 좋은 물건은 오늘이 제일 싼 법이라고. 당신이 사고 싶은 물건은 내일이 되면 더 오를 거라고. 그러니 공부를 하라고. 좋은 물건을 알아보는 안목을 기르려면 빠르게 변화하는 세상의 흐름을 읽을 수 있어야 하는데 계속 꾸준히 공부를 하는 수밖에 없다고.

딸아, 너도 마찬가지다. 만약 네가 누구의 간섭도 받지 않고 원하는 것들을 해 나가고 싶다면, 그만큼 돈이 있어야 한다. 그러니 더 늦기 전에 돈 공부를 해라. 돈 공부를 미루면 미룰수록 네가 원하는 삶 또한 멀어질 수밖에 없을 것이다.

소설을 쓰겠다는 너에게 해 주고 싶은 말

"나중에 커서 뭐가 되고 싶어?"

그러자 너는 말했지. 《해리포터》를 쓴 조앤 K. 롤링처럼 멋진 소설을 쓰고 싶다고. 솔직히 나는 당혹스러웠다. 하마터면 '소설가가 얼마나 배고픈 직업인 줄 아니?'라고 잔소리를 늘어놓을 뻔도 했다. 그런데 가만히 생각해 보니 나도 그런 시절이 있었더라.

너도 알다시피 내 첫 직장은 〈이데일리〉라는 경제지였고 그곳에서 1년 동안 기자로 일했었다. 그런데 금융 쪽 기사를 쓰다 보니 너무 재미있어서 자연스럽게 증권사에 관심을 가지게 되었지. 그래서 고민 끝에 퇴사를 하고 증권사에 원서를 넣게 되었다. 발표 당일 뛰는 가슴을 진정시키며 홈페이지에 수험 번호를 입력했는데

"최종 합격하셨습니다"라는 문구가 떴을 때 얼마나 기뻤는지 모른다. 거실에 앉아 있던 아버지한테 달려가 "저 증권사 붙었어요!"라고 소리를 쳤는데 10초간 침묵이 흘렀다. 그러더니 아버지가 대뜸 나에게 말했다.

"집의 돈은 절대 못 가져간다."

축하한다는 말 대신 네 할아버지가 왜 그 타이밍에 그런 말을 했는지 이해가 안 가지? 당시 증권사는 대졸자들이 선호하는 직장이 아니었다. 인터넷의 폭발적인 성장으로 IT 업계와 각종 벤처기업이 각광 받으면서 주식 시장이 호황을 누리다 2000년을 기점으로 그 거품이 급속도로 꺼져 버렸다. 'IT 버블 붕괴'가 일어난 것이었다. 텔레비전에서는 연일 깡통계좌에 대한 보도가 흘러나왔고, 유망 IT 기업들이 상장폐지 되어 사람들이 원금의 90퍼센트 이상을 까먹는 경우도 비일비재했다. 주식으로 돈을 모두 날린 사람들은 한강에서 극단적 선택을 하기도 했다. 그러다 보니 증권사 직원이라고 하면 투자 실패의 원흉으로 여겨졌고, 증권사 자체가 투자를 부추기는 나쁜 곳이라는 인식이 팽배했다. 그런데 멀쩡히 대학을 졸업한 딸이 갑자기 증권사에 가겠다고 하니 네 할아버지 입장에서는 말문이 막힐 수밖에. 합격했다니 대놓고 반대할 수는 없지만 '주식하겠다고 돈 달라는 소리는 하지 마라'라는 쓴소리를 안 할 수 없는 상황이었던 거지.

그런데 세상일은 모른다는 게 내가 증권사에 입사한 2002년은 주식 시장이 최저점을 통과하던 시기였다. 2001년 IT 버블 붕괴로

신입 사원 채용을 중단했던 증권사들이 다음 해인 2002년 채용 공고를 내기 시작했고 나는 그 시점에 입사를 하게 되었다. 실제로 당시 친구들과 선후배들은 내가 증권사에 붙었다고 하면 왜 하필 그런 데를 가느냐고 걱정이 많았다. 하지만 재미있게도 입사 다음 해인 2003년부터 2007년까지 중국발 투자 붐이 일어 500선에 불과했던 코스피 지수가 4배나 올라 2000을 넘길 정도로 초호황기가 찾아왔다. 브릭스(BRICS : 브라질, 러시아, 인도, 중국, 남아프리카 공화국의 영문 국가명의 첫 글자를 딴 용어로, 2000년대를 기점으로 경제성장이 빠르게 이루어진 나라를 통틀어 이르는 말) 열풍이 불고 적립식 펀드가 유행하면서 주식형 펀드의 시대가 온 것이다.

그런데 대학 때 열심히 공부해서 가장 인기 있는 직장에 취업한 사람들은 오히려 어려움에 처하게 되었다. 특히 내 5~6년 위 선배들은 1997년 외환 위기 전에 취업을 했는데 당시 최고의 인기 직장은 종금사('종합금융회사'의 줄임말)였다. 당시 한국은 금리가 높았지만 미국이나 일본 등 선진국은 저금리였기에 해외에서 돈을 빌려 투자를 하고 대출을 해 주는 종금사들이 최고의 직장이었다. 당시 SKY 대학 경영학과의 톱클래스들은 전부 종금사에 취직했다고 할 정도였고, 어마어마한 고액 연봉을 자랑했다. 그런데 갑작스레 외환 위기로 국제통화기금(IMF)의 구제 금융을 받으면서 환율이 2000원으로 껑충 올랐다. 그로 인해 일시에 대출을 회수하고 자산을 매각하면서 종금사들은 소용돌이에 휩쓸렸다. 결국 대부분의 종금사들이 문을 닫았고 직원들은 직장을 잃어야만 했지.

굉장히 극단적인 사례이긴 하지만 지난 20여 년간 애널리스트로서 세상의 흐름을 지켜보며 느낀 게 하나 있다. 계속 상승기인 산업도 없고 계속 하강기인 산업도 없으며, 살다 보면 한 번쯤 반드시 사이클이 돌아온다는 것이다.

되도록 빨리 방향을 정해서 기회를 잡고 싶은 네 마음은 십분 이해한다. 하지만 친구 따라 강남 간다는 식으로, 지금 뜨는 산업에 무턱대고 뛰어드는 것은 그리 좋은 생각이 아니다. 보통 조선업은 20년, 자동차는 7년, IT는 3년 정도의 사이클을 탄다고 한다. 모든 물품과 서비스는 유행을 타고, 제품들은 내구성을 유지하는 데에 저마다의 수명이 있다. 일반적으로 선박의 수명은 15~25년, 자동차의 수명은 7~10년, IT 기기의 수명은 2~3년 정도를 이야기한다. 그뿐일까. 아무리 뛰어난 아이돌도 10년이면 나이가 들면서 전성기가 지나간다. 10년 전만 해도 성형외과가 제일 돈을 많이 번다고 했는데 요새는 고령화로 인해 통증의학과나 재활의학과가 잘나간다고 하더라.

하지만 안타깝게도 5년 뒤, 혹은 10년 뒤 너에게 어떤 업종이 잘나갈지 찍어 줄 수 있는 사람은 아무도 없다. 작년 11월 미국 회사 오픈AI가 출시한 인공지능 챗봇 챗GPT가 월간 사용자 수 1억 명을 돌파하는 데 걸린 시간은 단 2개월이었다. 그 누구도 코로나19의 유행을 예상하지 못했듯, 챗GPT가 이처럼 빠른 시간 내에 전 세계를 뒤흔들게 될 것이라고 예측한 사람은 없었다. 그런데 벌써부터 학생들이 써 내는 리포트, 직장인들이 작성하는 제안서와 기획

서, 작가가 펴내는 책, 기자가 작성하는 뉴스 기사 등 인간이 만들어 내는 모든 종류의 콘텐츠를 인공지능 챗봇이 대체하게 될 것이라는 전망이 나오고 있다. 그럼 관련된 직업들은 모두 사라지게 될까? 그렇지는 않지만 확실한 건 지금 뜨는 산업이 5년 뒤에도 건재할지 아무도 모른다는 것이다. 그만큼 현실에는 너무나 많은 변수들이 존재한다.

그래서 돈 되지만 흥미 없는 일과 돈은 안 되지만 흥미 있는 일 중 어떤 것을 선택하는 게 맞는지 묻는다면 나는 후자를 권하고 싶다. 사실 가장 간단하면서도 가장 어려운 것은 네가 좋아하는 일을 선택해서 끝까지 최선을 다해 보는 것이다. 모든 산업은 반드시 좋은 시기도 있지만 어려운 시기를 건너기도 한다. 그런데 인간은 좋아하는 일이면 어려워도 어떻게든 헤쳐 나가 보려 하는데, 좋아하지 않는 일을 꾸역꾸역 견디는 것은 잘 하지 못한다. 그러다 보니 당장 전망이 좋다고 해서 좋아하지 않는 일을 선택할 경우 어려운 시기가 오면 중도에 포기하게 된다. 결국은 빛을 보는 시기가 오긴 올 텐데 중간 중간 오는 고비를 이겨 내는 게 쉽지 않을 것이다.

그래서 의외다 싶겠지만 나는 네가 '지금 뜨고 있고 전망이 밝은 산업'에 취직하는 것은 별로 바람직하지 않은 것 같다. 네가 소설을 써 보겠다는 걸 말리지 않겠다는 뜻이다. 좋아하는 것을 계속하다 보면 새로운 길이 열리는 경우를 많이 보았다. 그러니 소설을 쓰고 싶다면 소설을 써라. 대신 5천만 명의 한국 독자를 상대로 한 한글 소설보다는 20억 명의 독자를 확보할 수 있는 영어로 쓰고,

웹소설을 쓴다면 플랫폼에 실어 봐라. 좋아하는 일을 하며 그것이 돈이 될 수 있게 만드는 것은 네가 어떻게 하느냐에 달려 있다는 얘기다.

네가 좋아하는 《해리포터》의 작가 조앤 K. 롤링은 남편과의 불화로 결혼 1년 만에 이혼을 하고 카페를 전전하며 《해리포터》 1권을 썼다. 그런데 그즈음 지인의 소개로 고등학교 불어 교사 자리를 추천받았다고 한다. 아직 돌이 되지 않은 어린 딸을 데리고 정부에서 주는 생활 보조금으로 겨우 버티던 시기였기에 롤링은 심각하게 고민에 빠졌다. 교사가 되면 더 이상 가난 때문에 고통받지 않고 안정된 월급을 받으며 딸과 함께 평범한 삶을 살아갈 수 있을 터였다. 하지만 그것은 그녀가 원하거나 좋아하는 일이 결코 아니었다. 고민 끝에 그녀는 당장 생활비가 없어 쪼들리면서도 자신의 꿈이었던 작가의 길을 택했다. 결국 그녀가 쓴 《해리포터》가 전세계에서 5억 권 이상 판매돼 역사상 가장 많이 팔린 시리즈로 등극하면서 그녀 또한 '역사상 최초의 억만장자 작가'가 되었다.

신기하지 않니? 네가 고민하는 문제를 네가 좋아하는 작가 또한 경험했다는 것이. 하지만 명심해야 할 것이 하나 있다. 돈은 안 되지만 좋아하는 일을 밀어붙인 롤링의 선택은 결국 옳았지만 그 선택을 옳은 것으로 만들기 위해 그녀는 최선을 다했다는 사실이다. 만약 어려운 시기를 버텨 내지 못했다면 지금의 그녀는 없었을 것이다. 일본을 대표하는 작가 무라카미 하루키는 《직업으로서의 소설가》에서 다음과 같이 말했다.

"소설을 지속적으로 써 낸다는 것은 상당히 어렵습니다. 자, 그런 자질이 있는지 없는지, 그걸 분간하려면 어떻게 해야 하는가. 대답은 단 한 가지, 실제로 물에 뛰어들어 과연 떠오르는지 가라앉는지 지켜보는 수밖에 없습니다. 난폭한 말이지만, 인생이란 원래 그런 식으로 생겨 먹은 모양이에요. 게다가 애초에 소설 같은 건 쓰지 않아도(혹은 오히려 쓰지 않는 편이) 인생은 얼마든지 총명하게 유효하게 잘 살 수 있습니다. 그래도 쓰고 싶다, 쓰지 않고는 못 견디겠다, 라는 사람이 소설을 씁니다. (중략) 링에, 어서 오십시오."

그러니 딸아, 다른 사람들이 지금 막 떠오르고 있는 직업을 찾아 떠나는데 네 선택이 옳은지 불안한 마음이 든다면 다시 한번 스스로에게 물어보아라. 정말 하고 싶은지…, 그다음 네가 해야 할 일은 링에 오르는 일이다. 글을 써 보는 것이다. 뭐든지 해 봐야 아는 법이다.

재테크는 무조건 하루라도
빨리 시작하는 게 낫다

 2015년 독일 쾰른의 한 김나지움(인문계 중등 교육기관)에 다니는
'나이나 K'라는 학생이 트위터에 올린 글이 독일 사회를 발칵 뒤
집어 놓았다.

 "나는 곧 18세가 됩니다. 하지만 세금, 집세, 보험 등에 대해 아는
바가 없어요. 그러나 나는 시를 분석하는 데 능합니다. 그것도 4개
국 언어(독일어, 스페인어, 영어, 프랑스어)로요. 물론 우리는 학교에서
중요한 것들에 대해 배우지만 아무도 우리가 자립할 수 있는 방법
은 가르쳐 주지 않습니다."

 조만간 졸업 시험을 치루고 나면 부모 곁을 떠나 혼자 살아야 하
는데, 학교에서는 실생활에 필요한 지식을 가르쳐 주지 않았다는

나이나 K의 이야기는 학생들의 전폭적인 동의를 얻으며 독일 전역에서 뜨거운 반향을 불러일으켰다. 이는 독일 정부까지 움직이게 했고, 결국 110여 개의 고등학교에서 생활 금융 과목을 개설하기에 이르렀다.

우리나라는 어떨까? 대학수학능력시험에서 사회탐구 9개 과목 중 경제 과목이 있지만 응시자 중 경제를 선택하는 비율이 2퍼센트가 채 되지 않는다. 이 사실을 알고 나서 얼마나 놀랐고 안타까웠는지 모른다. 경제 과목이 어렵다는 이유가 크겠지만 그 밑바닥에는 우리 역사의 뿌리 깊은 의식인 '사농공상(士農工商)'의 문화도 잠재돼 있다고 본다. 사농공상이란 선비, 농민, 장인, 상인을 말하는데 조선시대에 유교의 영향으로 만들어진 신분 제도로 선비(士)가 제일 위의 계급이고, 그다음이 농민(農), 장인(工) 순이고, 맨 아래 계급에 상인(商)이 존재한다. 그에 따르면 상인은 가장 천하고 낮은 계급에 속한다.

지금은 그러한 신분 제도가 사라졌지만 여전히 그 잔재는 남아 있는 것 같다. 상인을 '장사치', '장사꾼'이라 낮춰 부르며 무시하고(의사나 변호사에는 '꾼'이라는 말을 쓰지 않는다), 부모들은 아이들에게 '일찍부터 돈을 밝히면 안 된다'고 가르친다. 그러다 보니 자본주의 사회에서 살아가기 위해서는 돈을 벌고, 돈을 쓰고, 돈을 다루는 법을 배우는 것이 기본임에도 많은 이들이 나이나 K처럼 돈과 경제에 대해 잘 모르는 채 어른이 된다.

그런데 막상 사회생활을 시작해 돈을 벌면서 마주하는 현실은 가혹하기 그지없다. 혼자 독립해서 살아 보고 싶어도 부모님의 도움 없이는 전셋집 구할 돈이 턱없이 부족하고, 수십만 원이 드는 월세는 비싸서 감당이 안 된다. 결혼식을 올리는 데만 최소 2500만 원이 필요한데 연인이 생기기도 전에 막막한 마음부터 느껴진다. 한 달 열심히 일해서 받은 250만 원 남짓 되는 월급을 보고 있노라면 그저 한숨이 나올 뿐이고, 3~4년 뒤의 삶도 그다지 다를 것 같지 않다는 생각에 초조해지고 불안이 엄습해 온다.

언젠가 네가 그렇게 낙담하는 날이 온다면, 나는 꼭 해 주고 싶은 말이 있다. 두려워하지도 막막해하지도 말라고. 아직 늦지 않았다고. 지금부터 부지런히 공부하면 미래는 분명 달라질 수 있다고.

혹시 '72의 법칙'이라는 걸 들어 봤니? 지금으로부터 약 600년 전인 1400년대에 레오나르도 다 빈치의 스승이자 수학자였던 루카 파치올리는 원금이 2배가 되는 데 걸리는 시간을 계산하는 법칙을 만들었다. 그에 따르면 금리가 2퍼센트일 때는 72 나누

72의 법칙	
수익률	원금이 2배가 되는 데 걸리는 기간
1%	72년
2%	36년
3%	24년
4%	18년
5%	14.4년
6%	12년
7%	10.3년
8%	9년
9%	8년
10%	7.2년

기 2를 한 36년이 필요하고, 금리가 3퍼센트이면 72 나누기 3을 한 24년이 필요하다.

왼쪽의 표에 따르면 네가 만약 재테크를 하지 않고 돈을 은행에 넣어 두면 현행 예금금리는 3퍼센트이므로 1000만 원을 2000만 원으로 만들려면 24년이 걸린다. 그런데 만약 네가 같은 1000만 원을 재테크를 해서 10퍼센트의 수익률을 올리면 7.2년으로 무려 16.8년이나 앞당길 수 있다.

그리고 만약 네가 복리(複利)의 개념을 잘 이해하고 활용할 수만 있다면 그 시간을 더욱 단축할 수 있다. 그와 관련해 알버트 아인슈타인은 이런 말을 남겼다.

"세계의 8대 불가사의 중 마지막은 복리다. 복리를 이해하는 자는 돈을 벌겠지만 그렇지 못하는 자는 되레 빼앗길 것이다."

여기서 '복리'란 원금에도 이자가 붙고, 거기에서 발생한 이자에도 이자가 붙어서 돈이 불어나는 속도가 기하급수적으로 빨라지는 것을 말한다. 예를 들어 볼까. 1000만 원에 10퍼센트의 이자가 붙으면 1년 후엔 1100만 원이 되는데, 이렇게 이자까지 합산된 1100만 원을 재투자한다고 가정하고 계산하는 것이 복리이다.

1100만 원을 10퍼센트의 수익률이 나는 곳에 투자한다고 하면 어떻게 될까. 1년 후에는 1210만 원, 2년 후에는 1331만 원, 8년 후에는 2360만 원이 된다.

더 나아가 매년 1000만 원씩 적금을 들어 10퍼센트 수익률로 투자를 한다고 했을 때 1년 차에는 1000만 원에 대해 10퍼센트 이

매년 10% 상품에 투자할 때의 수익금 변화			
햇수	투자하지 않았을 경우	초기 투자금만 운용했을 경우	매년 1000만 원씩 적금을 들어서 재투자했을 경우
0	1,000	1,000	1,000
1	1,000	1,100	1,100
2	1,000	1,210	2,310
3	1,000	1,331	3,641
4	1,000	1,464	5,105
5	1,000	1,611	6,716
6	1,000	1,772	8,487
7	1,000	1,949	10,436
8	1,000	2,144	12,579
9	1,000	2,360	14,937
10	1,000	2,596	16,431

단위 : 만 원

자가 붙어 1100만 원이 되지만 2년 차에는 2310만 원, 3년 차에는 3641만 원, 10년 차 때는 무려 1억 6431만 원이 된다. 위의 표를 보면 해가 갈수록 금액이 대폭 늘어나는 것을 볼 수 있다.

정리해 보자면 1000만 원을 가지고 있을 때 아무것도 안 하면 10년 뒤에도 그냥 1000만 원이지만 그 돈을 복리를 이용해서 잘 굴리면 1억 6431만 원까지 만들 수 있다. 이것이 복리의 마법이다.

내가 너에게 하루라도 빨리 재테크를 시작하라고 권하는 이유는
바로 여기에 있다. 네가 지금 은행에 가서 저축을 하는 대신 10퍼
센트짜리 수익을 내는 상품에 투자하면 10년 뒤, 20년 뒤 복리의
도움을 받아 깜짝 놀랄 만한 돈을 만들게 된다. 그러니 월급이 적
어 속상하다고 한탄할 때가 아니다. 누군가는 벌써 복리의 마법을
활용해 부자가 되는 시간을 앞당기고 있다.

그러니 하루라도 빨리 종잣돈(목돈)을 모아서 투자를 시자해라.
그리고 종잣돈이 클수록 복리의 마법이 훨씬 강력하게 작용한다
는 것도 잊지 말아라. 300만 원으로 2배를 불리면 600만 원이 되지
만 1000만 원으로 2배를 불리면 2천만 원이 된다.

재테크 초보자들이 가장 많이 하는 실수

　나는 애널리스트이고 주식 시장 분석만 20년 넘게 해 왔지만 늘 돈을 벌기만 했던 건 아니었다. 지금도 기억에 남는 대표적인 실패 사례는 너의 돌잔치 축하금을 베트남 펀드에 넣은 것이었다.

　2008년에는 지금과 달리 미국 같은 선진국 주식보다 중국과 브라질, 러시아, 인도 등 경제가 빠르게 성장하고 있는 신흥국들의 주식이 각광을 받았다. 그리고 그중에서도 베트남은 '넥스트 차이나(Next China)'라고 불리면서 투자자들의 관심이 집중된 나라였다. 그렇게 남들이 다 좋다고 하니 괜찮을 거라는 생각에 장밋빛 환상을 가지고 네 돌잔치 축하금 전액을 베트남 펀드에 넣었다. 네가 나중에 커서 네 이름으로 된 증권 통장을 받아 들고, 엄청나게 불어난 베트남 펀드 투자금에 환호하며 '엄마 사랑해'라고 애교를 부리는 상상도 했다.

그런데 안타깝게도 대실패였다. 몇 개월 뒤 미국발 금융 위기가 터졌고 그 여파가 전 세계를 강타하면서 신흥국들은 일제히 큰 타격을 입었고, 베트남도 예외는 아니었다. 게다가 베트남은 각종 금융 여건이 성숙하지 않아서 더욱 악영향을 받았다. 그때 나는 갓 서른을 넘긴 나이였고, 사람들이 좋다고 하는 펀드에 별 생각 없이 돈을 넣었고, 심지어 네 돌잔치 축하금 전액을 다 넣는 바람에 그 대가를 톡톡히 치러야만 했다.

'내가 왜 그랬을까?'

직접 개별 주식에 투자하는 게 아니라 '펀드'에 넣는 거니까 주식보다는 안전하겠지 생각했는데 아니었다. 축하금 일부만 넣을 수도 있었는데 나는 그 돈을 다 베트남 펀드에 쏟아 부었고 돈을 잃을 수 있다는 생각은 아예 하지 않았다. 대신 말도 안 되는 장밋빛 환상을 그렸고 당연히 그렇게 될 줄 알았다. 돈을 다 잃은 것도 속상하지만 정말이지 어디 가서 말도 못 할 만큼 창피했다.

사람들은 주식이나 부동산 투자를 할 때 보통 '돈을 벌 생각'만 한다. 그것으로 '돈을 잃을 수도 있다는 생각'은 하지 않는다. 그래서 실제로 투자로 손해를 보면 충격에 빠진다. 투자한 돈이 클수록 가슴이 답답하고 아무것도 할 수가 없게 된다. 하지만 아직까지 희망을 버리지는 않는다. 한 달 정도만 기다리면, 두 달 정도만 기다리면 상황이 바뀌어 잃었던 돈을 되찾을 수 있을 거라고 생각한다.

하지만 아무리 기다려도 주식 그래프 곡선이 올라갈 기미를 보이지 않으면 절망이 오기 시작한다. 반년쯤 그렇게 마음고생을 하고 나면 원금 생각이 간절해진다. 그래서 다행히 원금이 회복되면 얼른 돈을 다 찾은 다음 고개를 절레절레 젓는다.

"나는 앞으로 다시는 주식 같은 거 안 할 거야."

그런데 몇 달 뒤 주식 시장이 좋아져 내가 매도한 종목의 주가가 오르기 시작하면 '아, 빼지 말걸. 괜히 뺐나' 싶어진다. 하지만 용기가 나지 않는다. 또다시 돈을 잃을까 봐 걱정이 되는 것이다. 그러다 주위에서 주식이나 펀드로 돈을 많이 잃은 사람들의 이야기를 들으면 속으로 '거봐, 내 선택이 맞았다니까. 역시 안 하는 게 나아' 하며 확신을 하게 된다. 시장을 아예 떠나 버리는 것이다. 하지만 부자들은 손실이 나도 절대 시장을 떠나지 않는다. 자산 포트폴리오를 다시 정비하고, 또다시 기회가 오기를 기다린다. 그래서 그들은 결국 돈을 번다.

나는 몇 번 해 보다 돈을 잃고 주식 시장을 아예 쳐다보지도 않는 사람들을 보면 안타깝다는 생각이 든다. 더 안타까운 사실은 그들 중 대부분이 남들이 주식이나 펀드로 돈을 번다는 소문을 듣게 되면 다시 시장으로 온다는 데 있다. 당연히 그 시장에는 좋은 물건이 남아 있을 리 없다. 좋은 물건은 이미 남들이 다 쓸어가 버린 탓이다. 그래서 그나마 남아 있는 물건을 허겁지겁 고르게 된다. 결국 또 돈을 잃게 되는 것이다.

투자로 돈을 빌고 싶다면 어떤 상황이 오든 절대 시장을 떠나서는 안 된다. 어쩌다 펀드나 주식으로 100만 원을 잃었다고 치자. 그 문제를 올바르게 해결하는 법은 '다시는 펀드나 주식을 하지 말아 야지'가 아니라 돈을 불릴 방법들을 전체적으로 파악하고 그에 맞게 공부를 해 나가는 데 있다. 왜냐하면 은행 예적금만 해서는 돈을 불리기는커녕 앞서 말한 것처럼 인플레이션을 헷지하는 것조차 쉽지 않기 때문이다.

하지만 펀드나 주식은 위험성과 변동성이 굉장히 높기 때문에 함부로 해서는 안 된다. 그럴 때 필요한 것이 바로 '경험'이다. 예를 들어 100만 원을 가지고 있다고 해 보자. 그 돈으로 코스피 TOP10에 있는 대기업 주식을 살 수도 있고, 배터리 관련 기업만 모아 놓은 펀드를 살 수도 있고, 전체적으로 주식 시장이 오르면 돈을 더 주는 ETF 펀드를 살 수도 있다. 그런데 그 돈을 한꺼번에 어느 하나에 투자하지 않고 삼등분해서 투자하면 일단 전체적으로 시장의 흐름을 파악할 수 있다. 만약 모두 수익률이 마이너스를 기록해서 세 달 뒤 50만 원을 잃었다고 해 보자. 물론 속은 쓰리겠지만 그것으로 일상생활에 큰 타격을 입지는 않는다. 그리고 그동안 네 돈이 주식 시장을 통해 실제로 어떻게 움직이는지를 직접 본 경험과 관련 산업이 어떻게 움직이는지를 본 경험이 네 안에 남는다. 주식 관련 용어와도 친숙해져서 관련 뉴스가 저절로 궁금해지기도 한다. 작은 변화가 생겨나는 것이다.

그런데 만약 처음부터 2000만 원을 남들이 좋다길래 한 기업에 넣는다고 해 보자. 설마 수익률이 마이너스 50퍼센트가 될까 싶지만 주식 시장은 언제든 그렇게 움직일 수 있다. 문제는 수익률이 마이너스 50퍼센트가 되어 1000만 원을 잃게 되면 심리적인 타격이 커서 일상생활에까지 지장을 주게 된다. 게다가 아무리 후회해도 잃어버린 1000만 원은 돌아오지 않는다. 그래서 주식을 할 때는 반드시 여유 자금으로 해야 하며, 적은 돈으로 시작해야 한다.

옷을 잘 입는 패셔니스타가 되고 싶으면 일단 옷을 많이 사서 입어 봐야만 한다. 다양한 스타일의 옷을 직접 입어 봐야지만 너에게 딱 맞는 스타일을 찾을 수 있다. 1~2개 옷을 샀는데 그게 성공할 확률은 100개의 옷을 사서 입어 본 사람에 비해 떨어질 수밖에 없다. 너에게 처음부터 명품 옷을 살 필요가 없다고 얘기하는 게 그 이유 때문이다. 어쩌다 비싼 명품 옷을 샀는데 그게 너에게 어울리지 않으면 자연히 안 입게 되고 그러면 속상할 수밖에 없다. 하지만 저가의 옷을 많이 입어 보고 그중에서 너의 스타일을 찾게 되면 같은 명품 옷을 사도 실패할 확률이 낮아지게 된다. 다양한 경험으로 높아진 너의 안목이 너에게 잘 어울리는 옷을 찾아내게 만들 것이기 때문이다.

투자도 마찬가지다. 처음부터 돈을 벌려고 욕심을 부려서는 안된다. 그러면 오히려 재테크 초보자들이 하는 것처럼 돈만 날리고 주식 시장을 떠나 버리는 최악의 사태를 맞이하게 될 수도 있다. 하지만 천천히 소액으로 경험을 늘려 나가면 실패도 하겠지만 성공도 하게 될 것이다. 그러면 자연스럽게 시장을 보는 안목을 기르게 되고 점차 너에게 맞는 투자법을 찾아가게 될 것이다. 물론 경험을 늘려 나가면서 돈 공부를 같이 병행해야만 한다. 실패를 했으면 왜 실패했는지 나름대로 분석해 보고, 다음번에는 같은 실수를 저지르지 않기 위해서 어떻게 해야 좋을지를 고민해 봐야 한다. 그래야만 다음번에 더 나은 투자를 할 수 있게 되고, 그런 경험들이 너에게 좋은 결과를 가져다주게 될 것이다.

어떤 것이든 배울 때는 수업료를 내야 한다. 그런데 투자를 할 때 처음부터 돈을 벌 생각을 하는 것은 수업료를 내지 않겠다는 말이나 다름없다. 물론 그럴 수 있으면 참 좋겠지만 그런 일은 거의 일어나지 않는다. 투자를 할 때 가장 최소한의 수업료를 치르는 방법은 하루라도 빨리 시작해서 소액으로 다양한 경험을 해 보는 것이다. 그리고 그 경험들을 통해 투자 안목을 기르는 것이다. 그렇지 않으면 마흔 살 넘어 부지런히 모아 둔 5000만 원을 덜컥 주식에 투자했다가 모두 잃을 수 있다. 더욱더 안타까운 것은 같은 돈을 잃더라도 마흔 넘어 큰돈을 잃게 되면 복구하기가 더 어렵다는 사실이다. 치러야 할 수업료가 그만큼 비싸고 무거워지는 것이다.

다행히 너에게는 마흔이 되기까지 아직 시간이 많이 남아 있다. 지금 투자를 시작해 50만 원을 잃는 것이 가장 싼 수업료일 수 있다는 말이다. 그러니 하루라도 빨리 투자를 시작해 경험을 쌓아 나가라. 그리고 그 어떤 상황이 와도 투자 시장을 떠나지 마라. 시장에 좋은 물건이 많이 있을 때는 바로 남들이 떠날 때다.

CHAPTER 2

모르면 당장 손해 보는
돈의 심리학

주식 시장의 90퍼센트는 심리에 달려 있다

타인의 감정에 공감하지 못하는 사람을 일반적으로 사이코패스라고 부르는데 증권가에는 사이코패스가 투자를 잘한다는 속설이 떠돈다. 투자라는 것은 세상의 변화를 먼저 느끼는 것에서 출발하는데 다른 사람의 고통에 무감각해서 어느 누구와도 정서적 유대감을 쌓지 못하는 사이코패스가 어떻게 투자를 잘할 수 있냐, 말이 안 되는 소리라고 생각할 수도 있겠지만 그런 속설이 떠도는 데는 이유가 있다.

사이코패스는 투자할 때 철저하게 감정을 배제하는 경향을 보인다. 벌었다고 들뜨지 않으며, 손해 봤다고 위축되지 않고 정말 이성적이고 논리적으로만 의사 결정을 하는 것이다. 그러면 당연히 투자를 잘할 수밖에 없다.

왜냐하면 보통 사람들은 상승장에서 나만 빼고 다들 돈을 버는 것 같아 보이면 조바심을 느끼고 탐욕을 부리게 된다. 그럴 때일수록 한 걸음 물러나 냉정하게 주변 상황을 돌아보며 절제할 수 있어야 하는데 그러지 못하는 것이다. 끝도 없이 주식이 급락해 이러다 계좌가 박살 날지도 모르겠다는 공포가 느껴질 때도 마찬가지다.

머리로는 잘 알고 있어도 심리적으로 흔들려 버리면 결정적인 순간에 잘못된 선택을 하는 경우가 발생하는데 그럴 때 감정을 통제할 수 있어야 성공할 수 있다. 그래서 큰돈을 번 사람이나 투자 고수들은 의외로 불경을 자주 읽는다고 한다. '나무아미타불 관세음보살' 하면서 사고 싶을 때 한 번 더 참고, 팔고 싶을 때 한 번 더 참는 훈련을 하는 것이다.

하지만 실제로 주식 투자를 하면서 그래프가 요동치는 모습을 보고 있노라면 마음을 다잡기가 정말 쉽지 않다. 그래서 전문 투자가나 트레이더들도 주식을 매수할 때 지금 시장에서 자신의 투자 원금이 100이라면 30을 투자할지 80을 투자할지 정하고, 자신의 예상과 다르게 움직였을 때 기계적으로 손절하는 훈련을 끊임없이 한다. 처음에 주식을 매수할 때부터 손절 가격과 손절 조건 등을 정해 놓고 시작하는 것이다.

그와 관련해 유럽의 전설적인 투자가인 앙드레 코스톨라니는 "증권시장에서 심리학의 역할은 아무리 강조해도 지나침이 없다. 단기적 그리고 중기적으로 심리학은 증권시장의 90퍼센트를 결정한다"고 말하기도 했다.

　사람들은 이성적이고 합리적인 것 같지만 의외로 합리적이지 못하다. 그래서 손해 난 주식을 팔지 못하고 몇 년씩 갖고 있다가 주식이 휴지 조각이 되어 버리기도 하고, 초조함을 이기지 못해 꼭짓점에 집을 사 하우스푸어가 되기도 한다. 나는 네가 그런 어리석은 선택을 하지 않기를 바란다. 그러나 우리는 누구나 그런 실수를 할 수 있다.

　그러므로 복구가 안 되는 실수를 저지르고 후회하지 않으려면 투자를 하기 전에 돈의 심리학부터 공부해 둘 필요가 있다. 세계적인 펀드매니저 조지 소로스가 말했듯 인간의 오류와 불확실성을 꿰뚫어 볼 수 있어야 투자나 사업은 물론 삶 자체를 성공으로 이끌 수 있다. 그래서 돈을 벌고 싶다면 '인간'과 '인간사'를 통찰하는 게 먼저다.

왜 월급은 아까운데
보너스는 쉽게 쓰게 되는 걸까?

[심적 회계]

넷플릭스를 시작으로 OTT 서비스가 대세다 보니 요금제 경쟁도 치열하다. 웨이브, 티빙, 디즈니 플러스, 애플TV 등 한 달 구독료가 만 원이 채 안 되지만 사람들은 구독 버튼을 쉽게 누르지 않는다. 그러다 어렵사리 마음을 먹고 구독을 할 경우 평소 같으면 절대 보지 않았을 드라마나 영화, 예능 프로그램도 둘러본다. 땀흘려 번 월급에서 만 원이나 쪼개 지불하는데, 달랑 프로그램 한두 개만 보고 지나가면 왠지 손해를 보는 느낌이기 때문이다.

그런데 딸아, 만약 네가 옷장 정리를 한다고 해 보자. 겨울옷들을 정리하고 봄옷들을 꺼내다 우연히 트렌치코트 주머니에서 만 원짜리를 발견한다면 너는 그 돈을 어떻게 할 것 같니? 아마도 공짜

돈이 생긴 것처럼 신나서 그 돈을 바로 쓸 확률이 높지 않을까?

왜 같은 만 원인데도 OTT 구독료는 아까워서 가입을 망설이고, 우연히 옷 속에서 발견한 만 원은 찾자마자 금방 쓸 생각부터 하게 되는 걸까?

전통 경제학에서는 인간은 합리적이고 이성적이기 때문에 동일한 금액의 돈은 같은 크기의 효용으로 인식한다고 가르친다. 하지만 정작 사람들은 같은 금액이라도 열심히 일해서 번 돈과 우연히 얻은 돈의 가치를 동일하게 여기지 않는다. 이런 심리적 작용을 '심적 회계(mental accounting)'라고 한다.

행동 경제학의 대가인 리처드 탈러에 따르면 사람들은 대부분 기업의 회계장부처럼 마음속에 회계장부를 갖고 있다. 그리고 그 회계장부는 똑같은 액수라도 돈의 입수 경로, 혹은 소비 계획에 따라 가치를 다르게 매긴다. 사람 마음이라는 게 간사해서 돈마다 꼬리표를 붙여 놓고, 똑같은 1만 원인데도 값어치를 다르게 매긴다는 것이다. 그래서 급여로 받은 돈은 '내가 어떻게 번 돈인데' 하면서 아껴 쓰는 반면 복권 당첨금, 세금 환급금, 특별 보너스, 생일 선물로 받은 돈, 쿠폰 등 생각지 못한 데서 들어온 돈은 '기타 계정'으로 분류하고 쉽게 써 버리는 경향을 보인다.

만일 네가 연말정산 환급금을 50만 원 받았다고 해 보자. 네가 이성적이고 합리적인 사람이라면 당연히 그 돈을 어디에 쓸지 충분히 고려한 뒤에 쓰겠지. 환급금은 1년 동안 네가 더 많이 낸 세금을 돌려받은 것뿐이니까. 하지만 대부분의 사람들은 월급 통장에 50만 원이 추가로 들어왔으니, 마치 공돈이 생긴 것처럼 갑자기 자신을 위한 선물을 하나 해야겠다며 계획에 없던 비싼 가방이나 신발을 사고는 뿌듯해한다. 즉흥적으로 호캉스를 떠나거나, 평소 같으면 절대 안 갔을 비싼 레스토랑에 가서 외식을 하는 사람들도 많다. 연말에 받은 보너스도 마찬가지다.

이처럼 심적 회계는 일상에서 종종 우리를 골탕 먹인다. 합리적인 소비를 방해하는 요소로 작용하는 것이다. 하지만 마음속 회계장부이기 때문에 역으로 잘만 이용하면 투자와 지출 관리를 효과적으로 해 나갈 수 있다. 심적 회계의 함정에 빠지지 않으려면 우선 다음과 같은 원칙들을 기억해 둘 필요가 있다.

첫째, 보너스나 세금 환급금을 받으면
당장 쓰지 말고 일단 그냥 둘 것

너의 마음속 회계장부는 아무리 네가 안 된다고 해도 너의 말을 듣기는커녕 자꾸만 보너스나 세금 환급금을 공돈으로 취급하며 너를 부추겨 충동적인 소비를 하게 만들 것이다. 네가 그 꼬임에 넘어가지 않으려면 어떻게 해야 할까? 재테크 전문가들의 말에 따르면 그럴 때 가장 효과적인 방법은 '망설이기 전략'이다. 그 돈을 당장 쓰지 않고 최소 한 달 이상 그냥 두는 것이다. 한 달만 쓰지 않고 두어도 그 돈은 우연히 얻었기에 함부로 써도 되는 돈에서 너의 소중한 재산으로 탈바꿈하게 된다. 즉 결코 쉽게 지출할 수 없는 돈이 되는 것이다. 그러니 보너스나 연말정산 환급금을 충동적으로 쓰고 나서 허탈해하거나 후회하고 싶지 않다면 너도 망설이기 전략을 써 봤으면 좋겠다. 계획에 없는 지출은 낭비와 후회로 이어지기 쉽다는 사실을 잊지 말고 말이다.

둘째, 월급에 꼬리표를 붙여 볼 것

돈이 어떤 경로로 들어왔든 일단 통장에 찍힌 돈에 '묶어 두는 장치'를 마련해 두면 쓸데없이 돈이 빠져나가는 일이 없게 된다. 월급에 꼬리표를 붙여서, 즉 여러 개의 계좌로 분산해서 목적별로 관리하는 것이다. 이는 심적 회계를 역으로 이용하는 대표적인 방법으로써 무엇보다 쓸데없는 지출을 막을 수 있다.

인생을 살아 보니 사람은 있어야 할 장소에 있을 때 훼손이 되지 않는 것 같다. 그런데 돈도 마찬가지다. 돈도 있어야 할 제자리에 있을 때에만 지켜지는 속성이 있다. 그러니 돈이 들어오면 '그 돈이 있어야 할 자리'에 이동을 시켜 놓았으면 좋겠다. 이를테면 월급을 받으면 월세와 관리비, 통신비 등 매달 고정적으로 지출되는 돈만 통장에 남겨 두고, 매월 50만 원은 청년도약계좌 같은 목돈 마련을 위한 정기예금으로 , 매월 10만 원은 청약저축으로, 매월 30만 원은 연금저축 펀드로, 매월 100만 원은 용돈과 생활비로 쪼개는 것이다. 이렇게 월급을 목적별로 분리하고, 통장에 라벨을 붙이는 시스템을 만들면 지출(-)로만 가 있던 너의 초점이 축적(+)으로도 분산이 되면서 소비자만의 감각이 아닌 투자자의 감각도 키울 수 있게 된다.

만약 네가 주식 투자를 했는데 일정 금액 이상 수익이 났다고 해보자. 그럼 무조건 재투자에 나서기보다 수익금 중 일부를 인출해서 따로 계좌를 만드는 것도 좋다. 벌었다는 생각이 드는 순간 안 이해지는 것이 사람 마음이기 때문이다. 그렇다면 새로 꼬리표를 붙여 보자는 거지.

지출을 할 때도 우선순위를 정해 놓으면 과소비 통제가 가능해진다. '6개월 후 차를 살 거니까 당분간은 택시를 타지 말자'라든가, '지난 달 생활비가 많이 나갔으니 이번 달은 외식을 줄이자'처럼 좀 더 의식적으로 지출에도 꼬리표를 붙여 보는 것이다. 그것은 너의 소중한 월급이 귀하게 쓰일 수 있게 만드는 괜찮은 방법이 될 수 있다.

셋째, 돈을 인출할 때는 1만 원짜리 말고
5만 원짜리 지폐를 뽑을 것

심적 회계는 돈의 단위에도 똑같이 적용된다. ATM에서 돈을 인출할 때는 1만 원 권 5장보다 5만 원 권 1장을 뽑는 습관을 들이는 게 좋다. 같은 5만 원이라도 5만 원짜리 1장의 가치를 더 크게 생각해서 소비를 절제하게 되기 때문이다. 같은 금액의 화폐도 어떻게 제시하느냐에 따라 가치가 달라 보이는 현상, 이를 '디노미네이션 효과(Denomination Effect)'라고 한다.

뉴욕대 프리야 라구비르 교수와 메릴랜드대 조이딥 스리바스타바 교수에 따르면 20달러짜리 지폐 1장을 가지고 있을 때와 1달러짜리 20장을 가지고 있을 때 소비 패턴이 어떻게 다른지 실험한 결과, 20달러짜리 지폐 1장을 가진 사람들이 후자에 비해 돈을 더 아껴 쓰는 것으로 밝혀졌다. 작은 단위의 돈은 쉽게 쓰지만 큰 단위의 돈이 생기면 그걸 깨는 것이 아까워서 한번 더 생각해 보고 지출하게 되는 것이다. 이처럼 '큰 단위의 돈'에 신중해지는 디노미네이션 효과는 저축이나 투자를 할 때도 적용이 가능하다. 용도별로 통장을 개설하는 것도 좋지만 '1000만 원 통장'처럼 부수기 힘든 금액을 정해서 통장을 만드는 것이다. 그러면 막연히 돈을 모으는 것과 달리 1000만 원짜리 통장을 깨는 게 아까워 저축을 더 지속적으로 할 수 있게 된다.

마지막으로 네 마음속 회계장부는 돈의 입수 경로에 따라 돈을 다르게 평가한다는 것을 잊지 말아야 한다. 즉 네가 할 일은 돈의 입수 경로가 어떻든 그에 상관없이 돈을 현명하게 쓸 방법을 찾는 것이다. 네가 '단 돈 1만 원이라도 그 돈을 어떻게 바라보느냐', '돈을 쉽게 보느냐, 어렵게 보느냐'가 네 손에 쥐어진 돈의 액수만큼이나 중요하다는 사실을 명심했으면 좋겠다.

왜 우리는 손해 난 주식을
팔지 못하는 걸까?

[처분 효과]

주식이라곤 전혀 모르던 친구가 하루는 공모주에 투자했는데 속 상해 죽겠다고 푸념을 했다. 공모주란 신규로 상장하는 기업의 주 식을 배정받기 위해 청약을 하는 것을 말한다. 증거금(주식을 사려고 할 때 필요한 보증금)을 가지고 증권사에 가서 청약을 하면 최종 경쟁 률과 총 청약자 수에 따라 주식을 배정받게 되는데 미래 가치가 큰 기업일수록 공모주 청약은 성황을 이룬다.

최근 2~3년 사이만 봐도 카카오게임즈의 경쟁률은 1524.85 대 1, 증거금은 58조 5543억 원에 달했고, BTS로 대표되는 빅히트엔 터테인먼트의 경쟁률은 606.97 대 1, 증거금은 58조 4237억 원에 이르렀다. 너에게는 1억 원이 아주 큰 거액으로 느껴질 테지만 경쟁률이 높을수록 투자자가 받을 수 있는 공모주 수량은 극히 적다. 실제로 경쟁률이 치열하면 1억 원을 넣어도 주식을 2~3주 받을까 말까다.

어쨌든 친구는 따상 정도는 할 것이라 기대하고 첫날 상한가에 3000만 원을 넣었는데 주식이 열흘 넘게 급락해 밤잠을 설치고 있다고 했다. 이때 '따상'은 '더블 상한가'의 준말로 더블을 '따블'이라고 말하는 데서 유래되었고 이를 공식으로 표현하면 다음과 같다.

따상 = (공모가 × 2) × 1.3

만약 A의 공모가가 20000원이라고 해 보자. 20000원의 두 배면 40000원이 되고, 여기에 30퍼센트인 12000원까지 더하면 도합 52000원이 된다. 즉 20000원인 주식이 52000원이 되는 것을 따상이라고 한다. 그런데 왜 따상이 중요하냐면 공모주가 상장되면 시초가는 공모가의 최대 2배로 형성되고 여기에 당일 상한가인 30퍼센트까지 오르면 하루 만에 최대 2.6배의 수익을 보는 것이 가능하기 때문이다.

나는 친구에게 초기 유통 물량이 많아서 그럴 수 있으니 느긋하게 기다려 보라고 했다. 다행히 며칠 후 그 주식은 반등했고, 친구도 이제는 안심하겠지 생각했다. 그런데 안타깝게도 친구는 주가가 본전 근처가 되자마자 주식을 전부 처분해 버리고 말았다. 주식 때문에 너무 괴로웠는데 속이 다 시원하다면서 말이다. 친구가 속 상해할까 봐 말은 안 했지만 그 후 그 종목의 주가는 50퍼센트 넘게 올랐고 지금도 승승장구하고 있다(2023년 6월 26일 이후 상장 첫날 가격변동 제한 폭이 공모가 대비 최고 400퍼센트로 상향되면서 '따따상'이라는 표현도 생겨나고 있다).

조금만 더 기다렸으면 됐을 텐데 친구는 왜 주식을 서둘러 팔아 버렸을까? 우리는 얻은 것의 가치보다 잃어버린 것의 가치를 더 크게 평가하는 경향이 있기 때문이다. 그것을 행동 경제학에서는 "같은 금액이라도 이익보다 손실에 대한 회피 심리가 크기 때문"이라고 설명한다. 사람은 1만 원 이익을 본 기쁨보다 1만 원 손실을 본 고통을 더 크게 느낀다는 것이다.

원시시대 사람들은 동물들을 사냥하고 식물들의 열매를 채집해 삶을 영위했다. 그런데 그때는 위험한 동물은 없는지, 독성이 있는 식물은 없는지 늘 살펴야만 했다. 혹시라도 방심해 목숨이 위험해진 사람들은 자신의 유전자를 후대에 물려주기도 전에 죽고 말았다. 그래서 독일의 작가인 롤프 도벨리는 "살아남은 사람들은 곧 신중한 사람들이었다. 그리고 우리는 그런 사람들의 후손인 것이다"라고 평하기도 했다. 그 결과 몇천 년이 흘렀지만 우리의 유전자는 여전히 긍정적인 것보다 부정적인 것에 더 민감하게 반응한다. 이익을 내지 않아도 괜찮으니 손실만큼은 피하고 싶어 하는 것이다.

너는 이해가 안 된다고? 그렇다면 너에게 퀴즈를 하나 내 볼게. 지난달 지출이 많아서 이번 달에 메꿔야 할 카드값이 많아 다음 중 하나를 팔아야 한다면 어떤 걸 팔고 싶니?

A. 초기 투자금에 비해 54만 원의 이득을 본 반도체 주식
B. 초기 투자금에 비해 37만 원의 손실을 본 바이오 주식

상식적으로 보자면 이득을 본 반도체 주식은 보유하고, 손실을 본 바이오 주식을 파는 게 맞다. 하지만 사람들은 오른 주식은 팔고 내린 주식은 계속 보유하려는 경향을 보인다. 왜냐하면 B 종목을 파는 순간 37만 원을 잃었다는 손실이 확정되는데 그것이 두려워 일단 피하고 보는 것이다. 이처럼 손실을 피하고 싶은 마음에 정작 오른 주식은 빨리 팔아 버리고 마이너스가 난 주식을 오래 들고 있는 것을 '처분 효과(Disposition Effect)'라고 한다.

실제로 미국 UC버클리 비즈니스 스쿨의 교수 터랜스 오딘이 한 증권사 계좌 1만여 개를 추출해 6년간의 거래 기록을 조사한 결과 놀랍게도 투자자들은 손실 종목 중 10퍼센트만 매도했다. 손실이 난 주식 10주 중 1주만 매도하고 나머지 9주는 처분하지 않고 계좌에 담아 둔 것이다. 그 주식의 주가가 언젠가 오르기를 기다리면서 말이다.

물론 기다리면 주식이 생각했던 대로 오를 수도 있다. 문제는 그 기간이 한두 달이 아니라 2~3년이 걸릴 수 있고, 그렇게 오래 기다

린 것도 무색하게 본전이 되자마자 팔아 치운다는 데 있다. 2~3년 농안 손실이 난 계좌를 쳐다보며 온갖 마음고생을 하는데도 결국 얻은 수익은 하나도 없게 되는 것이다.

이런 모순을 극복하려면 어떻게 해야 할까? 다행히도 2가지 방법이 있다.

첫째는 저렴하게 사는 것이다. 전문가들은 아무리 좋은 주식이라도 무조건 쌀 때 사는 게 중요하다고 입을 모아 말한다. 주식이 비싸면 그만큼 심리적인 부분에서 제어가 어렵기 때문이다. 비싼 가격으로 주식을 샀으니 초조함이나 불안감이 커질 테고 그럼 냅다 팔고 싶어지는 심리가 발동할 수 있다. 네가 백화점에서 고가의 청바지를 충동구매로 샀다 환불하고 난 후 마음이 편해지는 것처럼 말이다.

또 주변에서 좋다고 하는 주식을 사면 안 된다는 말이 있다. 주식 투자에 있어 남들이 좋다고 할 정도의 주식이면 이미 고평가되어 있을 확률이 높기 때문이다. 즉 싸게 사는 게 아니라 비싸게 살 확률이 높아지고 결국 손실을 보게 되는 것이다. 그러므로 사고 싶은 주식이 있으면 1~2개월 이상 공부한 다음 쪼개서 사는 분할 매수 하는 것을 적극 추천한다.

그럼에도 저렴하게 사는 건 쉽지 않을 것이다. 하지만 그 원칙을 기억한다면 적어도 남들이 좋다는 비싼 주식을 사서 심한 마음고생을 하는 일만큼은 막을 수 있을 것이다.

둘째, 손절매를 잘 해야 한다. 2022년 하나은행 하나금융경영연

구소가 대한민국 부자들의 금융 행태를 분석한 '2022 코리아 웰스 리포트'에 따르면 금융자산을 10억 이상 가지고 있는 부자들은 주식 가격이 15퍼센트 하락하면 손절매를 하는 것으로 나타났다. 중요한 것은 가격이 15퍼센트 하락했을 때 묻지도 따지지도 않고 바로 주식을 판다는 데 있다. 그렇지 않으면 손실 회피 심리에 휘둘려 더 큰 손해를 입게 된다는 사실을 이미 알고 있는 것이다. 그러니 너도 투자를 하기 전에 먼저 손절의 기준부터 정리해 두는 것이 좋다.

그 반대의 경우도 마찬가지다. 네가 어느 종목에 투자했는데 30퍼센트나 오르면 당연히 행복하겠지. 그럴 때 '더 놔두면 더 올라가겠지'라는 안이한 태도로 돈을 그대로 두는 경우가 많은데 그러면 어느 날 자고 일어났을 때 계좌가 곤두박질친 모습을 보게 될 것이다. 그러니 가치투자나 장기투자가 목적이 아니라면 처음부터 '나는 몇 퍼센트 이상 오르면 거기서 물러날 거야'라는 상한선을 정해 놓고 시작하는 것이 필요하다. 참고로 앞의 자료에 따르면 부자들은 평균적으로 23퍼센트가 오르면 매도를 했다고 한다.

중요한 것은 손실이든 이득이든 목표를 정하고 시작해야만 네가 주식 시장의 변화무쌍한 상황에 흔들리지 않을 수 있다는 것이다. '나는 흔들리지 않을 자신이 있으니 굳이 손절매 기준을 정할 필요는 없어'라고 생각한다면 당장 그 착각을 버리길 바란다. 1억 원을 주식에 투자했는데 1500만 원을 잃고서 그것을 손절할 때의 심정이 어떤지, 그것은 겪어 보지 않으면 정말 모른다.

물건을 사고 후회하고 싶지 않다면

[베버-페히너의 법칙]

롤렉스, 루이비통, 샤넬 등 유명 명품 매장을 지나가다 보면 쇼윈도에 가장 비싸고 좋은 상품들을 집중적으로 진열해 놓은 걸 볼 수 있다. 의류든, 가방이든, 시계든 입이 떡 벌어질 정도의 가격이지. 그런데 막상 매장에 들어가 보면 일반 소비자들이 조금만 욕심을 내면 살 수 있는 물건들이 꽤 있다. 작은 가방이나 지갑, 머플러 같은 것들 말이다. 소비자가 비교적 부담 없이 살 수 있는 이런 제품들은 왜 쇼윈도에 진열되지 않는 걸까?

경제학자들은 이것을 '앵커링 효과(Anchoring effect)'라고 부른다. 오리는 처음 태어났을 때 본 것을 엄마로 생각하고 계속 따라다닌다고 한다. 그와 마찬가지로 인간의 감각이나 판단이라는 것도 굉장히 주관적이어서 처음에 본 사물이나 숫자가 절대적 기준이 되어 버린다. 마치 바다 위의 배가 특정 위치에 닻(anchor)을 내리면 그곳에서 크게 벗어나기 어려운 것과 같다. 한마디로 처음 본 숫자 때문에 판단이 왜곡되어 버리는 것이다. 명품 브랜드들은 바로 이런 사람들의 심리를 이용하고 있다고 볼 수 있다. 쇼윈도에서 1000만 원짜리 가방을 보고 매장 안으로 들어간 사람이 80만 원짜리 지갑을 보면 상대적으로 싸다고 생각해 자신도 모르게 그것을 사게 되는 것이다.

너무 힘든 일이 있을 때 사람들은 보상 심리로 옷이나 물건을 사기도 한다. 그리고 그럴 때는 큰 보상을 받고 싶은 마음에 과소비를 하는 경우가 종종 있다. 그런데 명품 매장들은 그처럼 사람들의 약한 마음을 앵커링 효과로 파고들어 계획에 없던 물건을 사게 만든다. 집에 와서 충동구매를 뒤늦게 후회해 봐야 아무 소용없다.

어떻게 하면 충동적인 소비를 자제할 수 있을까? 그와 관련해 독일의 학자 베버와 페히너는 재미있는 실험 결과를 발표했다. 처음에 약한 자극을 받으면 그다음 자극이 조금만 강해져도 바로 변화를 느끼는데, 처음부터 강한 자극을 받은 사람은 자극의 변화가 아주 커져야 그 변화를 인지한다는 것이다. 이것을 '베버-페히너의 법칙(Weber-Fechner's Law)'이라고 하는데 예를 들어 양초가 1개 켜져 있는 방에서 1개를 더 켜면 굉장히 밝아진 것처럼 느껴지지만 양초가 100개 켜져 있는 방에서는 2개를 더 켠다고 해서 크게 달라진 것을 못 느낀다는 것이다.

처음부터 80만 원짜리 지갑을 산 사람은 10만 원짜리 지갑을 보면 싸다고 느낄 것이다. 하지만 10만 원짜리 지갑을 사고 싶다는 구매 욕구는 별로 느끼지 못한다. 이미 80만 원짜리라는 강한 자극을 받았기 때문에 더 큰 자극을 받아야 구매 욕구를 느끼게 되는 것이다. 반면 2만 원짜리 지갑을 가지고 있는 사람에게 10만 원짜리 지갑은 굉장히 좋아 보일 수밖에 없다. 그러므로 돈에 대한 감각을 키우려면 무조건 아주 작은 금액부터 시작하는 게 좋다. 큰 금액과 먼저 친해지면 돈을 낭비하게 될 확률이 높아지기 때문이다.

그리고 소비든 투자든 모든 것에는 계통적 질서가 존재하는데, 작은 것부터 시작해야 전체를 파악할 수 있다. 향수 조향사들이 사용하는 후각 훈련 키트를 보면, 30~50개의 아로마가 3센티미터 길이의 작은 병에 각각 담겨 있다. 이 향들을 하나하나 맡으면서 후각 능력을 키우면, 나중에 여러 향이 무작위로 섞여 있어도 어떤 향들의 조합인지를 알아차릴 수 있게 된다. 사람의 감각이라는 것이 쉽게 둔해지기 때문에 향을 제일 작은 단위로 쪼개어 매일 훈련을 하는 것이다.

와인도 처음에는 낮은 가격대의 와인으로 시작해 차차 가격을 높여 가는 것이 좋다. 1~2만 원짜리로 와인에 입문한 사람은 3만 원대, 5만 원대로 급을 올려 가면서 와인을 전체적으로 파악할 수 있게 된다. 하지만 처음부터 10만 원대 와인을 마셨던 사람은 그 아래의 급으로는 내려가기가 어렵고, 알고 싶어 하지도 않는다.

주식이나 부동산 투자도 마찬가지다. 처음부터 큰 금액을 투자하다 보면 100~200만 원 손실은 아무것도 아닌 것처럼 여겨진다. 하지만 적은 금액부터 투자해서 서서히 늘려 가면 감정적 동요나 실수를 잘 통제할 수 있게 된다. 예를 들어 10만 원을 투자해 1만 원을 잃은 사람은 10분의 1이나 잃었다는 생각에 가슴을 쓸어내리며 다음에는 절대 같은 실수를 하지 않으려고 노력한다. 하지만 처음부터 500만 원을 넣어 50만 원을 잃은 사람에게는 1만 원 잃는 것쯤은 아무것도 아닌 게 되고 만다. 즉 돈에 대한 감각이 무뎌져서 1만 원을 쉽게 보게 되는 것이다. 그런 상태가 지속되면 자연스레 큰돈도 흥청망청 쓰게 되어 나중에는 돈이 어디로 갔는지 모르게 다 써 버리게 된다.

이와 관련해 듀크대 경제학과 교수인 댄 애리얼리는 경제 저널리스트인 애런 태스크와의 인터뷰에서 사람들이 돈에 대해서 가장 잘못 생각하는 것이 무엇이냐고 묻자 이렇게 답했다.

"당신은 펜을 사려고 합니다. 15달러짜리 펜이죠. 상점에 가서 펜을 고르고 막 돈을 내려고 하는데 직원이 말하죠. 당신은 미소가 멋진 정말 좋은 사람 같다고요. 그러면서 경쟁 상점이 있는데 그곳에서 똑같은 펜을 7달러에 판다고 말해 줍니다. 네 블록 거리에 있고 햇살도 눈부신 따뜻하고 화창한 날이에요. 어떻게 하시겠어요? 네 블록을 걸어가서 펜을 7달러에 사겠어요? 사람들은 대부분 7달러를 선택합니다. 돈을 아끼죠.

이번에는 좀 비싼 물건을 사는 경우입니다. 최신 디지털 카메라를 살 겁니다. 가격은 1015달러입니다. 계산을 하려는데 판매원이 말하죠. 네 블록만 걸어가면 다른 가게에서 똑같은 카메라를 파는 데 1007달러에 팔고 있다고요. 8달러가 더 쌉니다. 날씨도 좋고요. 그런데 네 블록을 걸어가서 8달러를 아낄 거냐고 물으면 사람들은 대부분 아니라고 합니다. 15달러의 펜을 살 때는 8달러가 정말 커 보이지만(절반이 넘는 금액이므로) 1015달러나 하는 비싼 카메라를 살 때는 8달러가 아주 적은 돈처럼 느껴지기 때문이죠."

즉 사람들이 펜을 살 때는 악착같이 8달러를 아끼기 위해 네 블록을 걸어가지만 비싼 카메라를 살 때는 8달러를 마치 푼돈처럼 대하는 경향을 보인다는 것이다. 같은 8달러인데도 다르게 인식하기 때문이다.

대형 마트에서 쇼핑을 할 때도 마찬가지다. 계산대에서 얼마 사지도 않은 것 같은데 합계 금액이 너무 커서 놀란 적이 누구나 있을 것이다. 한꺼번에 물건을 사다 보면 자질구레한 물건들의 가격은 별로 크게 느껴지지 않는다. 그래서 필요하지도 않은 이런저런 물건을 카트에 담는다. 푼돈도 모이면 큰돈이 되지만 사람들은 이상하게 푼돈 앞에서 대담한 경향을 보인다. 푼돈을 별것 아닌 것처럼 생각하는 것이다.

이처럼 어떤 상황이냐에 따라 사람들은 돈을 상대적으로 판단한다. 그 결과 같은 8달러를 크게 느끼기도, 적게 느끼기도 한다. 보통 사람들과 부자들의 차이는 바로 여기에 있다. 부자들은 상대성이 만들어 내는 착각에 절대 속지 않는다. 수백 억을 가지고 있더라도 부자들은 8달러를 절대 푼돈이라고 생각하지 않는다. 그러나 보통 사람들은 천만 원을 쓸 때 5만 원을 더 쓰는 것은 '얼마 되지 않는 몇 푼의 돈'이라고 생각한다. 그러나 '얼마 되지도 않는데'라는 착각이 결국 이제껏 애써서 모은 돈을 감쪽같이 사라지게 만든다. 만약 언제든 만 원이 별 게 아니라는 생각이 든다면 네 씀씀이가 헤픈 건 아닌지 스스로 점검해 봤으면 좋겠다. 너의 돈이 지금 어디에선가 줄줄 새 나가고 있다는 뜻이니까 말이다.

배고플 땐 매수매도 버튼을 누르지 마라

[의사 결정의 피로감]

　평소 아끼던 후배 하나가 사표를 내고 새로 회사를 차리게 됐다면서 인사를 온 적이 있다. 뭘 하는 회사인지 궁금해 물었더니 알고리즘을 이용해 코인을 트레이딩하는데 여러 가지 전략들을 테스트해 보는 중이라고 했다. 코인의 가격은 시시각각 바뀌지만 일정한 패턴을 가지고 있고 그걸 잘 활용하면 돈을 벌 수 있다는 이야기였지. 그중 관심이 가는 전략 중 하나는 코인을 새벽 2시에 사서 아침 9시에 매도한다는 얘기였다. 왜 그런 전략을 쓰는 거냐고 물었더니 그 대답이 흥미로웠다.

　"새벽 2시에는 사람들이 다들 졸려서 못 견디고 팔기 때문에 싼 가격에 살 수 있어요. 그리고 보통 사람들이 매수 주문을 출근해서 아침 9시부터 9시 30분 사이에 하는 경우가 많다 보니 그 시간대가 되면 다시 코인 가격이 비싸져요. 그래서 새벽 2시에 사서 아침 9시에 파는 전략을 자동 매매로 돌려 봤는데 의외로 성과가 괜찮았어요."

배고픔을 모르면 부자가 될 수 없고, 젊었을 때 고생은 사서도 한다는 말이 있다. 나름 일리 있는 말이지만 그것도 정도껏이다. 육체적으로 극단적인 상황에 몰리면 사람은 정상적인 판단을 하지 못한다. 그래서 신체적으로 좋은 컨디션을 유지하는 것은 생각보다 굉장히 중요한 일이다. 위의 사례처럼 저녁 내내 코인 시세를 쳐다보면서 '그냥 가지고 있어야 하나, 팔아야 하나' 고민한다고 해 보자. 새벽 2시쯤 되면 졸리고 피곤해서 빨리 침대로 가고 싶은 마음에 어느 순간 그냥 '에라 모르겠다' 하며 매도 버튼을 누르게 된다. 그런데 똑똑한 누군가는 그런 너의 힘든 컨디션을 이용해서 돈을 벌고 있는 것이다.

이처럼 충분히 숙면을 취하지 못하거나 제때 끼니를 챙겨 먹지 못하면 스트레스 지수가 올라가고 좁은 생각에 갇혀 잘못된 판단을 내리는 경우가 많다. 내가 내일 중요한 시험이 있다는 너에게 "지금 공부한다고 몇 점이나 올라가겠니?"라면서 강제로 불을 끄고 자게 하는 것도 그 때문이다. 네 입장에서는 공부를 더 하고 잔다는데 우리 엄마는 왜 그럴까 싶겠지만 나는 배고플 땐 밥을 먹고, 졸릴 때는 자고, 너무 피곤하면 휴식을 취하며 고갈된 에너지를 충전할 시간을 갖는 것이 매우 중요하다고 생각한다.

유명한 실험이 하나 있는데, 스코틀랜드 던디 대학교 빈센트 박사 연구팀은 참가자들을 두 그룹으로 나누었다. 한 그룹은 실험을 앞두고 2시간 전에 식사를 하게 했고, 다른 한 그룹은 10시간 이상 공복 상태로 있게 했다. 그런 다음 지금 받을 수 있는 보상의 2배를 줄 테니 얼마나 기다릴 수 있느냐고 물었다. 그런데 놀랍게도 2시간 전에 식사를 해서 배가 부른 그룹은 35일 정도를 기다릴 수 있다고 답했고, 공복 상태의 그룹은 3일 정도 기다릴 수 있다고 답했다. 식사를 한 그룹과 하지 못한 그룹의 차이가 32일이나 난 것이다. 이 실험은 배고픔이 두뇌에 미치는 영향이 얼마나 큰지를 단적으로 보여 준다. 배가 고픈 사람은 참을성이 없어지고 충동적이 되어, 미래에 받을 커다란 보상을 기다리기보다는 가능한 한 빨리 받을 수 있는 작은 보상에 안주하려고 든다. 배가 고픈 상태가 의사결정에 악영향을 끼치게 되는 것이다.

그래서 중요한 결정일수록 심신이 지치지 않은 상태에서, 좋은 컨디션일 때 내릴 필요가 있다. 실제로 프린스턴 대학교에서는 이런 연구를 한 적이 있다. 이스라엘 법정에서 10개월간 이루어진 1천 건 이상의 판결을 토대로, 점심시간이나 간식 타임 전후로 유의미한 변화가 있는지 조사해 본 것이다. 그런데 체력이 좋은 오전에는 가석방 등 우호적 판결의 비율이 65퍼센트까지 올라가는데 점심 먹기 직전인 오전 11시부터 12시까지는 가석방 비율이 15~20퍼센트에 불과한 것으로 집계되었다. 심지어 점심시간 직전 15분의 가석방 비율은 0퍼센트에 달했다고 한다. 피곤하다 보니 중요한 결정을 미루는 심리가 발동한 것이다. 그래서 미국의 유명한 법학자인 제롬 프랭크가 "정의는 판사가 아침으로 뭘 먹었는지에 달려 있다"고 했는지도 모르겠다.

이제는 왜 배고플 때 매수매도 버튼을 누르지 않는 게 좋은지 알겠지? 배가 고프거나 졸리거나 피곤하면 좋은 선택을 할 가능성이 낮아진다. 그러므로 괜시리 짜증이 나고 부정적인 생각이 몰려들 때는 그냥 한숨 푹 자고 일어나 맛난 음식으로 배를 채운 후 다시 생각해 보는 것도 방법이다. 내 몸의 컨디션이 감정과 두뇌에까지 영향을 끼치고 있는데 스스로는 미처 깨닫지 못하는 경우가 많기 때문이다.

나도 예전에는 이런 사실을 인지하지 못해 스스로를 컨트롤하기 어려웠는데, 나이를 먹고 경험이 쌓이면서 '예전에 이런 컨디션이었을 때 중요한 결정을 섣불리 내려 실수한 적이 있었는데 이번에는 그러지 말자. 나중에 정신이 맑을 때 다시 생각하자' 하며 마음을 다잡을 수 있게 되었다. 일종의 자기 객관화랄까.

지나친 결핍은 독이 되는 경우가 많다. 나만 빼고 다들 부자가 되는 것 같아 조급한 마음에 집이나 주식을 샀을 때 결과가 안 좋은 이유도 비슷하겠지. 이것이 배가 고플 때는 매수매도 버튼을 누르지 말라고 이야기하는 이유다. 배가 고플 때 네가 할 일은 자리에서 일어나 맛있는 음식을 먹는 것이다. 그리고 그 후에 결정을 내린다면 훨씬 더 생산적인 선택을 할 수 있게 될 것이다.

그동안 들인 시간과 노력이 아까울지라도

살다 보면 그동안 투자한 비용이 아까워 잘못된 선택을 할 때가 종종 있다. 현재 진행되고 있는 일을 계속할 경우 실패할 게 뻔하고 손실이 날 게 분명한데도 그만두지 못하는 것이다.

이를테면 네가 지인의 권유로 보험을 하나 가입했다고 해 보자. 그런데 나중에 알고 보니 그 상품은 그다지 너에게 적절하지 않은 것이었다. 그리고 다른 설계사가 제시한 상품으로 변경하면 보장 면에서나 수익 면에서도 좋을 것 같다는 생각이 든다. 그러면 상식적으로 볼 때는 당연히 새로운 상품을 선택해야 옳지만 너는 이미 납입한 보험료가 아까워 고민에 빠지게 된다.

네가 회사에서 새로운 프로젝트를 맡아서 추진한다고 해 보자.

1년 넘게 준비해서 지금 현재 프로젝트는 75퍼센트 정도 진행되었고 두 달 후 상품을 출시하기로 했는데 경쟁사에서 비슷한 상품이 바로 다음 주에 출시된다는 정보를 입수했다. 그러면 어떻게 해야 할까? 얼마만큼 비슷한지 알아보고 만약 너무 비슷한 경우 지금이라도 개발을 중단하는 게 맞지만 회사에서는 중단하지 말고 계속하라는 지시를 내린다. 그동안 그 프로젝트에 들어간 투자 비용이 너무 막대해서 개발을 중단할 엄두를 못 내는 것이다.

대표적인 사례로 콩코드 여객기가 있다. 1969년 영국과 프랑스는 공동으로 '콩코드'라는 이름의 세계 최초 초음속 여객기 개발에 성공했다. 기존의 여객기보다 속도가 두 배 이상 빨라 8시간이 걸리는 파리-뉴욕 구간을 3시간대 만에 주파함으로써 전 세계의 주목을 받았다. 하지만 좌석이 100석도 안 되는 데다 연료비가 많이 들다 보니 요금이 2천만 원으로 너무 비싸 타려는 승객이 많지 않았다. 게다가 초음속 비행의 특성상 공중에서 굉음을 일으키는 탓에 시끄럽다며 민원이 폭주해 최대 속도를 내는 데도 제약이 많았다.

훗날 공개된 기록에 따르면 영국과 프랑스는 콩코드 여객기로 돈을 벌지 못한다는 것을 이미 알고 있었다. 하지만 세계 최초의 초음속 여객기라는 타이틀을 포기하기 어려워 사업을 접지 못했다. 그렇게 근근이 명맥만 유지하다가 2000년에 화재 사고로 탑승객 전원이 사망하는 비극이 일어났고, 그 일을 기점으로 부정적인 인식이 거세졌다. 그렇게 쇠락의 길을 걷다가 2003년 완전히 운행을 종료하게 되었다. 사실상 불명예스러운 결말이었다.

경제학에서는 이미 지급하여 회수가 불가능한 비용을 '매몰 비용(Sunk Cost)'이라고 하는데, 이처럼 이미 투자한 비용이 아까워서 실패할 것이 분명한데도 계속 투자하는 것을 '매몰 비용의 오류'라고 한다. 행동 경제학자 리처드 탈러에 따르면 사람들은 종종 이미 들어간 시간과 노력, 돈 등 매몰 비용에 대해 과도하고 불합리한 집착을 보인다. "이 프로젝트에 들어간 비용이 얼만데", "버리기엔 그동안 들인 시간과 노력이 아까워", "지금껏 기다렸는데 조금만 더 기다려 보자" 등의 이야기를 하며 잘못된 결정을 계속 밀고 나가는 것이다.

대학에 떨어지고 나서 재수, 삼수, 사수를 하게 되는 것도, 행정 고시나 외무고시를 준비하는 사람들이 5~6차례 떨어졌는데도 그만두지 못하고 또 도전하는 것도 매몰 비용의 오류라고 볼 수 있다. 물론 사수 끝에 원하는 대학에 들어갈 수 있을지 모른다. 행정고시에 여섯 번 떨어졌지만 다음 번엔 붙을 수도 있다. 그러면 매몰 비용의 오류가 없어지는 것일까?

만약 재수를 했는데도 불구하고 원하는 대학에 들어가지 못했다고 해 보자. 삼수를 하는 대신 다른 대학을 택했는데 그곳에서 오히려 생각지 못한 다른 적성을 발견하게 될 수도 있다. 그런데 삼수를 택한다면 그런 기회를 애초에 날려 버리는 것이나 다름없다. 그러므로 잘못된 선택을 하고 싶지 않다면 이미 지출된 비용은 배제한 채 현재의 상황과 미래에 대한 객관적인 전망을 그려 봐야 한다. 그러기 위해서는 최소한 이 선택으로 무엇을 포기하게 되는지를 냉정하게 따져 볼 필요가 있다.

그런데 경제학자인 댄 애리얼리가 《부의 감각》에서 밝힌 바에 따르면 "새 차를 사면서 당신은 무엇인가를 포기해야 합니다. 그것은 무엇입니까?"라고 물었을 때 사람들은 대부분 구체적인 대답을 하지 못했다고 한다. 차를 할부로 살 경우 당장 여름휴가를 포기하거나 학자금 대출 상환을 늦춰야 할 수 있다. 아니면 생활비를 조금 더 줄여야 할 수도 있다. 그처럼 수많은 기회 비용을 뒤로하고 새 차를 구입할 가치가 있는지 따져 봐야 하는 것이다. 하지만 어리석게도 사람들은 미래의 기회 비용을 따져 볼 생각을 잘 하지 않는다. 그동안 들인 돈과 시간이 아깝다는 사실에만 매몰돼 무엇을 포기하는지는 정작 고려하지 않는 것이다.

몇 개월이나 매달려 준비해 온 프로젝트를 전부 엎어야 할 때 마음이 쓰리지 않은 사람이 어디 있을까. 몇 년 동안 매달려 온 고시 공부를 포기해야 할 때의 심정은 얼마나 괴로울까. 하지만 뒤엎는 게 맞다면 단호하게 결심하는 것이 옳다. 인생의 터닝 포인트라는 건 오래 붙들어 온 것에 대한 미련과 집착을 버리고 새로운 것을 붙잡을 때 비로소 만들어지기 때문이다.

내가 아는 한 후배는 남자친구와 몇 년간 헤어졌다 만났다를 반복하다가 결국 마음을 굳게 먹고 이별을 통보했다. 그런데 2년 후 정말 좋은 사람을 만나 결혼을 약속하기에 이르렀다. 그녀가 만약 '이만큼 나를 잘 아는 사람도 없는데'라며 예전 남자친구와 여전히 만났다 헤어졌다를 반복하고 있었다면 어땠을까. 생각만 해도 아찔하다.

　그러니 딸아, 무언가를 이제 중단해야 할 것 같은데 그동안 들인 시간과 노력과 돈이 아까워 중단하기가 어려울 때, 한번 곰곰이 생각해 봤으면 좋겠다. 그사이 더 큰 기회가 날아가 버리고 있는 것은 아닌지 말이다. 때로 매몰 비용은 생각보다 커서 우리를 힘들게 만든다. 하지만 미래를 생각해 보면 그건 정말 아무것도 아닐 수 있다.

단 하루라도 밤잠을 설치는
선택은 하지 마라

[팻 테일]

1900년대 초 경이적인 수익률을 기록하며 전설적인 투자가의 반열에 오른 제시 리버모어는 《어느 주식투자자의 회상》에서 다음과 같은 말을 한다.

"태양계에 살고 있는 사람이라면 누구나 이따금씩 날벼락을 맞게 된다. 이로 인해 서글픈 사실을 다시 한번 상기하게 된다. 그 어떤 누구라도, 외부의 영향력에서 벗어나 시장에 대해 항상 올바른 판단을 내릴 수는 없다는 것을."

이는 그가 '루시타니아 폭락'을 겪고 나서 한 말이다. 1915년 5월 7일 영국 리버풀과 미국 뉴욕을 왕복하는 3만 톤급의 초호화 여객선 루시타니아호는 약 2천 명의 승객과 승무원을 태우고 아일랜드

킨세일 앞바다를 지나가고 있었다.

그런데 독일 잠수함이 전쟁 물자 운송을 차단한다며 민간인들이 타고 있던 루시타니아호를 무지막지하게 침몰시켜 버렸지. 이 사건으로 배에 타고 있던 미국인 128명이 사망하게 되었고 결국 중립 노선을 걷고 있던 미국이 제1차 세계대전에 참전하는 계기가 되었다.

그 이전까지 제시 리버모어의 계좌는 착실하게 불어나고 있었는데, 이 소식이 전해지며 불과 5일 만에 미국의 다우존스 지수는 10퍼센트 넘게 폭락을 하게 되었고 그도 단기간에 큰 손실을 입을 수밖에 없었다. 전혀 상상하지 못했던 일이 터졌고, 그로 인해 날벼락을 맞은 셈이었다.

인류 역사상 발생한 수많은 재난 중 엄청난 사망자가 발생한 재난으로는 대표적으로 스페인 독감을 들 수 있다. 스페인 독감은 1918년 처음 발생해 2년 동안 전 세계에서 2500~5000만 명의 목숨을 앗아갔다. 14세기 중기 흑사병이 유럽 전역을 휩쓸었을 때보다 훨씬 많은 사망자가 발생해 지금까지도 인류 최대의 재앙으로 불린다.

하지만 사람들은 스페인 독감 같은 전염병으로 지구가 멈춰 서는 일은 다시는 없을 거라고 생각했다. 과학기술과 의학이 눈부시게 발달한 지금 시대에 그런 일은 절대 일어날 리 없다고 생각한 것이다.

그러나 2019년 12월 중국 우한에서 발병한 코로나19는 순식간에 전 세계로 퍼져 나갔다. 마을과 도시 봉쇄를 넘어서 각국은 빗장을 걸어 잠가야만 했고 치우지 못한 시체들이 거리에 나뒹구는 끔찍한 모습을 지켜보며 사람들은 충격에 빠졌다. 그처럼 100년 만의 전염병으로 전 세계가 휘청거리는 와중에 2022년 러시아-우크라이나 전쟁이 터지고야 말았다. 너도 잘 알고 있겠지만 그 여파로 인해 전 세계가 40년 만의 인플레이션으로 몸살을 앓고 있다.

100년 만의 전염병, 40년 만의 인플레이션…. 이처럼 전혀 예상하지 못한 이례적인 사건들이 연이어 발생하고 그로 인해 전 세계 경제가 휘청이는 모습을 보면서, 나는 "태양계에 살고 있는 사람이라면 누구나 날벼락을 맞게 된다"는 제시 리버모어의 말을 다시금 떠올렸다. 언제든 상상도 못 한 일이 터져 예측이 빗나갈 수 있다는 사실을 절감한 것이다.

이를 수학적으로 풀어낸 용어가 뚱뚱한 꼬리, 즉 '팻 테일(fat-tail)'이다. 금융 시장에서 제일 많이 회자되는 통계 용어 중 하나다. 대부분의 사람들은 주식이든 채권이든 과거에 움직였던 범위 안에서 등락을 할 것이라고 생각하는 경향이 있다. 하지만 세상은 의외로 그렇게 간단하지 않다. 전혀 예상하지 못한 일이 터지고, 그것은 그 뒤에 일어나는 수많은 사건에 큰 영향을 미친다. 이처럼 뚱뚱한 꼬리는 평균에서 멀리 떨어진, 일어날 가능성이 매우 낮다고 생각했던 사건이 의외로 자주 발생해 충격을 준다는 의미를 가지고 있다.

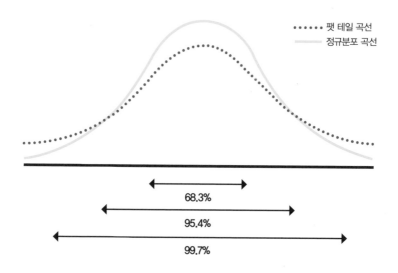

팔 테일 곡선

정규분포 곡선

68.3%

95.4%

99.7%

수학 시간에 배운 정규분포(가우스분포) 곡선을 알고 있지? 위의 그림에서, 노란색 선이 바로 정규분포의 확률 분포도를 나타내는 곡선이고, 점선은 팻 테일 곡선이다. 기본적으로 세상의 많은 현상을 정규분포 곡선으로 설명하는데, 노란색 선 양 끝 즉 왼쪽 꼬리와 오른쪽 꼬리가 얇은 게 보이니? 평균적으로 거의 일어나지 않을 것으로 생각되는 사건은 확률도 그만큼 낮다는 것을 수학적으로 나타낸 것이다.

예를 들어 2022년 국가기술표준원의 발표에 따르면 한국인 남성의 평균 키는 172.5센티미터이고 여성의 평균 키는 159.6센티미터인데 위의 곡선을 보자면 표준편차 1배 이내에 들어오는, 즉 1시그마 안에 들어오는 사람들이 전체의 68.3퍼센트이고, 2시그마 안에 들어오는 사람들이 전체의 95.4퍼센트를 차지한다. 키가 140센티미터인 사람이나 혹은 2미터가 넘는 사람은 극히 드물기에 양쪽 끝에 있는 꼬리가 얇을 수밖에 없다. 이처럼 키뿐만 아니라 몸무게, 술 소비량, 수능 성적 등 일상의 많은 부분을 정규분포 곡선으로 설명할 수 있다.

하지만 금융 시장에서 일어나는 일들은 정규분포 곡선을 따르는 게 아니라 그보다 양 끝의 꼬리가 두꺼운 팻 테일 곡선을 따르는 경우가 많다. 그래서 확률이 낮은 줄 알았던 사건이 어느 날 툭 튀어나와 그길 예측하지 못하고 투자를 한 경우 돈을 날리게 되는 일이 생각보다 많이 발생한다.

예를 들어 2015년 설마 금리가 마이너스를 가겠냐면서 유럽과 미국 국채 금리에 연동되는 DLS(파생결합증권) 상품이 많이 팔린 적이 있었다. 이 상품은 금리가 마이너스 구간에 들어서지만 않으면 금리를 꽤 높게 주는 상품이라 인기가 좋았다. 예를 들어 독일 금리가 마이너스 0.2퍼센트 이상이면 연간 4.2퍼센트의 이자를 주지만, 금리가 마이너스 0.7퍼센트 이하로 떨어지면 원금 전액을 잃게 되는 구조였다.

그래서 이 상품을 판매한 사람들은 "독일이 망하지 않는 이상 원금 손실 가능성은 없다", "설마 금리가 마이너스로 떨어지겠냐"며 심리적 안심을 유도해 판매를 했고, 투자자들은 이 말을 믿었다. 유럽에서도 경제 대국으로 꼽히는 독일 국채에 돈을 넣었는데 이자는커녕 원금에서 손실을 보게 될 것이라고는 아무도 예상하지 못한 것이다. 그러나 그 설마가 사람을 잡았다. 독일 10년 만기 국채 금리가 마이너스 0.7퍼센트까지 하락하고 스위스 10년 만기 국채 금리가 마이너스 1.1퍼센트까지 떨어진 것이다. 그래서 이 DLS에 투자한 사람들의 항의가 빗발쳤고, 당시 이는 상당한 문제가 됐었다.

네가 만약 그 상품을 권유받았다고 해 보자. 너라면 독일 국채에 투자했을 때 이자는커녕 마이너스가 날 거라는 예측을 할 수 있었을까? 팻 테일 곡선이 우리에게 가르쳐 주는 사실은 하나다. '설마 그런 일이 벌어지겠어?'라고 생각했던 일들이 금융 시장에서는 꽤 빈번하게 발생하며 그로 인해 내 돈이 모두 날아갈 수 있다는 것.

그러므로 돌다리도 두드려 보고 건너는 게 맞다. 4.2퍼센트라는 높은 이자에 혹해 네가 모은 돈을 전부 그 상품에 넣는 어리석은 일만큼은 하지 않아야 한다는 말이다. 실제로 내가 만나 본 부자들은 신중하고 이상하리만치 의심이 많았다. 어떤 상품이든 거의 병적인 수준으로 묻고 또 묻는 것은 기본이고 철저하게 확인을 한 다음에도 100퍼센트를 투자하는 법이 없었다. 어떤 일이 벌어질지 알 수 없는 것이 세상사이기 때문에 만약을 대비해 현금을 남겨 두고, 리스크에 대비하는 것이 온몸에 체화되어 있는 것이다.

우리가 보통 예측을 할 때는 과거의 데이터에 의존할 수밖에 없다. 어떤 일이 발생했을 때 그로 인해 생길 변수들을 살피고, 어떻게 해야 하는지 알려면 일단 통계를 찾아보고 변수가 될 만한 사항들을 체크하고 그 결과들을 모아 예측을 하게 된다. 하지만 과거 데이터에 지나치게 의존해 미래를 예측하려고 하면 오류가 발생하게 된다. 그러므로 통계를 맹신하고 '여기에 투자하면 무조건 돈을 벌 수밖에 없다'는 말을 믿어서는 안 된다. 부자들이 하는 것처럼 한 번도 일어난 적이 없는 일이 언제든 일어날 수 있다는 사실을 받아들이고 그에 대한 대비를 철저히 하는 게 옳다는 말이다.

투자한 돈이 1000만 원인데 생각지도 못한 일이 발생해 순식간에 900만 원이 사라졌다고 해 보자. 만약 그 돈이 네가 가지고 있는 전부라면 너의 일상 또한 순식간에 무너질 수밖에 없을 것이다. 아마도 밤잠을 못 이루겠지. 하지만 네가 가지고 있는 1000만 원 중 10분의 1인 100만 원만 투자했다면 이야기는 달라진다. 너에겐 아직 900만 원이 있기 때문에 덜 흔들릴 테고 상황이 나아질 때까지 버텨 보자는 생각도 할 수 있다. 그래서 《돈의 심리학》을 쓴 모건 하우절은 이렇게 말했다.

"자산 가치가 30퍼센트 하락해도 살아남을 수 있는가. 스프레드시트상에서는 그럴지 모른다. 실제로 지불할 금액을 다 지불하고 현금흐름을 플러스로 유지할 수 있을지도 모른다. 그러나 정신적으로는 어떨까? 자산 가치의 30퍼센트 하락이 우리의 정신에 어떤 영향을 줄지는 과소평가하기 쉽다. (중략) 나는 손실을 본 이후 지쳐서 그만둔 투자자들을 여럿 알고 있다. 그들은 육체적으로 지쳤다. 이 숫자들이 말이 되는지 안 되는지 알려 주는 것은 스프레드시트가 잘한다. 그러나 밤에 아이들을 재우면서 '만약 이 투자 결정이 잘못됐다면 아이들의 미래가 망가지지 않을까?'라고 걱정하는 당신의 마음이 어떨지 알려 주지는 못한다."

그래서 모건 하우절은 돈을 관리함에 있어서는 밤잠을 설치지 않고 안심할 수 있는 방법을 찾아야 한다고 강조한다. '이 선택이 내가 밤에 잘 자는데 도움이 될까?'라고 스스로에게 묻는 것은 모든 금융 의사 결정에서 최고의 이정표가 될 수 있다는 것이다. 실제로 그는 미래 수익률이 역사적 평균보다 3분의 1 더 낮다고 가정해 더 많은 돈을 모은다고 밝혔다. 즉 역사적 평균 수익률이 8퍼센트라면 그는 예상치 못한 일들이 터져 갑자기 돈을 많이 잃을 수도 있다는 사실까지 고려해 예상 수익률을 2.7퍼센트로 낮게 잡은 것이다. 앞서 내가 만난 부자들이 그랬듯 말이다.

그런데 신기하게도 워런 버핏 또한 2008년 버크셔 해서웨이 주주들에게 다음과 같이 말했다.

"저는 언제나 충분한 정도 이상의 현금을 가지고 버크셔 해서웨이를 경영하겠다고 신용 평가 기관과 나 자신에게 맹세해 왔습니다. (중략) 설사 이윤을 더 낼 가능성이 있다 하더라도 저는 단 하루라도 밤잠을 설치는 선택은 하지 않을 것입니다."

그러니 너도 돈을 날리고 싶지 않다면 스스로에게 물어 보아라. 이 투자로 내가 밤잠을 설치지 않을 수 있을까. 그러면 아마도 현명한 선택을 할 수 있게 될 것이다.

CHAPTER 3

부자들이 말해 주지 않는
부의 비밀

부자들이 말해 주지 않는 부의 비밀

부불삼대(富不三代), 부자가 3대를 넘기기가 힘들다는 말이다. 그래서 세계 역사를 통틀어 300년 이상 부를 유지한 가문은 매우 드물다. 세계적으로 유명한 이탈리아의 메디치 가문도 200여 년밖에 부를 유지하지 못했다. 그런데 경주 최부잣집은 9대에 걸쳐 진사(進士)를 배출하고 12대 동안 연이어 만석을 모았다. 어떻게 그들은 300년 동안이나 부를 유지할 수 있었을까? 최부잣집이 가훈처럼 여기며 자손 대대로 가르친 여섯 가지 원칙은 다음과 같다.

첫째, 벼슬은 진사 이상은 하지 말라
둘째, 재산은 만석 이상 모으지 말라

셋째, 과객(過客)을 후하게 대접하라

넷째, 흉년에는 남의 논밭을 사지 말라

다섯째, 시집 온 며느리들은 3년 동안 무명옷을 입게 하라

여섯째, 사방 백 리 안에 굶어 죽는 사람이 없게 하라

딸아, 너는 몇 번째 원칙이 가장 궁금하니? 나는 왜 흉년에는 남의 논밭을 사지 말라고 했는지가 가장 궁금했다. 알고 보니 조선 시대에는 흉년이 들어 굶어 죽을 정도의 위기 상황에 처하면 사람들이 궁여지책으로 논밭을 팔아 쌀을 사곤 했는데, 쌀이 귀해 논을 말도 안 되는 헐값에 넘기는 사례가 많았다고 한다. 쌀이 넉넉한 부자 입장에서는 흉년이야말로 논을 헐값에 사들여 재산을 증식할 수 있는 절호의 기회였던 셈이다.

하지만 최부잣집은 그것을 금했다. 논을 헐값에 팔아넘기고 가슴에 피멍이 든 사람들의 원한이 자신들을 향하게 되면 결코 이로울 것이 없다고 판단한 것이다.

최부잣집은 더 나아가 흉년이 들면 저택이 위치한 경주 교동에서 사방 백 리 안에 굶어 죽는 사람이 없도록 곡식을 풀어 배고픈 이웃들에게 나눠 주었다. 백 리는 요즘으로 치자면 동쪽으로는 경주 동해안 일대까지, 서쪽으로는 영천까지, 남쪽으로는 울산까지, 북쪽으로는 포항까지를 의미한다. 그처럼 나뿐만 아니라 이웃들까지 다 같이 잘살아야 결국은 오래도록 가문을 유지할 수 있다고 생각한 것이다.

재산을 만석 이상 모으지 말라고 한 것도 비슷한 이유에서다. 조선시대에는 땅을 빌려 농사를 짓고 그에 대한 소작료를 지불하는 소작인들이 있었는데 당시 소작료는 수확량의 7~8할 정도였다고 한다.

그런데 그렇게 할 경우 최부잣집은 재산이 만석을 초과하게 되므로 소작료를 낮춰야만 했다. 소작인의 입장에서는 소작료를 적게 내도 되니 앞다투어 최부잣집과 일하고 싶어 했다. 그리고 그들의 논이 더 늘어나기를 바라게 되었다. 최부잣집이 잘되어야 자신들도 더 잘되는 상생(相生)의 경제가 실제로 구현된 것이다. 이처럼 최부잣집이 300년 동안 부를 유지할 수 있었던 까닭은 상생의 철학을 누구보다 적극적으로 실천한 데 있다. 주변 사람들이 굶어 죽고 있는 상황인데 자신들만 만석 농사를 짓는 것은 의미가 없으며 도리가 아니라고 생각한 것이다.

한편 최부잣집은 시집 온 며느리들에게 3년 동안 무명옷을 입고 지내게 했다. 절약과 검소를 몸에 배게 만든 것이다. 누구나 다 아는 말을 여섯 가지 원칙 중 하나로 놓은 이유는 그만큼 실천이 얼마나 어려운지를 방증한다고 볼 수 있다. 부자의 기본은 절약과 검소에 있음을 다시 한번 일깨우는 셈이다.

그런데 왜 자손들에게 벼슬은 진사 이상은 하지 말라고 신신당부한 걸까? 왜 그것을 첫 번째 가르침으로 남긴 걸까? 그 이유를 살펴보다 나는 최부잣집의 혜안에 진심으로 탄복하게 되었다. 그것은 내가 애널리스트로서 이제껏 부자 고객들-태어날 때부터 부유한 금수저든, 자수성가한 사람이든 상관없이-을 만나며 느낀 것과 일맥 상통하는 공통점이기도 했다.

첫째, 부자들은 리스크는 리스크라고 생각한다. 몇몇 투자 관련 책을 읽어 보면 리스크(위험)와 리턴(수익)은 동전의 양면과 같다고 설명한다. 돈을 벌려면 어느 정도의 리스크는 마땅히 감수해야 한 다는 것이다. 그래서 기대 수익이 크면 그만큼 리스크는 크고, 기 대 수익이 적으면 리스크도 적다고 가르친다.

그런데 내가 만난 부자들은 리스크와 리턴이 비슷한 확률인 상 황에서는 절대 투자하는 법이 없었다. 그들은 충분히 기다린 후 리 스크는 거의 없고 리턴이 압도적으로 큰 비대칭적 상품에만 투자 를 했다.

최부잣집이 자손들에게 벼슬은 진사 이상을 하지 말라고 한 이 유도 그와 비슷하다. 조선시대 진사라는 신분은 과거의 예비 시험 인 소과(小科)의 복시에 합격한 사람을 가리키는데 딱히 벼슬이라 기보다는 양반 신분을 유지하는 최소한의 자격 요건에 해당했다.

그런데 조선시대에는 벼슬이 높아지면 자의 반 타의 반으로 당 쟁에 휩쓸리는 경우가 많았고 그러다 집안이 몰락하는 것도 한순 간이었다. 그래서 최부잣집은 진사 이상의 벼슬을 해서 명예를 얻 을 수 있을지 모르지만 그것은 아주 잠깐이고 그러다 잘못해서 멸 문지화를 당할지도 모른다는 사실은 너무 큰 리스크라고 판단했 다. 그래서 애초에 자손들에게 높은 벼슬에 도전할 생각을 하지 말라고 못 박았다. 부자들이 리스크 관리에 얼마나 철두철미한지를 단적으로 보여 주는 대목이다. 그리고 현실에서 부와 권력을 모두 거머쥔다는 것이 얼마나 어려운지를 짐작케 한다. 최부잣집은 부를 지키기 위해 권력을 포기한 셈이기 때문이다.

둘째, 부자들은 버는 것보다 지키는 것이 훨씬 중요하다고 생각한다. 이미 부자라 더 벌 필요가 없으니 지키는 것을 중요하게 여기는 게 당연하다고 할지도 모르겠지만 그것은 오해다. 가격이 10퍼센트 하락하면 원래 가격을 회복하기 위해선 11퍼센트가 올라야 한다. 가격이 만약 50퍼센트 하락했다면 2배(100퍼센트) 올라야 원래 가격이 되는 셈이다. 즉 부자들은 잃는 것은 금방이지만 그것을 복구하는데는 훨씬 많은 노력이 필요하다는 것을 본능적으로 알고 있다. 그래서 지키는 것을 더 중요하게 생각한다.

그리고 손실을 보면 누구나 정신적으로 큰 타격을 입게 된다. 대부분의 사람들은 남들이 다 부자가 될 때 나만 아무것도 안 하고 있는 것을 가장 큰 리스크라고 생각하지만 부자들의 생각은 다르다. 그들은 열심히 저축하고 모은 돈을 한순간의 잘못된 판단으로 날려서 자존감에 치명상을 입게 되면 그것을 회복하기가 얼마나 어려운지 알고 있다. 그래서 부자들은 기를 쓰고 어떻게든 돈을 잃지 않고 지키기 위해 애쓴다. 정신적으로 건강하고 긍정적인 상태를 유지하면 새로운 기회는 언제든 다시 찾아온다는 것을 잘 알고 있기 때문이다.

셋째, 부자들은 분산투자 하지 않는다. 투자 세계에서 가장 유명한 격언 중 하나기 '달걀은 한 바구니에 담지 마라'이다. 계란 한 개가 깨져도 다른 계란들은 살아남을 수 있도록 다양한 자산에 나누어 투자해야 한다는 논리다. 이를테면 LG에너지솔루션 주식을 이미 가지고 있다면 유럽 회사채에도 투자하고, 금도 사 놓고 달러도 사 놓아야 한다는 것이지. 하지만 내가 만난 부자들은 의외로 분산투자를 하지 않았다. 한 사람이 소화할 수 있는 정보량은 한계가 있기 마련이라 정보의 범위가 넓어질수록 깊이 알려고 하기보다는 대충 판단하게 되고, 그러면 실패할 확률이 높아진다. 그래서 부자들은 자신이 정확하게 아는 것에 집중투자 할 뿐 자신이 잘 모르는 것에는 절대 투자하지 않는다. 대신 모르는 분야에 대해서는 충분히 알 수 있을 때까지 공부를 정말 열심히 한다.

넷째, 부자들은 주변에 조건 없이 밥을 많이 산다. 그들은 본능적으로 돈이 되는 정보는 결국 사람으로부터 나온다는 것을 알고 있다. 그래서 주변 사람들에게 잘하고 누가 부탁을 해 오면 웬만하면 들어주려 노력한다. 예를 들어 어느 제약회사에서 신약이 나왔는데 그 효능이 어떤지 알아보려면 의사나 간호사 친구에게 물어보는 게 제격일 것이다. 그런데 평소에 연락 한번 안 하다가 불쑥 전화를 해서 물어본다면 친구가 제대로 답해 줄까? 아마도 친구는 필요할 때만 전화를 걸어 자신을 이용한다고 못마땅해할지 모른다. 그래서 부자들은 평소에 주변 사람들에게 밥을 많이 사고, 작은 것이라도 도움이나 정보를 받으면 반드시 성의 표시를 하려고 한다.

경주 최부잣집도 마찬가지였다. 조선시대에는 지나가는 나그네가 전혀 알지 못하는 양반집이나 부잣집 사랑채에 며칠씩 머물다 가는 일이 흔했다. 그런데 최부잣집에서는 유독 과객을 후하게 대접했다. 그들의 한 해 소작 수입은 쌀 3천 석 정도인데 그중 3분의 1이나 되는 1천 석을 과객 접대에 썼고, 그래서인지 과객이 많이 머무를 때는 그 수가 100명을 넘기기도 했다. 심지어 밤을 지내고 떠나는 과객에게는 과메기 한 손과 하루분의 양식, 그리고 노자도 몇 푼 쥐어 보냈다.

그러면 과객들은 공짜로 재워 주고 먹여 준 최부잣집에 고마움을 느끼며 자신이 전국 각지를 떠돌면서 보고 들은 것들을 아낌없이 털어놓곤 했다. 교통이 발달하지 않아 여행이 어려웠던 당시, 과객들이야말로 세상의 모든 새로운 정보를 시시각각으로 나르는 메신저 역할을 톡톡히 한 셈이다. 덕분에 최부잣집은 굳이 전국 각지를 돌아다니지 않아도 세상의 변화와 흐름을 가장 빨리 파악할 수 있었다.

주는 것이 있어야 받는 것이 있는 법. 만약 최부잣집이 과객을 후하게 대접하지 않았다면 그처럼 많은 사람들이 그 집에 오지 않았을 테고, 그러면 최부잣집은 곡식을 퍼 줄 필요가 없어 더 많은 재산을 모았을 수 있다. 하지만 세상의 흐름을 파악하기가 쉽지 않아 결국 오랫동안 부를 지키기는 어려웠을 것이다.

사람들은 대부분 부자가 인색할 거라는 편견을 가지고 있다. 하지만 내가 본 부자들은 하나같이 돈을 허투루 쓰지는 않지만 주변에 밥을 잘 사고 잘 베풀었다. 자기 자신을 위해서는 전혀 사치를 하지 않는데, 자신에게 도움을 준 사람에게는 반드시 보답하고 향후 어떤 관계로 발전할지 알 수 없지만 매 순간 만나는 사람에게 최선을 다했다. 밥을 사고, 작은 것이라도 받았으면 성의 표시를 하려는 행동은 별것 아닐 수 있지만 그런 행동들이 하나하나 모여 부의 크기를 결정한다. 진심이 담긴 말과 행동은 결국 사람의 마음을 움직이기 때문이다.

그러니 될 수 있으면 너도 고맙다는 말만 하지 말고 밥이든, 조그만 선물이든 사 줄 수 있는 사람이 되었으면 좋겠다. 밥 잘 사 주는 언니 혹은 선배가 되려면 돈이 꽤 들 수도 있지만 나는 네가 그것을 너무 아까워하지 않았으면 좋겠다. 네가 밥을 사고 고마움을 표시했던 그 사람들이 결국 너의 평판을 만들고, 결정적인 순간 너를 도와줄 테니까 말이다. 그래도 사람 때문에 마음이 다치거나 힘든 날에는 중국 한나라의 역사학자 사마천의 말을 기억했으면 좋겠다.

"1년을 살려거든 곡식을 심고, 10년을 살려거든 나무를 심고, 100년을 살려거든 덕을 베풀어라."

위대한 투자가들의 공통점

부자들이 앞다투어 추천하는 책 《돈, 뜨겁게 사랑하고 차갑게 다루어라》의 저자이자 유럽의 전설적인 투자자로 추앙받는 앙드레 코스톨라니. 그가 대성공을 거둔 투자 건 중 몇 가지는 지금까지도 회자될 정도로 유명하다.

1991년 소비에트 연방이 붕괴되고 러시아가 이를 승계했는데, 코스톨라니는 러시아가 100년 전 제정 러시아 시대에 발행했지만 갚지 못한 국채를 결국 상환할 수밖에 없을 거라고 생각했다. 그래서 시장에서 쓰레기 취급을 받고 있던 제정 러시아 국채를 액면가 1퍼센트 미만의 가격으로 꾸준히 사들였다. 주위에서는 다들 그에게 미친 짓을 하고 있다고 비아냥거렸다.

그런데 1996년 러시아는 신규로 국채를 발행해야 할 상황이 되자 제정 러시아를 공식 승계했다는 것을 증명하기 위해 100년 전의 국채를 상환하기에 이르렀다. 코스톨라니의 생각이 정확하게 맞아떨어졌던 것이다.

덕분에 그는 큰 수익을 거두게 되었다. 모두가 반대하는 상황에서도 자신의 생각에 확신을 가지고 밀어붙여 어마어마한 성공을 거둔 것이다.

뮤추얼펀드로 유명한 템플턴 그로스의 창립자 존 템플턴 경도 마찬가지다. 그는 1939년 9월 독일이 폴란드를 침공했다는 소식을 듣자마자(제2차 세계대전의 발발이었다) 뉴욕 증시에서 1달러 미만에 거래되고 있던 주식 104개를 골라 1만 달러를 투자해 큰 수익을 거두었다. 전쟁의 공포에 패닉이 되어 사람들이 하나같이 주식을 팔아 치울 때 템플턴 경은 오히려 거꾸로 돈을 투자해서 큰 성공을 거둔 것이다.

이처럼 역사적으로 회자되는 큰 성공을 거둔 투자가들을 보면 공통점이 하나 있다. 그들은 모두 다수가 몰려가는 길은 피하고 소수가 가는 길을 택하는 역발상 투자를 했다는 점이다. 모두가 미친 짓이라며 비웃을 때 자신이 확신을 가지고 있는 투자를 밀어붙여 성공을 거둔 것이다. 심지어 템플턴 경은 〈포브스〉와의 인터뷰에서 '전망이 좋은 곳은 어디인가?'라는 질문은 잘못되었으며 '전망이 최악인 곳은 어디인가?'라고 물어야 올바른 질문이라고 했다.

그러면서 주식을 사야 할 때는 비관론이 극도에 달했을 때라고 답했다.

비관론이 극도에 달했을 때란 주식과 부동산이 폭락하며 경제 위기가 몰려올 때를 의미한다. 그럴 때 뉴스에서는 '코스피 최저점 경신', '부동산 바닥의 끝은 어디인가'라는 기사가 쏟아져 나오기 시작하고 사람들은 수익은커녕 반토막이 난 주식과 자고 나면 1억씩 뚝뚝 떨어지는 집값 때문에 패닉에 휩싸인다. 그리고 깊고 있는 주식의 주가가 50퍼센트 넘게 하락하기 시작하면 '내일 더 떨어지면 어떡하지? 지금이라도 파는 게 나을까?' 하며 온종일 불안에 떨게 된다. 그런데 그럴 때 과연 너는 주식을 살 용기를 낼 수 있을까?

안타깝게도 사람들은 대부분 비관론이 팽배한 상황에서는 보유하고 있던 주식을 팔거나, 팔지는 않더라도 극도의 불안에 시달리며 예민해진다. 그도 그럴 것이, 예를 들어 5000만 원을 투자했는데 열흘도 지나지 않아 2500만 원이 날아가 버린 걸 보면서도 심리적으로 동요되지 않고 차분히 대응을 하는 것은 굉장히 어렵다. 그래서 금융 시장에서는 실제 시장 상황보다 사람들의 심리가 어떻게 움직일지에 촉각을 곤두세울 때가 많다.

그럴 때 투자자들이 참고하는 지표 중에 CNN에서 발표하는 '공포 탐욕 지수(Fear&Greed Index)'라는 것이 있다. 사람들의 투자 심리를 측정하는 지수로, 공포 탐욕 지수는 0부터 100 사이를 움

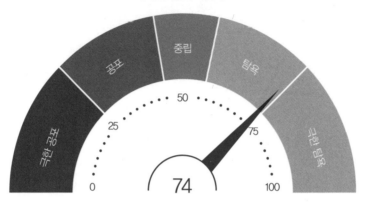

[공포 탐욕 지수]

극한 공포

공포

중립

탐욕

극한 탐욕

0 25 50 75 100

74

직이는데 극한 공포(Extreme Fear), 공포(Fear), 중립(Neutral), 탐욕
(Greed), 극한 탐욕(Extreme Greed)으로 나눠진다. 사람들이 돈을
다 잃을 수 있다는 극한 공포를 느끼는(25 이하) 지경까지 가면 증
시가 바닥인 경우가 많고, 사람들이 돈을 벌려고 혈안이 되어 달
려드는 극한 탐욕(75 이상)에 이르면 주식은 고점을 찍는 경우가
많다. 실제로 2008년 리먼 브라더스 사태로 금융 위기가 터졌을
때 공포 탐욕 지수는 12로 곤두박질쳤고, 2020년 3월 코로나19 확
산으로 인해 세계 경제가 침체에 빠질 것이라는 우려가 거셌을 때
도 13까지 하락한 적이 있었다.

투자자들이 공포 탐욕 지수를 활용하는 방법은 간단하다. 지수
가 공포 단계에 있으면 주식을 사들이고, 지수가 탐욕 단계로 상승
하면 과평가된 주식을 매도할 기회로 본다. 사람들이 공포에 질려
주식을 팔아치울 때 주식을 사고, 사람들이 탐욕에 눈이 멀어 아무

주식이나 마구 사들일 때 오히려 주식을 파는 것이다.

하지만 이처럼 정반대로 가는 것은 결코 쉬운 일이 아니다. 공포가 밀려올 때 심리적으로 패닉이 오는 것을 견디고 이성적인 판단을 할 수 있어야 하지만 실제로 그런 상황이 되면 사람들은 불안에 떨다가 잘못된 결정을 내리게 된다. 내일 더 떨어질까 봐 불안한 마음에 엄청난 손해를 감수하면서 주식을 팔아치우고는 한동안 주식을 거들떠보지 않게 되는 것이다.

반면 자타공인 투자의 달인들은 심리적인 동요를 철저하게 통제하는 자기 훈련이 잘 되어 있는 사람인 경우가 많다. 그와 관련해 세계적인 투자가라 불리는 짐 로저스는《어드벤처 캐피털리스트》에서 이렇게 말했다.

"내가 강점을 갖고 있다면 모든 사람들이 포기한 채 두 손을 들어 버린 산업이나 나라를 주시하다가 용기 내서 혹은 감각적으로 혹은 어리석게도 사는 것이다. 모두들 바보 같은 짓이라고 말한다 해도 나는 감행한다. 당신이 사고자 할 때 사람들이 모두 반발한다면 당신의 판단이 옳았을 가능성이 높다. 모든 사람들이 반발한다는 것은 아주 좋은 지표가 된다."

그래서 만약 네가 부자가 되기를 바란다면 스스로 확신하는 것에 대해 남들과 반대로 갈 줄 아는 용기가 필요하다. 남들의 비난이나 손가락질에 휘둘리지 않을 배짱도 있어야 한다. 그만큼 부자가 되는 길은 남들이 쳐다보지 않는 쓸쓸하고 좁고 험한 곳에 있다.

절대 행운에 속지 마라

　여의도에는 주식 투자의 고수들이 존재한다. 그중에는 몇 년 연속 펀드매니저 상을 받으며 주식 천재라 불렸던 사람도 있었고, 주도주를 족집게처럼 정확하게 찍는 것으로 유명해져 순식간에 회사를 키운 사람도 있었다. 트렌드를 발 빠르게 따라가며 수익률 정점을 찍었던 용대리들('용감한 대리들'의 약자), 목표가를 올리고 담당하는 것마다 대박이 난다고 해서 유명했던 어느 바이오 담당 애널리스트. 그런데 이들 중 상당수는 조용히 잊혀지고 말았다. 투자 업계를 떠나 일반 기업으로 이직한 이들도 있고, 퇴사를 하고 전업 투자자로 전향한 사람들도 있지만 예전의 위상을 되찾지 못하는 경우가 대부분이다. 한때 어마어마한 수익률을 달성하며 돈을 벌고 명성을 떨쳤지만 그것이 장기간 지속되지는 않았던 것이다.

왜 그런 걸까? 나도 투자업계에 몸담은 지 20년이 지나다 보니 그들을 직접 만나거나 간접적으로 얘기를 들은 적이 꽤 있다. 그럴 때마다 나도 사람인지라 그들이 부럽기도 했고, 어떻게 하면 그처럼 높은 수익률을 낼 수 있는지 노하우를 얻고 싶기도 했다. 그러다 그들이 소리 소문 없이 사라지는 모습을 보면서는 안타까운 한편 두렵다는 생각이 들었다. 왜 누구는 잊혀지고, 누구는 계속 살아남는 걸까?

천재는 네가 아니라 상승장이다

사실 많은 전문 투자자들은(스스로는 그렇게 생각하지 않겠지만) 상당 부분 직관에 의존해 주식을 한다. 매일 나오는 뉴스를 빠짐없이 업데이트하고, 기업 탐방도 부지런히 다니고, 업계 돌아가는 상황을 알기 위해 지인들과 점심 약속도 빼곡히 잡는다. 그런데 문제는 그 과정에서 들어오는 정보가 너무 많다 보니 마지막에는 중요도를 가늠하고 우선순위를 정할 수밖에 없는데 그것은 결국 개개인의 마음속에서 나온다는 것이다. 정보를 총망라해 결론을 도출하고, 분석에 분석을 거듭하는 것처럼 보이지만 사실 상당 부분은 직관에 의존해 투자를 하게 되는 것이다.

그러다 보니 시장의 트렌드가 바뀐 후에도 꾸준히 수익을 내는 펀드매니저, 꾸준히 예측을 잘하는 애널리스트가 매우 드물다. 한때 천재라고 칭송받고 대중적으로도 널리 알려졌던 사람들이 어느 순간이 지나면 서서히 잊혀져 가는 것은 이 때문이다. 기술주 투자에 두각을 보였던 사람이 에너지주와 배당주 투자 사이클이 오면 성과를 내지 못하는 경우가 많은데 이것은 결국 타고난 기질과 직관에 의존해 투자를 하는 사람이 많다는 의미이기도 하다.

그래서 부동산이든 주식이든, 성장주든 가치주든, 그리고 강세장이든 약세장이든 꾸준하게 수익을 잘 내는 사람은 굉장히 드물다. 그만큼 장기적으로 명성을 유지하는 것이 어렵다는 뜻이다. 세계적으로 워런 버핏과 찰리 멍거가 위대한 투자자라고 칭송받는 것은 이런 까닭이라고 보면 된다. 그들은 90년 넘는 인생을 살면서 전쟁, 전염병, 인플레이션, 경기 침체, 버블 등 수많은 경제 위기 속에서도 꾸준히 수익을 내고 성장했다.

그런데 놀랍게도 워런 버핏은 자신의 성공을 '난소 복권(Ovarian Lottery)'에 당첨된 덕분이라고 말한다. "1930년 아프가니스탄이 아닌 미국에서 태어났고, 남자가 대우받는 시대에 여자가 아닌 남자로 더구나 백인으로 태어났으며, 덧붙여 기업 가치 평가 능력이 엄청나게 보상받는 시대에 태어나는 행운"을 타고났기에 성공할 수 있었다는 것이다.

1930년대에 미국에서 백인 남성으로 태어난 사람들이 수백만 명은 될 텐데 모두 워런 버핏처럼 성공한 것은 아니다. 그래서 그의 말은 지나친 겸손이라고 치부할 수도 있다. 하지만 나는 그 글을 읽으며 등골이 서늘했다. 성공을 거두기 위해서는 노력뿐만 아니라 운도 반드시 따라야 하는데 그는 자신의 성공에 운이 따랐다는 사실을 인정하고 겸허히 받아들이고 있었기 때문이다.

우리는 보통 남이 큰 성공을 거두면 배가 아파서 "운이 좋았던 것뿐"이라고 깎아내리고 싶어 한다. 하지만 반대로 자신이 성공을 거두면 모두 자신이 실력이 있으며 열심히 노력한 덕분이라고 말한다. 하지만 큰 성공을 거두는 사람일수록 운의 작용을 인정하고 겸허히 받아들인다. 이에 대해 컬럼비아대 경영대학원 교수 마이클 모부신은 《운과 실력의 성공 방정식》에서 "대성공은 실력, 기회, 운이 결합할 때 이루어진다. 실력만으로 최고의 자리에 오르는 것은 아니라는 뜻이다"라고 언급하며 운의 비중을 절대 무시해서는 안 된다고 강조한다. 실력과 운을 혼동하는 순간 커다란 실수를 저지를 수 있음을 경고한 것이다. 그와 관련해 투자의 세계에서 유명한 말이 하나 있다.

"천재는 당신이 아니라 상승장이다."

상승장일 때는 대다수가 돈을 번다. 지난 2021년이 그랬다. 코스피 지수가 2200에서 3000으로 훌쩍 뛰어올랐고 자고 일어나면 몇 억씩 벌었다는 사람들이 대거 등장했다. 덕분에 늦게라도 주식으로 돈을 벌어 보겠다며 몇십만 명에 달하는 사람들이 너도나도 주식의 세계에 뛰어들었고(주식 초보를 뜻하는 '주린이'라는 말이 대유행할 정도였다) 그들 대부분은 돈을 벌었다. 하지만 불과 1년 뒤 상황은 달라졌다. 3000을 바라보던 코스피 지수가 코로나19와 러시아-우크라이나 전쟁, 인플레이션 등으로 급락하자 많은 사람들이 어마어마한 손실을 보게 되었다. 주식 광풍이 휩쓸고 지나간 자리는 너무나 처참해서 이루 말할 수 없을 정도였다.

2021년 주식에 뛰어든 사람들이 성공을 거둔 것은 그들의 투자 실력과는 그다지 상관이 없었다. 단지 주식 시장이 상승세를 타던 시기에 투자를 해서 운 좋게 돈을 벌었던 것이다. 그런데 운이 좋다는 사실을 인정하기는커녕 자신의 실력 덕분이라고 생각해 더 많은 돈을 주식에 투자한 사람들은 지금 빚더미에 올라앉아 있다. 결국 지나고 보니 그들은 천재가 아니었다. 천재는 바로 상승장이었던 것이다. 운과 실력을 혼동하면 안 되는 이유가 바로 여기에 있다. 상승장이 만들어 내는 가짜 실력에 속으면 내 소중한 돈을 모두 잃을 수도 있는 것이다.

실력과 행운을 혼동하면 네 전 재산을 잃을 수도 있다

그러나 워런 버핏처럼 운과 실력을 냉철히 바라보고 어디까지가 나의 실력인지, 지금의 결과에 어느 정도의 운이 따른 것인지 판단하는 것은 꽤나 어려운 일이다. 게다가 많은 사람들은 결과를 그릇되게 판단하는 경향을 보인다. 카지노에서 도박을 하는 사람들은 그것을 '초심자의 행운'이라고 말한다. 처음 도박을 했을 때 돈을 딴 사람들은 자신이 보통 이상의 능력과 행운을 갖고 있다고 생각해 판돈을 키운다. 하지만 결국엔 돈을 다 잃게 된다. 냉철히 판단했더라면 카지노에서 돈을 딴다는 게 얼마나 어려운지 알았겠지만 초기에 얻은 행운에 기고만장해 눈이 멀어 버린 것이다. 초심자의 행운이 누구에게든 치명적인 독이 될 수 있는 이유다.

그러면 어떻게 해야 실력과 운을 혼동하지 않을 수 있을까? 일단 참여 인원이 많으면 많을수록 요행으로 성공을 거뒀을 확률이 높다. 10명인 그룹에서 선두를 달리면 확실히 재능이 있는 것이지만 백만 명이나 되는 시장에서 성공을 거두었다면 운이 좋았을 가능성이 크다. 마이클 모부신 교수는 "일의 결과가 실력에 의한 것인지 운에 의한 것인지 판단하기 어려운 경우 그 판단을 유보하고 장기간에 걸쳐 좋은 성과를 낼 수 있는 여러 시도를 해 보라"고 말한다. 즉 오랜 기간에 걸쳐 남들보다 확실히 더 낫다고 판단된다면 어느 정도 재능이 있다고 생각해도 좋다는 말이다. 또 운이 내게 오지 않을 경우를 꼭 대비해야 한다고 얘기한다.

그러니 딸아, 어떤 일을 하든 너도 모든 성공에는 운이 따른다는 사실을 인정했으면 좋겠다. 물론 아무리 노력해도 운이 따르지 않아 네가 바라는 만큼의 결과를 얻지 못할 수도 있을 것이다. 반면 똑같은 노력을 들였는데 엄청난 성과를 올릴 때도 있을 것이다. 나는 네가 그 사실을 겸허히 받아들일 수 있는 사람이 되었으면 좋겠다. 그래서 결과가 좋지 않다고 쉽게 지치지 않았으면 좋겠고, 결과가 좋다고 너무 들떠서 그릇된 선택을 하지 않았으면 좋겠다. 어차피 시간이 지나면 운도, 실력도 제 모습을 드러낼 것이기 때문이다.

그런 의미에서 작년 가을 아이유의 인터뷰 기사를 보는데 매우 인상적인 말이 있었다. 너도 알다시피 2022년 그녀는 영화 〈브로커〉의 주인공으로 칸 영화제에 갔고, 좋은 평가를 받았다. 그런데 부산 영화제에서 관객들과 만나는 시간에 다음과 같은 이야기를 하더구나.

"첫 장편 영화라는 점에서 〈브로커〉에 대한 의미가 오래 남을 것 같다. 첫 스타트가 굉장히 좋았다고 생각한다. 초심자의 행운으로 남지 않도록 열심히 하겠다."

나는 솔직히 영화를 보지 않아서 아이유가 주인공으로 얼마나 연기를 잘했는지 모른다. 하지만 '초심자의 행운으로 남지 않도록 열심히 하겠다'는 말을 들으며 그녀가 참 단단한 사람이라는 생각을 했다. 성공에 있어서 운이 따른다는 사실을 인정하고 그것을 겸허히 받아들이는 것, 그리고 앞으로도 노력을 게을리 하지 않겠다는 것은 누구나 쉽게 할 수 있는 이야기는 아니기 때문이다. 나는 네가 이처럼 무작정 행운이 찾아오기를 기다리지 말고, 행운이 찾아오지 않더라도 그에 대비해 부지런히 실력을 쌓는 사람이 되었으면 좋겠다. 그것이야말로 운에 지지 않고 운을 잘 다루는 방법일 테니까 말이다.

부자들이 여의도를 멀리하는 이유

2018~2019년만 해도 여의도는 빌딩 공실률이 높기로 유명했다. 업무용 빌딩에 비어 있는 사무실이 너무 많았던 것이다. 그런데 2020년부터 주식 시장이 엄청난 활황을 맞이하면서 갑자기 여의도 공실률이 거의 제로에 가까워졌다. 개인투자자든 기관투자자든 주식을 하려면 정보가 모이는 여의도에 사무실부터 내야 한다고 생각한 덕분이다.

서울 서초동이 법원과 검찰청, 등기소를 중심으로 변호사, 법무사, 행정사, 속기사, 공인회계사 등 법과 관련된 이들이 모여들어 법조 타운을 이루고 있는 것처럼 증권회사들은 전통적으로 여의도에 많이 모여 있다.

그런데 놀랍게도 내가 아는 투자 고수들은 의외로 여의도에 사무실이 없다. 여의도에는 전통적으로 '정보 모임'이라는 사적 모임이 오래 유지되고 있다. 월요팀, 화요팀, 수요팀, 목요팀 이렇게 나누어 모이는데 각사에서 리서치, 법인 영업, 리테일 영업 등을 담당하는 사람들이 삼삼오오 모여서 새로운 투자 아이디어나 최근 회사 내부 분위기 등을 공유하면서 술, 등산 등의 친목 활동도 도모하는 것이다. 어느 회사가 사람을 뽑는다고 하면 서로 귀띔도 해 주고, 추천도 해 준다. 나도 정보의 줄기에서 소외되면 안 되겠다 싶어서 그 모임에 나간 적이 있었다.

하지만 결론적으로 볼 때 그 정보 모임에서 공유된 내용들로 큰 돈을 버는 경우는 의외로 드물었다. 좋은 아이디어를 나누고 돈을 많이 벌고 싶어서 모인 사람들이지만 사실 실제로 돈 되는 정보를 남과 공유하는 사람은 매우 적기 때문이다. 즉 그 모임에서 서로 나누는 정보는 이미 때가 탄 정보일 확률이 높다.

그래서 그런지 투자의 고수들은 여의도를 멀리하는 경우가 많다. 그들에게는 시장에 영향을 미치는 거대한 흐름을 꿰뚫어 보는 것이 중요한데, 자잘한 정보들을 너무 많이 접하면 판단이 흐려질 수 있다고 생각하기 때문이다. 실제로 최근에는 여의도를 이탈하는 회사들도 많이 생겨나는 추세다. 10년 전만 해도 증권회사라고 하면 여의도에 본사를 두는 것이 당연하게 여겨졌지만 미래에셋증권은 을지로, 삼성증권은 강남, 대신증권은 명동 등 탈(脫)여의도 흐름을 보이는 회사들이 늘고 있다. 자산운용사들도 여의도보다는 삼청동, 도곡동, 삼성동 등으로 나가거나 아예 판교나 분당에 위치하고 있는 경우도 종종 볼 수 있다.

사람들과 자주 만나다 보면 다른 사람의 생각을 내 생각인 양 착각하게 되고, 서로서로 영향을 받아서 두루뭉술해지기 마련이다. 작곡가 김태원이 표절을 피하기 위해 일부러 다른 사람의 음악을 안 들은 지 10년이 넘었다고 이야기하는 걸 본 적이 있는데, 사실상 투자도 마찬가지다. 남들과 똑같은 방향으로 가면 수익을 내기가 어렵다. 왜냐하면 나도 좋아하고 남들도 좋아하는 투자 아이템을 보면 이미 그런 판단이 가격에 반영된 경우가 많기 때문이다.

만약에 네가 〈오징어 게임〉이나 〈이상한 변호사 우영우〉, 〈더 글로리〉처럼 어떤 영화나 드라마가 전 세계적으로 엄청난 화제를 일으키고 있다는 뉴스를 봤다고 해 보자. 그럼 너는 관련 주식이 뭐가 있나 부랴부랴 살펴보겠지. 하지만 투자자들은 정확하게 바로 그때쯤 관련 주식을 언제 팔지를 고민한다. 너와 비슷한 마음으로 주식을 사려는 사람들 덕분에 주가가 치솟을 때 그들은 유유히 그 주식을 팔고 차익을 거두는 것이다. 실제로 투자자들은 어떤 드라마든 방송이 되기 전 관련 주식을 사 두었다가 첫 방송이 나간 다음 날이나 적어도 2~3일 뒤에 파는 경우가 대부분이다. 그래서 "뉴스가 날 때는 주식을 살 때가 아니라 팔 때다"라는 말은 옳은 소리다. 뉴스가 날 정도의 호재는 이미 주식에 반영되어 있을 확률이 높기 때문이다.

결국 남들과 다른 생각을 하고, 다른 방향으로 가야 수익을 낼 확률이 높아지는데, 여의도에 있다 보면 새로운 생각을 하지 못하고 오히려 생각이 낡아질 수 있다. 어쩌면 워런 버핏이 세계 금융의 심장부라 불리는 월스트리트와 멀리 떨어진 곳에 사는 이유도 그 때문이지 않을까.

워런 버핏은 미국 중부 한가운데에 위치한 네브래스카 주 오마하에 몇십 년째 살고 있어서 '오마하의 현인(Oracle of Omaha)'이라는 별명도 가지고 있다. 그는 매년 버크셔 해서웨이 주주총회를 오마하에서 연다. 시골인데도 불구하고 몇만 명이 모여들어 화려한 음악과 조명 아래 파티처럼 주주총회를 즐기다 보니 버크셔 해서웨이 주주총회는 '자본가들의 우드스톡(록 페스티벌)'이라 불리기도 한다. 워런 버핏뿐만 아니라 실제로 미국에 있는 고객들을 만나러 출장을 가 보면 잘나가는 헤지펀드일수록 켄터키, 샌디에이고, 코네티컷 등 산 좋고 물 좋고 날씨 좋은 지역에 위치한 경우가 많다. 물론 이제는 네트워크의 발달로 어디서든 정보를 손쉽게 구할 수 있기 때문에 지리적인 위치는 더 이상 크게 문제가 안 되는 게 사실이다. 하지만 워런 버핏이 월스트리트에서 멀리 떨어져 있기를 고집하는 더 큰 이유는 다수의 판단에 흔들리지 않고 독립적인 판단을 하기 위함이 아닐까 싶다.

그런 말도 있다. 지식이 풍부한 것과 지혜가 있는 것은 완전히 별개의 문제이고, 또한 지혜가 있다고 해도 그것을 행동으로 옮기는 것은 또 다른 차원의 문제라고. 영화 〈빅쇼트〉에는 이런 문구가 나온다.

"곤경에 빠지는 것은 뭔가를 몰라서가 아니다. 확실히 안다는 착각 때문이다."

《톰 소여의 모험》,《허클베리 핀의 모험》의 작가이자 미국 현대 문학의 아버지라 불리는 마크 트웨인이 남긴 말이다.

마크 트웨인은 투자를 좋아했지만 하는 족족 실패를 한 것으로도 유명하다. 작전주에 손을 댔다가 현재 가치로 환산하면 약 40억 원을 날렸고, 1800년대 중반 골드러시(Gold Rush, 미국 캘리포니아에서 금광이 발견되면서 1870년대까지 일어난 금광 붐 현상)가 일어나자 책을 팔아 번 인세와 대출받은 돈을 모두 금광 산업에 투자했다가 쫄딱 망하고 말았다. 나중에는 자동 식자기(한 줄의 활자를 한 묶음으로 만들어 판짜기를 하는 기계) 개발에 투자했다가 비슷한 기계가 먼저 개발되는 바람에 완전히 도산을 했는데, 그 후 빚을 갚으려고 쓴 작품들이 줄줄이 히트를 쳐서 겨우 회생했다는 웃지 못할 이야기도 있다. 오죽하면 그가 이런 말까지 했을까.

"10월은 주식 투자를 하기엔 특별히 위험한 달이다. 7월과 1월, 9월과 4월, 5월과 3월, 6월과 12월, 8월과 11월, 그리고 2월도 그렇다."

그만큼 주식 투자에 있어 안전한 달이란 애초에 없다는 뜻이다. 이 이야기를 왜 하느냐고? 주변에 보면 그런 사람들이 꼭 있다. 분명 재테크 지식도 풍부하고, 주식이든 부동산이든 세금 문제든 아는 것은 많은데 돈 벌었다는 이야기를 들어 본 적은 없는 사람 말이다. 정보가 많은 것과 투자를 잘하는 것은 완전히 다른 문제다.

네가 투자에 실패를 하는 것은 뭔가를 몰라서가 아니라, 네가 확실히 알고 있다고 착각하기 때문일 수 있다. 의외로 많이 아는 것 자체는 그다지 중요하지 않을 수 있다. 때론 자신이 가장 잘 안다며 과욕을 부리는 사람이 큰 실수를 하는 법이니까. 그러므로 투자를 잘하려면 많이 아는 것보다 스스로를 객관적으로 볼 수 있는 겸손함, 지식을 지혜로 승화시키는 능력, 그리고 확실해질 때까지 기다릴 줄 아는 인내심을 가지는 것이 더 중요하다. 그것이 오늘도 바쁜 걸음을 옮기는 사람들이 가득한 여의도를 부자들이 멀리하는 이유일지도 모르겠다.

네가 운전을 해 보면 알 텐데 교통사고는 초보일 때보다 2~3년 차일 때 날 확률이 높다. 왜 그럴까. 초보일 때는 긴장을 하며 집중해서 운전하지만 1년이 지나 운전이 익숙해지면 '이제 운전쯤이야 식은 죽 먹기지' 하며 자신의 실력을 과신한 나머지 방심하다가 오히려 사고에 노출되기 쉽다. '확실히 안다는 착각'은 그만큼 무섭다. 방심하는 순간 너를 함정에 빠트리곤 순식간에 너의 돈을 빼앗아 가기 때문이다. 물론 너는 돈을 다 잃고 나서야 그 사실을 알게 될 것이다.

또 그제야 알겠지. 주식을 추천한 사람을 탓하고, 부동산을 사라고 부추긴 유튜버와 경제 뉴스들을 탓하고, 유망한 종목을 찍어 준 사람을 탓해 봐야 아무 소용 없다는 사실을. 돈은 이미 사라지고 없기 때문이다. 그 어떤 순간에도 너의 돈을 지키는 것은 결국 네 몫이다.

언제나 작심삼일로 끝나는
나를 바꾸는 방법 3가지

세계적인 경영 그루로 꼽히는 일본의 경제학자 오마에 겐이치는 《난문쾌답》에서 인간을 바꾸는 방법에 대해 다음과 같이 말했다.

"인간을 바꾸는 방법은 3가지뿐이다. 시간을 달리 쓰는 것, 사는 곳을 바꾸는 것, 새로운 사람을 사귀는 것. 이 3가지 방법이 아니면 인간은 바뀌지 않는다."

이 3가지를 바꾸지 않은 상태에서 '이제부터 달라질 거야'라고 새로운 결심을 해 봐야 아무 소용이 없다고도 했다.

사람은 사회적인 동물이라 사람의 영향을 많이 받을 수밖에 없다. 그래서 새로운 사람을 만나면 낯선 자극을 받고 이를 체화하는 과정에서 변화를 경험하게 된다. 그런데 매일 똑같은 장소에서, 매일 똑같은 사람과 밥을 먹고, 매일 똑같은 일을 하게 되면 사람이 바뀔 수 있을까. 오마에 겐이치는 바로 그 점을 이야기하고 있는 것이다.

부자가 되는 것도 마찬가지다. 지금 학교나 회사를 성실하게 다니는 것만으로는 부족하다. 부자가 되고 싶다면서 매일 아침 일어나 회사에 가고, 주어진 업무를 성실하게 하다가 퇴근해 저녁을 먹고 잠드는 삶만을 계속 반복한다면 좁은 사고의 틀을 벗어나기가 어렵고, 새로운 자극이 없다 보니 결심을 해도 작심삼일이 되기 일쑤다. 그럴 때는 아무리 노력해도 스스로를 바꾸기가 쉽지 않다.

그래서 나는 네가 뭔가 바꾸고 싶다면 용기를 내어 새로운 시도를 한번 해 봤으면 좋겠다. 의도적으로 새로운 사람을 만나 본다든지, 하루 24시간을 이전과는 다르게 활용하며 한 번도 해 보지 않았던 취미를 시도해 본다든지, 아니면 새로운 동네에 방을 얻어 이사를 가 보는 것이다.

나와 같은 사무실에서 근무했던 친구가 한 명 있었다. 그녀도 애널리스트였는데 언젠가부터는 매일같이 붙어 다니며 가족보다 더 오래 얼굴을 보는 사이가 되었다. 우리는 매일 새벽부터 출근해서는 모닝 미팅 끝나고 같이 커피 마시고, 같이 점심 먹으면서 회사 욕도 하고, 같이 야근도 하면서 많은 시간을 함께 보냈다. 그녀는 결혼을 하지 않아 나보다 상대적으로 시간 여유가 있는 편이었지만 늘 일찍 집에 가서 혼자 영화를 보는 게 제일 편하다고 했었다. 사실상 매일 집과 회사만 오고가는 삶은 나나 그녀나 별반 다를 게 없었던 것이다.

그런데 친구는 어느 날 애널리스트끼리 모여 이야기를 나누는 모임에 가게 되었다. 같이 와인을 마시면서 증권업계 돌아가는 얘기도 나누고, 회사별 상황도 파악할 겸 자주 모이게 되었다고 한다. 그러다 일반 제조 기업으로 이직한 한 애널리스트와 친해지게 되었다. 애널리스트가 기업의 재무제표와 전체적인 시장의 흐름을 파악하는 일에 능숙하다 보니 일반 기업의 회계팀이나 재무팀으로 옮기는 경우가 종종 있는데 그녀가 마침 그 케이스였던 것이다.

둘은 마음이 통했는지 속 이야기를 나눌 정도로 가까워졌고 그러다 그 친구도 추천을 받아 일반 기업으로 회사를 옮기게 되었다. 친구는 나에게 일은 재미있지만 업무량이 너무 과도해서 힘들었다며 이제는 좀 삶의 여유를 찾고 싶다고 했다. 연봉도 낮춰서 갈 만큼 그동안 스트레스가 심했구나 싶었는데 얼마 전 그 친구에게서 깜짝 놀랄 만한 소식을 듣게 되었다. 그 사이 자산이 100억 넘는 부자가 되었다는 것이다. 어떻게 된 일이냐고 물었더니 이직한 회사가 연봉은 높지 않았지만 대신 스톡옵션과 자사주를 직원들에게 나눠 주었는데 최근 상장을 하면서 크게 차익이 났다는 것이다.

친구는 오마에 겐이치가 이야기한 것처럼 만나는 사람을 바꾸고, 시간을 달리 씀으로써 인생이 달라졌다. 집에 가서 영화를 보는 대신 그 시간을 새로운 사람들을 만나는 데 썼고, 새로운 사람들을 만나며 매일 집과 회사만 반복하는 삶에 의문을 품게 되었다. 회사를 옮겨 새로운 도전을 해야겠다는 용기를 내게 되었다. 그 결과 그녀는 부자가 되었다. 물론 이직한 회사가 스톡옵션과 자사주를 나눠 주지 않았다면 친구는 결코 100억대 자산가가 되지 못했을 것이다. 하지만 그것 또한 그녀가 회사를 옮겼기 때문에 얻어낸 기회였다.

사는 곳을 바꾸면서 부자가 된 사례도 많다. 내 주변만 해도 공원도 있고, 마트도 있고, 직장과 학교가 가까이에 있는 곳에 살고 싶어서 이사를 했다가 굉장히 만족스러워서 집을 샀는데 그 집값이 많이 올라 돈을 번 친구들이 꽤 있다. 돈이 애초에 많았다고 생각할 수도 있지만 지금으로부터 10년 전만 해도 박근혜 정부가 국민들에게 "빚내서 집 사라"고 할 정도로 파격적인 부동산 경기 부양책을 썼지만 시장의 반응은 냉담했고, 당연히 아파트값도 지금처럼 비싸지 않았다.

그러고 보면 기회는 우리의 주변 곳곳에 숨어 있는 것 같다. 그런데 매일 똑같은 일을 하고, 똑같은 사람을 만나고, 어제와 별반 다름없는 오늘을 보내다 보니 그 기회가 눈에 안 보이는 것이다. '내일부터 달라질 거야' 하고 결심하는 것만으로는 절대 삶이 바뀌지 않는 이유다.

그렇다면 오늘부터 한번 이렇게 해 보면 어떨까? 일주일에 한 번은 새로운 사람과 밥 한 끼를 먹어 보고, 한 달에 한 번쯤은 낯선 동네에 커피를 마시러 가고, 한 달에 한 번쯤은 평일에 휴가를 내어 아예 다른 일에 도전해 보는 거지. 새로운 취미를 개발하는 것도 좋은 방법이다. 그런 시도들이 과연 효과가 있을까 의심하지 말고 일단 그냥 해 보아라. 새로운 시도들이 하나둘 쌓이기 시작하면 적어도 매일 똑같은 삶을 반복하는 데서 벗어나게 될 테고, 그러면 네 삶이 한층 재미있어질 것이다. 모르는 세상을 알게 되는 기쁨도 맛보게 될 것이다.

나는 네가 처음 초등학교 입학했을 때 같은 반 엄마들과 친해진 것이 내 인생의 커다란 전환점이 되었다. 매일 증권업계 사람들만 만나다가 조그만 가게를 운영하는 엄마, 방송국 PD로 일하는 엄마, 출판사에 다니는 엄마 등등 내가 이제껏 만나 보지 못했던 직업을 가진 사람들을 만나 그들과 얘기를 나누고 친해지면서 내가 참 좁은 세계에 살고 있었다는 생각을 새삼 하게 되었다. 그뿐 아니라 그들의 회사에도 가 보고, 내가 모르는 업계에 대한 이야기도 듣고, 주식 이야기도 하면서 내 스펙트럼이 크게 확장되는 경험도 했다. 내가 지금 이 책을 쓰게 된 것도 모두 그 모임 덕분이다.

아인슈타인은 "어제와 똑같이 살면서 다른 미래를 기대하는 것은 정신병 초기 증세다"라고 말했다. 그러니 부자가 되고 싶다면 쓰는 시간을 바꾸거나, 사는 장소를 바꾸거나, 만나는 사람을 바꾸어 보아라. 그러면 그동안 가까이 있었지만 보이지 않았던 '부의 기회'들이 천천히 네 앞에 모습을 드러내게 될 것이다.

부자들이 재산을 지키기 위해 매일 하는 일

　행운의 여신은 앞머리는 풍성한데, 뒷머리가 대머리라는 우스 갯소리를 들은 적이 있다. 그래서 행운의 여신이 말을 타고 나에게 달려오면 망설이지 말고 용기 있게 앞에서 행운의 여신을 잡아채 야 한단다. 만약 행운의 여신인지 아닌지 헷갈려서 망설이면 어느 새 여신은 나를 스쳐 지나가 버리고, 뒤늦게 잡으려고 돌아서면 여 신의 뒷머리가 대머리라 놓치고 만다는 것이다. 행운이 찾아오더 라도 결국 준비된 사람만이 그 행운을 낚아챌 수 있다는 이야기지. 그렇다면 행운을 놓치지 않기 위해서는 어떤 준비를 해야 할까?

　내가 만나 본 부자들은 좋은 루틴을 가지고 있는 경우가 많았다. 루틴이란 최상의 역량을 발휘하기 위해 특정 행동이나 절차를 반복하는 것을 말한다. 무언가를 정하고 그것을 매일 완수함으로써 욕구를 통제하고 목표를 향해 나아가며 스스로를 단련시키는 것이지. 이를테면 매일 정해진 시간에 비타민을 챙겨 먹는다든지, 매일 아침 6시에 조깅을 한다든지, 매일 성경을 한 구절씩 외운다든지, 저녁은 반 공기만 먹는다든지 하는 것들이 루틴에 해당한다. 어떤 루틴이든 정해서 실천을 하게 되면 자신과의 약속을 지키는 것이 되고 그러면 뿌듯한 마음이 들어 좋은 컨디션을 유지할 수 있게 된다.

《무조건 행복할 것》의 저자 그레첸 루빈은 1년 365일 하루도 빠짐없이 글을 쓰는 루틴을 가지고 있다. 15분만 아주 짧게 쓰는 날도 있지만 하루도 건너뛰지는 않는다고 한다. 왜냐하면 적은 시간, 적은 분량이라도 매일매일 실행하면 하루치 성과나 작업량에 대한 부담이 줄어들기 때문이란다. 이처럼 루틴은 무언가 하기 싫을 때에도 부담 없이 시작할 수 있도록 해 주고, 중간에 포기하지 않고 끝까지 해내게 만들어 준다.

그렇다면 부자들은 구체적으로 어떤 좋은 루틴을 가지고 있을까? 첫째, 그들은 대부분 건강과 관련된 루틴을 가지고 있는 경우가 많다. 부자들은 신체적, 정신적으로 최고의 컨디션인 30~40대의 상태를 가능한 한 오래 유지하는 것을 매우 중요하게 생각한다. 그래야만 행운의 여신이 찾아왔을 때 망설이지 않고 달려들어 잡아챌 수 있다고 생각하기 때문이다.

그래서 언제나 상황에 대한 판단력과 균형감을 잃지 않도록 꾸준하게 사람들을 만나고, 매일 신문과 뉴스를 접하면서 시사와 트렌드에 대한 감각이 둔해지지 않도록 하고, 비타민과 콜라겐 등 건강식품을 꾸준히 섭취하고 운동도 게을리하지 않는다. 단순히 운동을 해서 적정 체중을 유지하고 좋은 몸매를 유지하는 것을 넘어 정신적으로도 '젊음'을 유지하려고 애쓰는 것이다.

따라서 신체적 건강을 위해 매일 운동을 하고 좋은 음식을 먹는 것, 정신적 건강을 위해 좋은 사람들과 관계를 맺고 매일 새로운 정보를 놓치지 않기 위해 뉴스 기사를 읽고 공부하는 것, 이 모든 일이 정말 별것 아닌 것 같지만 부자를 만드는 루틴이 된다.

둘째, 매일 누구에게도 방해받지 않는 혼자만의 시간이 필요하다. 분주한 생활로 지친 몸과 마음을 회복하고, 지금 나에게 정말 필요하고 중요한 일이 무엇인지를 돌아보기 위해서다.

혹시 그런 이야기 들어 본 적 있니? 마이크로소프트 설립자 빌 게이츠와 아마존의 CEO 제프 베조스는 공통점이 하나 있다. 둘 다 설거지를 좋아한다는 것이다. 실제로 빌 게이츠는 2014년 한 커뮤니티에서 "나는 취미가 하나 있는데 바로 설거지다. 저녁 시간에는 아무도 설거지를 못 하게 하고 다 모아 놓았다가 내가 직접 한다."라고 얘기한 적도 있다. 제프 베조스 또한 〈비즈니스 인사이더〉의 편집장 헨리 블로젯에게 "설거지라는 작업은 인생에서 가장 섹시한 일 중 하나가 아닐까 한다"라는 말을 했었다. 그들이 설거지를 좋아하는 이유는 어지럽게 늘어져 있는 접시들을 하나하나 깨끗이 정리해 가는 과정에서 심리적으로 안정감을 얻을 수 있고, 설거지를 하는 시간만큼은 누구에게도 방해받지 않고 업무와 일상에서 완전히 분리되어 있을 수 있기 때문이란다. 부자들 중 유독 요가와 명상을 좋아하는 사람이 많은 것도 비슷한 이유일 것이다.

하지만 우리는 바쁘다는 이유로 걸핏하면 건강 관리를 뒤로 미루고, 바쁜 게 끝나면 휴가를 가고 싶다고 노래를 부르면서도 막상 시간이 주어지면 휴가를 잘 떠나지 못한다. 그래서 어쩌면 루틴은 인생에서 중요하지만 자꾸 뒤로 미루는 것들을 의도적으로 '지금 여기에' 끼워 놓는 작업일지도 모른다. 24시간으로 한정되어 있는 시간을 좀 더 의미 있게 보내기 위해서 의도적으로 움직이고 행동하는 것이다.

애플의 설립자인 스티브 잡스는 청바지에 검은색 터틀넥만 입고 다닌 것으로 유명하다. 잡스의 옷장에는 실제로 일본 디자이너인 이세이 미야케가 만든 검은색 터틀넥이 100개 정도 걸려 있었다고 한다. 이처럼 잡스가 미야케가 만든 똑같은 터틀넥만 고집한 이유는 오늘은 뭘 입어야 할지 고민하는 시간을 줄여 그 시간을 좀 더 생산적으로 쓰기 위함이었다.

그러니 딸아, 1년 뒤 혹은 3년 뒤 꼭 달성하고 싶은 것이 있다면 그것을 위해 무엇을 해야 할지 수첩에 적어 보고, 오늘부터 그것을 이루기 위해 루틴을 만들어 보아라. 신문을 보는 것이든, 아침을 꼭 먹는 것이든, 그냥 조용히 20~30분 혼자 있는 시간을 가지는 것이든 아무거나 상관없다. 루틴을 하나 정해 실천해 나가다 보면 그것을 완수했을 때 자신과의 약속을 지켰다는 뿌듯함에 내일도 그것을 해내고 싶다는 생각이 들게 된다. 그렇게 한 달, 두 달이 지나기 시작하면 루틴을 하나 만들었을 뿐인데 삶이 훨씬 생기 있어질 것이다. "나는 역시 안 돼"라는 말 대신 '이번엔 또 뭘 해 보지?'라는 생각을 하게 될 수도 있다.

이때 한 가지 유의할 점이 있다. '내 루틴=이것'이라고 단정 짓기 시작하면 오히려 목표 달성이 쉽지 않을 수 있다. 예를 들어 다이어트를 하기 위해 '매일 아침 30분 조깅하기'를 루틴으로 정했다고 해 보자. 폭우가 쏟아지거나 습도가 90퍼센트 넘는 날에도 꼭 30분 조깅을 해야 하는 건 아니다. 불가피하게 루틴을 실천하지 못하는 날도 생길 수 있다는 말이다. 그런데 매일 정확하게 그 시간을 지켜야 한다는 강박에 빠지면 그 자체가 너무 괴롭고 힘들 수 있다. 그러다 '역시 난 안 돼' 하며 원래의 삶으로 돌아가 버리는 경우도 많다.

그러므로 좋은 루틴을 만들어 원하는 것을 이루고 싶다면 너 스스로에게 여유를 주고, 전체적인 균형감(아프면 쉬고, 너무 힘들면 10분만 달리는 식으로)을 유지하는 게 중요하다. 루틴을 '행동 그 자체'가 아니라 '목표를 이루기 위한 반복적인 행동 시스템'으로 생각해야 오래갈 수 있다. 벌써부터 네가 과연 어떤 루틴을 만들지 궁금해진다.

"어디에 투자하는 게 좋을까요?"에 대한 워런 버핏의 대답

2022년 버크셔 해서웨이의 주주총회에서 있었던 일이다. 개인 투자자인 한 소녀가 워런 버핏과 찰리 멍거에게 질문을 던졌다.

"아시다시피 지난 4개월 연속 우리는 인플레이션을 겪고 있습니다. 7퍼센트 넘는 인플레이션은 1982년 이후 처음이고요. 두 분 모두 1970년부터 1975년까지 그와 비슷한 경험을 했는데 그럼에도 불구하고 인생 최고의 투자를 했습니다. 그렇다면 인플레이션 시대에도 강할 종목으로 딱 하나만 꼽으신다면 어떤 종목인지, 그리고 그 종목이 어떤 강점을 지니고 있는지 이야기해 주시면 감사하겠습니다."

그러자 워런 버핏은 껄껄 웃으면서 주식보다 훨씬 더 좋은 것을 알려 주겠다며 다음과 같이 말했다.

"당신이 할 수 있는 가장 최상의 선택은 무엇인가를 특출나게 잘하는 사람이 되는 겁니다. 당신이 살고 있는 동네에서 제일가는 의사나 변호사가 된다면, 사람들은 엄청난 돈을 지불하더라도 당신에게 갈 수밖에 없겠죠. 돈뿐 아니라 면직물이든 뭐든 그들이 만든 것을 들고 와서 당신의 능력과 교환하려 들 겁니다. 그런데 노래든, 야구든, 법률 지식이든 그들이 꼭 필요로 하는 능력이 당신에게 있다면 아무도 그 능력을 빼앗아 갈 수 없습니다. 그 정도가 되면 인플레이션이 와도 전혀 영향을 받지 않겠죠. 그렇기 때문에 최고의 투자는 바로 당신 자신에게 하는 것입니다. 당신 자신을 발전시키는 거죠. 심지어 여기엔 세금도 안 붙어요.

그러기 위해서는 어떤 사람이 되고 싶은지, 그리고 그렇게 되려면 뭘 해야 하는지를 치열하게 고민해 봐야 해요. 1달러의 가치가 어떻게 변하든 상관없어요. 당신이 동네 최고의 의사가 되면 사람들이 치킨이라도 싸 들고 올 거예요. 무엇이든 가지고 올 겁니다. 당신이 위대한 댄서가 된다면 사람들은 당신의 춤을 보고 싶어서 기꺼이 돈을 낼 거예요. 만약에 당신이 가진 능력 중 팔 수 있는 게 있다면 우리는 우리가 할 수 있는 최고의 투자로 그걸 살 겁니다. 대신에 당신의 미래 수입 중 10퍼센트를 우리에게 주세요. 우리는 지금 현금으로 드릴 테니까요(웃음)."

똑같은 환경에서 일하는데 누구는 훌륭한 결과를 내고, 누구는 제대로 된 결과를 내지 못하기도 한다. 그럴 때 당연히 사람들은 어떻게든 최고의 결과를 내는 사람을 선택하게 마련이다. 그래서 '남과 다른 무엇', 즉 '차이'를 만들어 내면 경제적 보상이 뒤따를 수밖에 없다. 연봉이 오르고, 인센티브를 받게 되기도 하고, 스카 웃 제의나 투자 제의를 받을 수도 있다. 그러므로 워런 버핏의 말처 럼 가장 최고의 투자는 너 자신에게 하는 투자일 수 있다.

주식 투자로 100만 원을 넣어서 100퍼센트의 수익률을 거두었 다고 해 보자. 그러면 너는 100만 원을 더 벌게 될 것이나. 하지만 현실적으로 100퍼센트 수익률을 거두는 건 매우 어렵다. 하지만 네가 만약 너만의 경쟁력을 갖게 된다면 이직을 하든, 투자 제의를 받든 너의 연봉은 그 이상으로 증가할 수 있다. 게다가 주식 투자 는 위험성이 크고 변동성도 높지만, 너의 능력은 쉽사리 사라지거 나 누군가가 빼앗아 갈 수 있는 성질의 것이 아니다. 무엇보다 중 요한 것은 네가 삶의 주도권을 갖게 된다는 것이다. 지금 회사에 만족하며 계속 다닐 수도 있겠지만, 네 능력을 이용해 다른 회사로 이직을 할 수도 있고, 조금 더 욕심을 내어 조그마한 가게를 차릴 수도 있다. 네가 원하는 삶을 선택할 권리를 갖게 되는 것이다. 그 처럼 삶의 결정권을 온전히 가진다는 것은 정말로 중요하다.

내가 아는 한 지인은 평범한 회사원 생활을 하다가 결혼하고 아 이를 낳으면서 일을 그만두고 전업주부로 살았다. 아이 교육에 꽤 열성이라 자신만의 교육 철학과 방법을 활용해 자녀 둘을 모두 서 울대에 입학시켰다. 그런데 어느 날 갑자기 대치동 유명 학원에서 전화가 걸려 왔다. 컨설팅 업무를 맡아 달라는 제안이었다. 그녀는 고민 끝에 오십이 넘어 다시 일을 하게 되었고, 무척이나 자신의 일에 만족하고 있다. '경쟁력'을 가지게 된 순간 그녀의 나이와 경력은 아무 문제가 되지 않았다. 그만큼 탁월함의 힘은 매우 세다.

그러니 지금 받고 있는 월급이나 연봉을 기준으로 너의 미래를 함부로 단정 짓지 마라. 예전에는 대부분 학교를 졸업하면 취직하고 결혼해 가정을 이루는 뻔한 삶을 살았다. 그리고 그런 삶을 사는 것이 자연스럽게 안정적인 삶과 경제적인 부로 연결되었다. 그러나 지금은 당장 1~2년 후 세상이 어떻게 바뀔지 아무도 모른다. 요즘 초등학생뿐만 아니라 성인 남녀 10명 중 6명이 꿈꾼다는 직업, '유튜버'는 10여 년 전만 해도 우리나라에 거의 없던 직업이었다.

유튜버라고 쉬울까. 사실 유튜브는 초기 자본이 별로 들지 않는 데다 영상을 찍고 편집하고 업로드하는 것은 혼자서도 할 수 있기 때문에 많은 사람들이 만만하게 생각하는 경향이 있다. 하지만 실제 유튜브를 해 보면 그 세계에서 살아남기가 얼마나 어려운지를 금방 알게 된다. 물론 '독창적인 컨텐츠'로 승부를 보는 채널들은 언어를 뛰어넘어 글로벌 구독자들까지 끌어모으며 중견기업 부럽지 않게 성장을 하기도 한다.

그러므로 무엇을 하든 좋아하는 일을 찾고 그 가운데에서 너만의 경쟁력, 남들과 다른 차이를 만들어 내는 것이 먼저다. 남들과 다른 차이를 발견하고 그것을 너의 무기로 만들기까지는 시간이 걸리겠지만 지금부터라도 더 늦기 전에 그것을 찾았으면 좋겠다.

그러기 위해서는 '워라밸(Work-Life Balance)'에 대해서 다시 생각해 볼 필요가 있다. 나는 네가 처음부터 너무 워라밸에 목숨 걸지 않았으면 좋겠다. 일과 삶의 균형은 중요하지만 맹목적으로 그 균형에만 집착할 경우 커리어에 있어서 '결정적 시기'를 놓치게 될 수도 있기 때문이다.

입사한 후 3~5년은 사회생활의 초석을 닦는 시기이므로 독하게 일을 배울 필요가 있는데 워라밸만 강조하게 되면 주어진 일만 하기도 벅차게 된다. 그러면 당연히 회사는 야근을 하더라도 일을 더 배우고 싶다는 다른 동료에게 기회를 줄 수밖에 없고, 그 동료는 그만큼 빠르게 실력이 늘게 되겠지. 너는 책임 있는 자리에 올라가기 힘들어지는 반면 그 동료는 월등한 능력을 갖추어 승진도 하고 단독 프로젝트를 맡을 수도 있다. 그다음부터는 악순환이 거듭된다. 너는 승진한 동료가 추진하는 프로젝트에 일반 팀원으로 배치되어 자존심이 상하지만 딱히 불만 제기를 할 수 없게 되고, 그러다 보면 '에라 모르겠다. 회사 그만두고 여행이나 다녀올까' 하는 생각을 하게 될 수도 있다.

그래서 나는 워라밸도 연령대별로 조금씩 비중을 다르게 가져가는 게 좋다고 생각한다. 20대에는 일의 비중이 80퍼센트 정도 되는 게 제일 좋고, 30대에는 70퍼센트, 40대에는 60퍼센트, 50대에는 일과 삶이 5 대 5 정도 되도록 하는 것이다. 어차피 나이가 들면 체력적으로 힘들어지고, 건사할 가족이 있으면 구조적으로도 일의 비중을 계속 높게 가져가기가 힘들어진다.

다시 한번 말하지만 커리어에 있어 결정적 시기가 있다. 그때는 한 번쯤 독하게 일에 매달려 끝장을 봐야 한다. 그때 네가 무엇을 배우고 익혀 너의 것으로 만드느냐에 따라 5년 뒤 너의 자리는 엄청나게 달라져 있을 수 있다. 왜냐하면 워런 버핏이 말했듯 최고의 투자는 바로 너 자신에게 하는 투자이기 때문이다.

CHAPTER 4

미래의 부를 끌어당기는
돈 공부법

부자들이 금리에 목숨 거는 이유

[돈 공부의 기초 1 : 금리]

돈에도 값이 있다. 즉 만 원짜리 지폐도 때에 따라 값이 달라질 수 있다. 그리고 그 값을 결정하는 것이 바로 금리다.

2001년 대학을 졸업하고 사회생활을 시작하기 전, 나는 배낭여행을 다녀와야겠다고 마음먹고는 통장을 들고 은행에 갔다. 아르바이트를 하며 모아 둔 적금을 깨기 위해서였다. 그런데 은행 직원이 통장을 가만히 들여다보더니 갑자기 나를 말리기 시작했다.

"학생, 이거 1996년에 만든 통장인데 정말 깨려고? 12퍼센트 금리를 주는 적금 통장인데 이거 해약하면 다시는 이런 통장 못 만들어. 지금 금리가 계속 내려가고 있거든. 잘 생각해 봐."

하지만 당시 나는 어떻게든 배낭여행을 가고 싶었고, 그 통장을 깨야만 돈을 마련할 수 있었다. 그래서 직원의 만류에도 적금 통장을 깼다. 그런데 나중에 네 할아버지가 그걸 알고는 난리가 났었지. 그런 통장이 있었으면 자신한테 이야기를 하고 차라리 배낭여행비를 빌려 달라고 할 것이지, 왜 그런 귀한 통장을 해약했느냐는 것이었다. 생각해 보면 나는 그때 금리의 중요성을 정말 몰랐었다. 당시 그 통장을 계속 가지고 있었으면 100만 원을 넣었을 때 12만 원을 이자로 받을 수 있었고, 1000만 원을 넣으면 120만 원을 이자로 받을 수 있었다. 요즘은 적금 통장이 많아야 5퍼센트를 주는데 그 두 배가 넘는 이자를 주었던 것이다.

왜 지금은 금리가 5퍼센트인데 그때는 12퍼센트나 주었을까? 돈에도 값이 있고 그 값이 장소와 시기에 따라 달라지기 때문이다. 서울 시내에서 따릉이 자전거를 빌리려면 1시간에 천 원이지만 제주도 같은 관광지에서는 1시간에 3천 원도 받는다. 같은 자전거라도 사용료가 달라지는 것이다. 마찬가지로 돈도 사용료가 있는데 그것이 바로 금리이다. 돈을 빌리면 이자 쳐서 갚는다는 말을 많이 하는데 돈에 대한 사용료가 바로 그 이자인 셈이다. 100만 원을 1년간 10퍼센트 금리로 빌리면 지불해야 할 사용료가 10만 원이고, 1년간 1퍼센트 금리로 빌리면 사용료가 1만 원이다. 그래서 금리가 낮을수록 돈을 빌리기가 쉬워진다.

예전에는 금리가 굉장히 높았다. 돈도 많아야 쉽게 빌려줄 수 있는데 1960~1970년대에는 우리나라 경제가 아직 어려울 때라 통화량 자체가 모자랐다. 그래서 당시 우리나라는 미국과 일본에서 돈을 빌려 공장도 짓고 배도 만들었다. 그런데 비약적인 경제 성장을 이루면서 선진국 반열에 들어서고, 수출을 많이 해서 달러를 많이 벌어들이면서 상황이 많이 바뀌었다. 통화량이 늘고, 시중에 돈이 많이 풀려 있다 보니 금리가 낮아지게 되었다. 즉 기업이든 개인이든 은행에서 대출을 통해 돈을 빌리는데, 아주 싸고 쉽게 빌릴수 있는 환경이 조성된 것이다. 그래서 사람들이 너도나도 대출을받아 아파트를 사고, 주식을 사고, 미술품을 사고, 암호 화폐에 투자하면서 거품이 심화되었다.

그러자 2022년부터 전 세계 수많은 국가의 중앙은행들은 다시급하게 수도꼭지를 잠그기 시작했다. 금리를 높여 기업이나 사람들이 대출을 쉽게 받지 못하게 만들어 시중에 풀려 있는 돈을 회수해 가기 시작한 것이다. 그중에서도 세계에서 가장 강력한 중앙은행은 바로 미국의 중앙은행인 연방준비제도(Fed·연준)이다. 연준은 45일에 한 번씩 정기적으로 위원회를 열어 미국의 기준금리와전체적인 미국 경제의 통화량을 조절한다. 이때 미국의 통화 정책은 전 세계 돈 공급에 핵심 역할을 하고 있기 때문에 모든 나라가연준의 발표에 촉각을 세우게 된다. 우리나라도 예외는 아니다.

그런데 2022년 인플레이션이 전 세계를 강타하면서 연준은 경기 침체 우려가 큰 상황에서도 높은 물가를 잡기 위해 금리 인상을 가속화하기 시작했다. 그래서 미국의 기준금리는 2022년 1월0.25퍼센트에서 2023년 3월 5퍼센트까지 올라왔다. 이에 우리나라의 중앙은행인 한국은행도 기준금리를 3.5퍼센트까지 올린 상태다. 이처럼 우리나라 기준금리가 3.5퍼센트까지 오른 것은 글로벌 금융 위기가 터진 2008년 4.0퍼센트 이후 처음이다. 대출이자가 높아지니 기업이나 가계 모두 자금을 조달해 투자나 소비를 하는 것이 예전만큼 쉽지 않은 상황이 되었다. 이렇게 되면 경기 둔화 현상이 나타나고 기업들의 이윤이 줄어들어 주식 시장이 하락하게 된다. 그래서 2022년 상반기 주가는 IT 버블 이후 가장 빠른 속도로 추락했고 코스피 지수는 2200선까지 떨어졌다. 부동산 시장이 하락세에 들어선 것도 높은 금리의 영향이 크다. 대출이자가 비싸면 무리하게 대출을 받아 집이나 건물을 산 사람들이 빚에 허덕이게 되고, 당장 현금이 없는 사람들은 비싼 대출이자를 감당할 자신이 없어 몸을 사리게 되기 때문이다.

그러면 금리 인상기에 사람들은 어디에 투자할까? 부자들은 금리 인상기에 위험 자산의 비중을 줄이고 안전 자산의 비중을 늘리는 경향을 보인다. 그래서 주식보다는 채권과 달러, 금 등을 선호하며, 은행 예적금을 늘리기도 한다. 5퍼센트의 비싼 금리로 돈을 빌려 주식에 투자했을 때 10퍼센트 수익을 내면 결국 5퍼센트의 이익을 얻는 셈이 된다. 그러나 10퍼센트 이상의 수익률을 거두기가 쉽지 않은데다 그런 위험을 감수하느니 안전하게 4퍼센트 금리를 주는 은행 예적금을 드는 게 더 낫다고 판단하는 것이다.

그래서 금리는 자산을 지키려는 사람들에게 중요한 판단 근거로 작용한다. 10만 원이 있는 사람에게는 예금금리 1퍼센트가 미미하게 느껴질지 몰라도, 1억 원을 가진 사람에게 1퍼센트는 백만 원이고, 10억 원을 가진 사람에게 1퍼센트는 천만 원이다. 금액이 커지면 금리 1퍼센트의 변화에도 민감할 수밖에 없는 이유다. 그래서 부자들은 금리 변동을 늘 주시한다.

2008년 이후 저금리에 익숙해져 있던 사람들은 갑자기 오른 금리에 화들짝 놀라는 분위기다. 하지만 이럴 때일수록 침착해질 필요가 있다. 미국의 기준금리가 한국의 기준금리에 영향을 미치고, 그것이 너의 오늘을 어떻게 바꾸고 있는지 면밀하게 살펴봐야 한다. 그래야 너의 돈이 엉뚱한 데로 흐르지 않고, 제대로 흐르게 할 수 있다.

왜 월급은 올랐는데
쓸 돈이 모자란 걸까?

한국물가정보가 발표한 주요 품목별 소비자 물가 변화 현황(167쪽 표 참고)에 따르면 1970년 서울의 시내버스 요금은 10원이었지만 현재는 1200원으로 50년 동안 120배 올랐고, 지하철 요금은 1974년 8월 개통 당시 기본요금이 30원이었지만 현재는 1250원으로 41.6배 상승했다. 짜장면은 100원 수준에서 최근에는 5000원으로 50배 가까이 가격이 올랐다.

생각해 보면 내가 어렸을 때 초코파이는 100원 정도였다. 학교에서 집으로 돌아오는 길에 달달한 게 먹고 싶으면 주머니에서 아껴 둔 100원을 꺼내 구멍가게에서 초코파이를 사곤 했다. 그런데 요새는 초코파이를 낱개로 팔지도 않을뿐더러 한 개에 500원꼴이

[주요 품목별 소비자 물가 변화]

품목	1970년		2020년
쌀(중품 20kg)	2,880	33.4배	9만6,200
소고기(정육 500g)	375	133배	5만
돼지고기(정육 500g)	208	48배	1만
닭고기(마리 2kg)	420	16.6배	7,000
계란(황란 10개)	140	42.7배	5,990
소주(병 360ml)	65	19.3배	1,260
맥주(병 500ml)	175	8배	1,410
담배(1갑)	50	90배	4,500
시내버스(1회 편도)	10	120배	1,200
택시(기본요금)	60	63.3배	3,800
지하철(1구역 · 기본)	30 (1974년 8월 기준)	41.6배	1,250

단위 : 원, 서울 기준

라길래 깜짝 놀랐다. 재료가 크게 달라진 것도 아니고 오히려 크기는 조금 작아졌는데 가격은 5배나 오른 것이다. 이처럼 동일한 물품, 동일한 서비스인데도 시간이 지남에 따라 가격은 점진적으로 올라가게 되어 있다.

그렇다면 왜 물건의 가격이 오르는 걸까? 매년 통화량이 점진적으로 증가하고 있기 때문이다. 통화량이란 한 국가에서 사용되는 돈의 모든 양을 가리키는 말이다. 그런데 국가는 경제가 팽창하면서 생산하는 물품이 늘어나고 외국과의 교역량이 증가하면 이에 발맞추어 화폐를 더 발행하게 되어 있다. 실제로 우리나라 통화량(M2)은 1960년대에는 50~60퍼센트씩, 1970년대에는 30~40퍼센트씩, 1980~1990년대에는 20~30퍼센트씩 늘어났다. 그리고 저성장이 고착화된 2000년대에도 매년 5~8퍼센트씩 증가했다.

이처럼 통화량이 증가하면 화폐가치는 그만큼 떨어지게 되어 있다. 예를 들어 어느 나라에서 옥수수가 유일한 생산물이라고 가정해 보자. 그 나라에서 발행한 화폐의 총량이 100만 원이고, 옥수수를 100개 생산한다고 하면 사람들은 1만 원을 주고 옥수수 1개를 사면 된다. 그런데 화폐의 총량이 2000만 원으로 늘어난다고 해보자. 옥수수 생산량이 100개 그대로이면 사람들은 옥수수 외의 다른 작물이 없기 때문에 웃돈을 주고 옥수수를 사게 될 것이다. 그럴 경우 당연히 옥수수 가격은 오를 수밖에 없다. 그래서 화폐의 양이 늘어나면 그만큼 화폐의 가치는 떨어지게 되어 있다.

그럼 화폐를 더 안 찍으면 되지 않느냐고 할 수도 있겠지만 국가에서 생산하고 수입하는 물품이 점점 많아지는데 돈의 수량이 그대로이면 거꾸로 돈의 값이 올라가게 된다. 그러면 돈이 귀해지기 때문에 아무도 돈을 쓰지 않으려는 경향을 보인다. 그러면 경제 전반적으로 상품과 서비스의 가격이 지속적으로 하락하는데, 이 현상을 '디플레이션(Deflation)'이라고 한다.

디플레이션이 나타나면 물가가 하락하면서 사람들은 물건을 구입할 때 싸게 살 수 있게 된다. 하지만 물가가 계속 하락할 경우 사람들은 기다리면 물건값이 더 싸질지도 모른다는 생각 때문에 소비를 하지 않게 된다. 1만 원인 물건이 내일 9천 원이 될지도 모른다고 생각하면 그것을 지금 당장 사야 할 이유가 없어진다. 그래서 급하지 않는 이상 소비를 뒤로 미룬다. 그러면 사회 전반적으로 소비가 줄어들면서 기업들의 매출이 줄게 되고, 그러면 기업들은 투자를 줄이고 고용을 줄이게 된다. 그에 따라 실업률은 늘어나게 되고 가계 소득 또한 줄어든다. 경제가 성장을 멈추게 되는 것이다. 그러다 보니 국가와 중앙은행은 물가가 계속 하락해 경제가 위축되는 것을 결코 원하지 않는다.

그래서 모든 국가와 중앙은행은 물품과 서비스가 늘어나는 만큼 적정한 수량의 돈을 맞추어 공급할 수밖에 없다. 즉 국가는 앞으로도 계속 통화량을 늘릴 수밖에 없고 시간이 갈수록 화폐의 가치는 떨어지게 되어 있다. 그래서 1970년대 100원이었던 짜장면이 지금은 5000원으로 오를 수밖에 없었고, 앞으로도 짜장면의 가격은 더 올라가게 될 것이다. 나중에는 만 원을 주고도 짜장면을 못 사 먹는 시대가 올 수도 있다. 즉 우리가 살고 있는 자본주의 경제는 기본적으로 우리가 가지고 있는 돈의 값어치가 계속 떨어지도록 설계되어 있다.

이처럼 통화량의 증가로 화폐가치가 하락하고, 모든 상품의 물가가 전반적으로 오르는 것을 '인플레이션(Inflation)'이라고 한다.

그런데 사실 경제성장에 따른 2~3퍼센트 정도의 인플레이션은 자연스럽고 긍정적인 것이다. 안정적인 수준의 인플레이션은 사람들에게 '물가가 오르니까 이 물건을 좀 더 사 두자'라는 심리를 준다. 그러면 기업들의 수익이 늘어나 더 많은 고용이 가능해지고, 그러면 서민들의 소득이 증가해 경제가 성장하게 된다. 그래서 각국의 중앙은행들은 물가 인상이 없는 상태보다 경제가 성장하면서 연 2퍼센트 정도의 물가 인상이 점진적으로 이루어지는 것을 목표로 한다. 그래야 화폐의 가치가 많이 떨어지지 않으면서 사람들에게 계속 소비 심리를 자극해 물가안정을 이룰 수 있기 때문이다.

다행히 우리나라는 지난 40년간 비약적인 경제성장을 이뤄 왔다. 그리고 물가도 그리 높지 않았다. 그래서 월급을 받으면 저축을 하고, 월급이 오르면 그 돈을 또 저축해서 자연스럽게 돈을 불릴 수 있었다. 즉 인플레이션을 걱정할 필요가 없었던 것이다.

그런데 2022년부터 시작된 인플레이션은 그 폭이 너무 크다는 데 문제가 있다. 우리나라의 소비자 물가 상승률은 1998년 외환위기 때 7.5퍼센트, 국제 원유 가격 급등이 있었던 2008년에 4.7퍼센트 상승했던 것을 제외하면 2015년 0.7퍼센트, 2016년 1.0퍼센트, 2017년 1.9퍼센트, 2018년 1.5퍼센트, 2019년 0.4퍼센트, 2020년 0.5퍼센트, 2021년 2.5퍼센트 상승으로 매우 낮았다. 그런데 2022년 갑자기 소비자 물가 상승률이 5.1퍼센트로 뛰었고, 올해도 5퍼센트를 넘을 전망이다.

그러면 올해 연봉이 5.1퍼센트 오르고, 내년에 연봉이 5퍼센트 오른다 해도 실질소득은 2년 연속 멈추어 있는 것이나 다름없다. 만약 연봉이 회사의 매출 저하를 이유로 2~3퍼센트만 오르거나 동결되면 실질소득은 더 낮아진 셈이 된다. 그러면 소득이 그대로 인 상태에서 물가는 올랐으니 지출이 늘어나 저축할 수 있는 돈이 줄어들게 된다. 시간이 지나면서 저축할 수 있는 돈이 점점 줄어드는 것이다.

전 세계가 물가안정을 위해 애쓰고 있지만 그럼에도 통화량의 증기로 화폐가치가 하락하는 것을 막을 수는 없다. 돈이 풀리면 풀릴수록 돈의 가치는 떨어지기 때문에 저축만으로는 절대 돈을 불릴 수 없다. 그러므로 투자를 통해 인플레이션으로 인한 손실을 헷지하고 미래를 대비할 수 있어야 한다. 유형자산이든 무형자산이든 가치가 올라가서 인플레이션을 헷지할 수 있는 자산군에 네 돈을 묶어 두고 저장해 두어야 한다는 말이다.

사람들은 흔히 '월급이 통장을 잠깐 스쳐 간다'는 말을 한다. 이 스쳐가는 돈을 어떻게 유용하게 다루고 보전하느냐에 따라 각자의 미래가 달라질 것이다. 그러므로 인플레이션이 너의 월급을 갉아먹게 그냥 두어서는 안 된다. 어떻게든 투자를 통해 너의 돈을 지키고 불릴 수 있어야 한다. 인플레이션에 어떻게 대처하느냐에 따라 너의 5년 뒤 모습도 많이 달라지게 될 것이다.

왜 사람들이
달러에 투자하는 걸까?

내가 대학에 입학한 1997년, 우리나라에는 소위 IMF 사태라고 불리는 외환 위기가 터졌다. 영화 〈국가부도의 날〉에도 잘 묘사가 되어 있지. 해외에서 돈을 많이 빌린 기업들이 빗발치는 상환 요구에 시달리며 하나둘씩 무너지기 시작했는데 그중에서도 당시 재계 순위 2위였던 대우그룹의 몰락은 사람들에게 큰 충격을 안겨 주었다. 당시 위기를 타개하기 위해 수많은 기업들이 대규모 정리 해고와 강제 합병 등 구조 조정을 감행하다 보니 실업률이 30퍼센트를 넘어설 정도로 우리나라 경제가 휘청였다.

그런데 그때 나에게는 굉장히 흥미로운 기억이 하나 있다. 어느 날 친구 집에 놀러 갔는데 익숙했던 낡은 천 소파는 온데간데없고,

그 자리에 딱 봐도 엄청나게 비싸 보이는 새하얀 물소가죽 소파가 놓여 있었다. 어떻게 된 일인지 궁금했지만 분위기상 대놓고 물어볼 수는 없었다. 나중에 알고 보니 그 친구 아버지는 외국계 회사에 근무하고 있어서 월급을 우리나라 돈이 아니라 달러로 받고 있었는데, 외환 위기가 터지면서 환율이 2배가 되자 오히려 집안 살림이 더 넉넉해진 것이었다. 다들 너무 어렵고 힘들 때라 쉬쉬하고 있었지만, 친구 집은 소파를 바꿀 만한 여유가 생긴 거였지.

나는 그때 '환율이 굉장히 중요하구나' 하는 사실을 어렴풋하게나마 느낄 수 있었다. 환율에 따라 돈의 가치가 변하면서 국가와 기업, 그리고 가계의 명운이 달라질 수 있다는 걸 피부로 느낀 것이다.

너도 알다시피 환율은 우리나라 돈인 원화와 해외 통화 간의 교환 비율을 뜻한다. 미국에서 발행하는 1달러를 사기 위해 1000원이 필요할 때도 있고, 1200원이 필요할 때도 있다. 일본에서 발행하는 엔화는 지금 100엔에 1000원 정도지만 몇 년 전에는 100엔당 1400원까지 올라간 적도 있었다.

이때 기본적으로 환율이 올랐다는 것은 그만큼 우리나라 원화의 가치가 하락했고, 외국에서의 구매력이 떨어졌음을 의미한다. 만약 원 달러 환율이 1300원으로 올랐다고 해 보자. 예전에는 1100원만 내면 1달러를 살 수 있었는데 이제는 200원을 더 내야 즉 1300원을 내야 1달러를 살 수 있다.

그러면 당장 미국 여행을 간다고 했을 때 환율이 오르면 손해를 보게 된다. 2021년 초에는 환율이 1100원대였는데 그때는 22만 원을 환전하면 200달러를 살 수 있었다. 그런데 환율이 1300원대가 되면 200달러를 사는 데 26만 원이 든다. 4만 원을 더 내야 하는 것이다. 해외 직구(직접 구매)를 할 때 역시 손해를 보게 된다. 50달러짜리 물건을 살 때 원 달러 환율이 1100원이면 55000원을 내면 되는데, 환율이 1300원으로 오르면 65000원을 내야 한다. 만 원을 더 내야 같은 물건을 살 수 있는 것이다.

그럼 환율이 오르면 나쁜 신호일까? 환율이 오르면 자동차, 전자, 조선 등 수출을 주력으로 하는 기업의 경우 돈을 더 많이 벌게 된다. 이를테면 삼성전자가 반도체를 만들어 미국에 팔아 1만 달러를 받았다고 해 보자. 그러면 환율이 1000원일 때는 1000만 원을 벌지만, 환율이 1300원으로 오르면 1300만 원을 벌어 들이게 된다. 똑같은 반도체를 파는데도 환율이 얼마인지에 따라 매출액이 300만 원 차이가 나게 되는 것이다. 우리나라는 수출을 해서 경제 성장을 이루어 온 나라이고, 당장 코스피 TOP10에 있는 삼성전자, SK하이닉스, 현대자동차 등의 기업도 수출을 위주로 하다 보니 환율이 오르면 그 기업들의 실적이 좋아지고 이것이 주가에 반영되게 된다.

하지만 물건을 자국민에게 주로 판매하는 내수 기업들은 환율이 오르는 것을 반기지 않는다. 석유와 같은 필수 원자잿값이 비싸져서 이익이 감소하게 되기 때문이다. 석유 가격이 배럴당 50달러라고 해 보자. 그러면 환율이 1000원일 때에는 1배럴당 50000원에 사 올 수 있는데, 환율이 1300원으로 오르면 1배럴당 65000원을 주어야 한다. 이렇게 석윳값이 오르면 제조원가가 올라 이익이 감소하게 된다. 그런데 환율 강세가 계속 이어지면 수출 기업 또한 실적이 나빠진다. 왜냐하면 물건을 만드는 데 필요한 원재료를 수입하는 과정에서 내수 기업과 똑같은 난관에 부딪히기 때문이다.

환율이 급등했을 경우 주식 시장도 하락할 확률이 높아진다. 왜냐하면 코스피 시장의 경우 가장 큰 비중을 차지하는 것은 개인이나 기관이 아닌 외국인 투자자들이다. 그런데 만약 어떤 외국인이 원 달러 환율이 1000원일 때 우리나라 기업 주식 1주를 샀다고 해보자. 환율이 급등해 1300원이 되었는데 주가가 그대로이면 외국인이 1주를 팔아 1000원을 받은 다음 달러로 바꾸면 0.77달러가된다. 외국인은 투자금을 달러로 회수해 가야 하기 때문에 환율이1300원이 되면 0.23달러 손해를 보게 되는 것이다. 그래서 외국인투자자들은 환율이 오르면 주식을 팔고 투자금을 회수하려는 경향을 보인다. 환율이 올라 외국인 투자자들이 너도나도 팔기 시작하면 주식 시장은 당연히 하락 곡선을 그릴 수밖에 없다.

이처럼 우리나라는 수출로 먹고사는 나라이다 보니 다양한 방면에서 환율의 영향을 받는다. 수출이 잘 되어 경제가 좋아지면 벌어들인 달러가 많아서 환율이 떨어지고, 수출이 잘 안 되어 경제가 위축되면 달러가 안 벌리기 때문에 환율이 올라간다. 그래서 경기가 좋으면 원화가 강세가 되고, 경기가 나쁘면 원화가 약세가 된다.

한편 자산가들은 환율이 많이 하락했을 때 어느 정도는 달러를 매집해서 들고 가려는 경향을 보인다. 경기 침체가 와서 주가가 떨어지고 부동산이 폭락해도 이런 시기에 환율은 오히려 상승하는 경우가 많기 때문에 달러를 가지고 있으면 자산 가치 하락을 방어할 수 있게 된다. 이를테면 원 달러 환율이 1000원일 때 달러를 1000만 원어치 사면 1만 달러가 된다. 그런데 환율이 1300원으로 오르면 달러값이 1300만 원으로 오른다. 가만히 있는데도 달러 값이 올라 300만 원을 번 셈이 되는 것이다.

달러보다 일본 엔화나 중국 위안화를 보유하는 것은 어떠냐고 물어보는 사람들도 많은데, 외화를 보유한다면 무조건 달러를 우선적으로 보유하는 것이 좋다. 달러가 전 세계 금융 시장의 기준이 되는 기축통화라서 그런 것도 있지만, 경기가 안 좋을 때 위안화는 되레 약세가 되는 경우가 많아서 달러 보유가 지니는 방어 효과가 거의 없기 때문이다. 그리고 일본 엔화는 최근 5~6년간 원화와 방향성이 거의 유사했다. 환 보유에 대한 매력이 달러만큼 크지 않은 것이다.

달러를 그냥 서랍 안에 넣어 두고만 있을 필요는 없다. 요새는 은행에 외화예금 계좌를 개설하는 게 인기다. 이를테면 환율이 1000원일 때 100만 원을 넣어 달러 예금 계좌를 만들면 1000달러를 예금할 수 있는데, 환율이 1300원으로 오르면 30만 원의 환차익을 얻게 된다. 그리고 외화 예금도 5000만 원까지는 예금자보호가 되는데다, 환차익이 발생해도 별도 세금을 물리지 않는다. 물론 반대로 환율이 1300원일 때 외화예금 계좌를 만들고, 환율이

1100원일 때 돈을 찾으면 그만큼 손해를 입게 되므로 조심할 필요가 있다.

요새는 해외주식 투자를 통해 달러 보유 효과를 노리는 사람들도 있다. 해외주식은 기본적으로 가격이 달러로 표시되기 때문에 주가가 하락해도 우리 입장에서는 달러가 올라 하락분이 상쇄되는 효과가 있다. 100달러에 산 미국 주식이 10퍼센트 떨어지면 10달러 손해가 나지만 그동안 환율이 1000원에서 1300원으로 오르세 되면 오히려 계산상으로는 1만 7천 원 번 것이 된다.

하지만 미국 주식의 경우 우리나라와 달리 상한가와 하한가에 별도 제약이 없기 때문에 변동성이 커서 오늘 100달러 하던 주식이 하루 만에 10달러가 될 수도 있다. 그래서 미국 주식에 투자하는 것이 변동성 때문에 겁이 난다면 미국 배당주에 투자하는 것도 방법이 될 수 있다.

'배당 귀족(Dividend Aristocrats)'이라는 말을 들어 본 적이 있니? 미국의 S&P500이라는 회사에서 2005년에 만든 개념인데, 눈이 오나 비가 오나 경기 침체가 오더라도 25년 이상 배당액 지급을 한 번도 빠뜨린 적이 없는 기업들을 말한다. 시가총액도 최소 30억 달러(약 3조 8천7백억 원) 이상이고 거래량도 충분한 기업만 선정하기 때문에 코카콜라, P&G, 존슨앤드존슨처럼 미국의 알짜 기업들만 들어 있다고 보면 된다.

그런데 미국 기업들은 한국과 달리 대부분 3개월에 한 번씩 배당을 지급하고, 배당을 지급하는 시기도 각각 다르다. 3, 6, 9, 12월에 지급하는 기업들도 있고 1, 4, 7, 10월에 지급하는 기업이 있는 가 하면 2, 5, 8, 11월에 지급하는 기업들도 있다. 그래서 주식에 투자하면서 배당도 받을 목적으로 미국 배당주에 투자를 한다면 매월 배당이 들어오는 '달러 배당으로 월급 받기'라는 플랜을 만들 수 있다.

나는 편의상 14710클럽, 25811클럽, 36912클럽이라고 이름을 붙여 봤다. 14710클럽에 속한 기업들 중 1~2개에 투자하고, 25811클럽과 36912클럽에 속한 기업에도 1~2개 투자하면 마법처럼 1월부터 12월까지 조금이지만 달러로 배당을 받을 수 있는 포트폴리오가 완성된다. 그리고 배당이 들어왔을 때 그것을 바로 재투자할 수도 있다. 배당을 준 기업의 주식을 배당받은 돈으로 다시 사는 것이다. 이렇게 되면 분기로 복리 투자를 하는 것이기에 돈이 불어나는 속도가 훨씬 빨라진다.

물론 주식 시장이 약세장으로 접어들고, 해당 기업의 주가가 떨어지면 약간의 배당을 받으려다 손실을 보게 되는 경우도 발생한다. 그리고 배당금을 지급하는 기업은 이미 성숙한 기업으로, 주가 변동성이 적고 약세장에 잘 버티지만 큰 성장을 기대하기는 힘들다. 테슬라와 아마존이 배당을 지급하지 않는 이유는 주주들에게 배당금을 주는 대신 그 돈을 사업의 확장과 성장에 투자하기 때문이다. 그러므로 배당주에 투자할 경우 주기적으로 배당수익을 얻는 대신 높은 투자수익률을 기대하기는 힘들 수 있다.

하지만 수십 년 동안 꾸준히 배당을 지급했던 기업들은 에너지,

소비재, 금융 등 기본적으로 경기 침체가 와도 크게 흔들리지 않는 안정적인 업종에서 사업을 하고 있는 경우가 많다. 그래서 주가의 변동성이 타 업종 대비 크지 않은 편이다. 그리고 경기가 안 좋아지면 달러가 강세로 가는 경향이 많기 때문에 달러로 배당을 받게 되면 이런 시기에도 일정 부분 자산 가치를 보전할 수 있다.

이제까지 환율에 대해 설명했는데 너도 본격적으로 투자를 시작하면 환율의 변화에 저절로 민감해지게 될 것이다. 만약 그럼에도 불구하고 아직 환율이 왜 중요한지 모르겠다면 '내가 아직 본격적으로 투자할 준비가 되지 않았구나' 생각하면 된다. 준비가 안 되어 있더라도 시장은 너의 돈을 반기겠지만, 네가 그 시장에서 빠져나올 때는 혼자 빈털터리가 되어 있을지도 모를 일이다.

인구 변화를 알면
미래의 부가 보인다

몇 년 전의 일이다. 직장 동료 하나가 이대로 월급만 받아서는 살기 힘들 것 같다며 지방의 한 대학교 앞 원룸 건물을 매입했다. 자취하는 학생들에게 임대해 월세를 받으면 투자수익률(매입가격 대비 월세 연 수익률)이 9퍼센트나 된다면서 나보고 같이 하자고 했다. 하지만 당시 여유 자금이 없어 거절했는데 그는 요즘 골머리를 앓고 있다. 최근에 대학생 수가 급격히 줄어들다 보니 비어 있는 방이 생기기 시작했고, 전등을 갈아 주고 수도 파이프도 고쳐 줘야 하고 건물 보수도 계속 해 줘야 해서 투자수익률이 생각처럼 나오지 않기 때문이란다.

그래서 그는 고민 끝에 건물을 팔려고 내놓았지만 그마저도 팔리지 않아 마음고생이 이만저만이 아니다.

무엇이 문제였을까? 답은 인구 변화에 있다. 고등학교 3학년 학생 수는 2016년 64만 8천 명에서 2023년 39만 8천 명으로 대략 25만 명이 줄었다. 문제는 전국 대학 입학정원이 51만 명으로 고3 학생들의 숫자보다 많다는 데 있다. 그러다 보니 작년부터 지방에 있는 대학교들을 중심으로 대학 통폐합이 진행되고 있다. 하지만 내 직장 동료는 출산율 감소, 인구 감소 뉴스를 매일 접하면서도 자신의 투자와 연결시기지 못했다. 대학교 바로 앞에 있는 건물이고, 원룸 수요가 많으니 인테리어만 깔끔하게 해 놓으면 당연히 임대가 잘될 줄로만 알았던 것이다.

얼마 전에는 2023년 서울 지역 초등학교 교사 임용 시험 합격자 119명 전원이 배치를 받지 못해 대기 중이라는 기사가 났었다. 그중에는 2022년 임용 시험에 합격했지만 아직까지 배정을 받지 못한 5명이 포함되어 있었다. 시험에 합격하고도 1년 째 들어갈 초등학교가 없어 본의 아니게 백수 생활을 하고 있는 것이다. 이유는 급격한 초등학생 인구 감소에 있다. 교사는 선망하는 직업 순위에서 늘 상위에 있을 정도로 인기가 높다. 최근에는 교권이 많이 무너지면서 지원자가 줄기는 했지만 그럼에도 교사를 꿈꾸는 사람들이 많다. 그런데 정작 어렵사리 교사가 되어도 만날 학생이 없다면 어떻게 해야 할까? 앞으로 교사를 꿈꾸는 사람들은 고민이 깊어질 수밖에 없다.

그런데 우리나라에서 학생 수의 감소는 이제 변수가 아니라 이미 정해져 있는 상수다. 노량진 고시촌의 경우도 공무원 시험 준비생들이 줄어들며 폐업하는 가게들이 늘어나고 있다. 그러므로 앞으로는 직업을 선택하거나 집을 고를 때, 혹은 상가를 하나 살 때에도 인구 감소를 무시하다가는 큰코다치게 될지도 모른다.

경제·경영 전문가들은 이미 오래전부터 인구 변화를 중요한 의사 결정 기준으로 삼아 왔다. 현대 경영학의 아버지라 불리는 피터 드러커는 미래를 전망할 때 '인구 통계학적 접근'을 자주 사용하는데 그 이유에 대해 다음과 같이 밝혔다.

"인구통계는 미래와 관련된 것 가운데 정확히 예측할 수 있는 유일한 사실이다."

우리나라에서 인구 변화가 미래 예측에서 가장 큰 변수로 떠오른 까닭은 인구 절벽 현상이 가속화하고 있기 때문이다. 통계청에 따르면 2022년 만 1세 인구는 27만 134명인 반면, 만 60세 인구는 80만 3399명에 달한다. 앞으로 아이가 줄어들고 노인이 많아지는 나라가 될 것이라고 예측했지만 모두가 이처럼 급격하게 저출산, 고령화가 진행될 것이라고는 예상하지 못했다.

만약 이대로라면 아이들과 관련된 제품을 만들고 파는 업종은 당연히 하락세를 걸을 수밖에 없고, 반면 노인들을 상대로 한 물건을 만들고 파는 업종은 상승세를 타게 될 것이다. 그래서 분유를 만들던 회사들이 노인식 전문 회사로 빠르게 업종 전환에 나서고 있고, 기저귀를 생산하던 업체들은 노인용 패드 생산에 공을 들이고 있다. 투자자들 또한 현재의 40~50대가 늙어 감에 따라 각광 받을 분야가 어디인지를 찾기 바쁘다. 실버 관련 산업, 건강 관련 산업, 제약과 치과 관련 산업 등이 뜨는 데는 바로 이러한 이유가 숨어 있는 것이다.

1인 가구가 빠르게 늘고 있는 점도 주목해 볼 만하다. 통계청 자료에 따르면 2016년 539만 3천 가구였던 1인 가구가 2021년 716만 6천 가구로 약 180만 가구 가까이 늘었으며 이는 전체 가구의 33퍼센트에 해당한다. 3명 중 1명은 혼자 살고 있는 것이다. 그러다 보니 수많은 기업들이 앞다투어 1인 가구를 상대로 한 상품 개발에 힘쓰고 있고, 그것은 바로 관련 종목들의 주가에 반영되고 있다.

인구가 증가하던 시대에서 인구가 감소하는 시대로의 변화는 정말로 많은 것들을 바꾸고 있다. 그것은 곧 과거에 네가 알던 사회의 모습이나 규칙이 미래에는 더 이상 유효하지 않을 수 있음을 의미한다. 물론 누구도 미래를 정확하게 예측할 수는 없다. 하지만 인구 감소는 '정해진 미래'다. 따라서 인구 변화를 알면 네가 엉뚱한 곳에 투자하는 것을 막을 수 있고, 미래의 부가 어디에 있을지도 전망해 볼 수 있다. 네가 인구 변화의 추이를 잘 관찰하고 활용할 수만 있다면 너의 투자가 성공할 확률 역시 커질 것이다.

마지막으로 세계 최대 채권운용사 핌코의 공동창립자이자 채권왕으로 불렸던 빌 그로스의 말을 전한다.

"만일 1년 동안 격리된 채 아무것도 읽지 못하도록 통제된 상태에서 오직 한 가지만을 알고 싶어 한다면, 아마 나는 인구통계에 대해 알고자 할 것입니다. 다음 1~2년 사이에 얼마나 많은 가구가 새로 형성될 것이며, 주택 수요는 어떻게 변할 것이고, 신규 노동자로 인한 노동시장 압력은 어떻게 될 것인지 알고 싶을 거예요. 이런 것들은 모두 인플레이션에 영향을 미치고, 재정·금융 정책과 총수요·총공급에 영향을 미치며, 또한 채권 시장에 영향을 미치기 때문이지요."

위대한 투자가들이
책을 많이 읽는 이유

[독서]

마이크로소프트의 창립자인 빌 게이츠는 일 년에 두 번 호숫가에 있는 작은 오두막으로 휴가를 떠난다. 그리고 그곳에서 책을 읽으며 생각을 정리한다. '생각 주간'이라고 불리는 이 스케줄은 그가 마이크로소프트를 창업한 이래 지금까지도 지키고 있는 루틴이다. 그는 그 일주일 동안 수십 권의 책과 논문, 각종 보고서들을 읽으며 앞으로 세상이 어떻게 변해 갈지, 그 속에서 자신은 무엇을 해야 할지를 정리한다. 그는 2017년 〈타임〉지와의 인터뷰에서 독서는 성공에 필수적인 요소라고 말하며 다음과 같이 말했다.

"책 한 권 한 권이 내게 새로운 것을 일깨워 주고 세상을 다른 눈으로 볼 수 있게 해 준다. 내게 늘 책을 읽도록 격려해 주신 부모님을 만난 것이 행운이었다. 독서는 세상에 대한 호기심을 끊임없이 공급해 주었다. 그 호기심이 내가 사업을 하도록 이끌었고 지금 몸담고 있는 재단 운영에도 도움이 된다."

워런 버핏의 파트너이자 버크셔 해서웨이 부회장인 찰리 멍거는 한 인터뷰에서 '성공적인 투자를 위해 어떤 지식을 쌓아야 하는가'라는 질문에 이렇게 답했다.

"올바른 투자를 하기 위해서는 자연과학과 인문학의 큰 개념을 이해하는 것이 중요하다. 이들 학문이 '균형 있는 시각'을 제공하기 때문이다."

즉 세상 돌아가는 이치를 알아야 자신의 경험을 분류하고 체계화할 수 있고, 그래야 투자에서 승리할 수 있다는 것이다. 그러면서 그는 "엄청난 양의 독서를 하지 않고서는 해박함을 갖춘 좋은 투자가가 될 수 없다"라고 강조하며 워런 버핏과 자신이 얼마나 많은 책을 읽는지 안다면 놀랄 것이라고도 했다.

왜 위대한 투자가들과 부자들은 책을 많이 읽을까? 내가 볼 때는 결국 창조적 사고의 힘은 '다독(多讀)'에 있기 때문이 아닐까 싶다. 많이 읽는다는 것은 그만큼 나와 철학과 세계관이 다른 사람들을 다양하게 만난다는 뜻이다. 그러면 내 생각이 옳은지 틀린지 점검하게 되고, 또 다른 관점에서 내 생각들을 바라보게 된다. 즉 많이 읽음으로써 생각의 폭을 넓히게 된다는 뜻이다.

그런데 어떤 책을 읽든 그것을 네 것으로 만들려면 읽는 것으로 그쳐서는 안 된다. 우리는 정보의 홍수 시대를 살고 있다. 스마트폰과 인터넷, 유튜브를 통해 쏟아지는 정보는 엄청나며, 이메일과 카카오톡과 트위터 등을 비롯한 각종 SNS는 끊임없이 울려 댄다. 그 속에 파묻혀 지내다 보면 하루가 가고 이틀이 가고 일주일이 순식간에 흘러가 버리고 만다. 하지만 정작 무엇을 했느냐고 물으면 딱히 떠오르는 게 없어 당황하게 된다. 많은 것을 듣고 보았지만 그냥 그 모든 것들이 우리를 스쳐 지나가 버린 것이다.

그래서 나는 네가 어떤 책을 읽느냐보다 그 책을 너의 것으로 소화시키는 것이 더 중요하다고 생각한다. 그래야 남는 것이 하나라도 있게 된다. 빌 게이츠는 역사와 인문, 경제, 과학, 자기 계발, 소설 등 분야를 가리지 않고 닥치는 대로 책을 읽기로 유명한데 그는 무슨 책을 읽든 떠오른 생각이나 깨달은 점을 책의 여백에 메모한다고 한다. 저자의 생각과 같으면 왜 동의하는지 쓰고, 생각이 다르면 자신의 생각은 어떻게 다른지 쓰면서 생각을 확장해 나가는 것이다. 그것은 결국 책의 주제를 더 깊이 이해하고 그 내용을 자신의 것으로 소화시키는 과정이나 다름없다. 즉 읽으며 '생각하는 힘'을 키우고 생각의 폭을 확장해 나가는 것이다. 그래서 그는 한 인터뷰에서 "내용이 마음에 들지 않을수록 책을 읽으면서 여백에 메모를 적느라 더 많은 시간이 소요된다"라고 밝히기도 했다.

나도 무슨 책을 읽든 그때그때 메모를 해 두는 편이다. 그런데 생각해 보면 나는 위대한 투자가들의 성공담보다는 실수나 실패담에서 배우는 것이 더 많았다. 《어느 투자자의 회상》이라는 책을 좋아하는 것도 그 안에 100년 전 주식 시장에서 일어난 거의 모든 일을 겪은 제시 리버모어의 투자 성공담과 실패담이 가감 없이 담겨 있기 때문이다. 비록 나와 다른 시대를 살았지만 제시 리버모어가 오늘날의 투자가들과 비슷한 고민을 하는 모습을 보며 '나라면 과연 어떻게 했을까' 생각해 보게 되었고, 비슷한 상황에서 생길 수 있는 다양한 시나리오를 예측하는 데 많은 도움을 받았다. 제시 리버모어의 말처럼 인간의 본성은 변하지 않기에 주식 시장의 역사 또한 반복되기 때문이다.

돈 공부를 하기 위해 어떤 책을 읽는 게 좋을지 알려 달라는 너에게 나의 대답이 마음에 들지 않을지도 모르겠다. 하지만 살다 보니 지식보다 중요한 게 '관점'이라는 생각이 많이 든다. 경제 지식이 많은 사람이 투자를 꼭 잘하는 건 아니다. 투자 기법 백 개를 아는 것보다 중요한 것은 남들이 보지 않는 것을 보고, 남들이 생각하지 않은 것을 생각하고, 남들과 다른 관점으로 사물을 바라볼 줄 아는 것이다.

이를테면 아무도 생수를 돈 주고 사 먹는 시대가 올 거라고 생각하지 않았는데 누군가는 생수를 만들어 팔기 시작했다. 누가 온라인으로 책을 사겠느냐고 했지만 누군가는 온라인으로 책을 팔기 시작했다. 만화는 어린애나 읽는 거라고 무시했지만 지금은 웹툰이라는 이름으로 전 세계에 팔려 나가고 있다. 그러므로 모든 것이 불확실한 세상에서 네가 어떻게 세상을 바라보느냐가 경제 지식 하나를 더 아는 것보다 중요할 수 있다. 책이 바로 그 창구인 것이고, 찰리 멍거가 인문학과 자연과학 분야의 책을 권하는 것도 바로 그 때문일 것이다.

　다행히 세상에는 네가 평생 읽어도 모자랄 만큼의 책들이 이미 나와 있다. 그러므로 네가 필요하다고 생각하는 책부터 읽어 가면서 그것들을 천천히 너의 것으로 만들어 갔으면 좋겠다. 무엇을 읽든 네가 책을 읽으며 메모를 하면서 생각하는 힘을 기른다면 그것이 너에게 든든한 자산이 되어 줄 것이다. 독서를 통해 네가 길러야 할 것은 세상의 흐름을 읽어 내는 안목과 통찰력이다.

신문 헤드라인을 읽으며
하루를 시작해라

한 투자자가 있었다. 그는 어느 날 경제 신문 〈월스트리트저널〉을 보다가 한 토막 기사를 보게 되었다. 세계 최대 커피콩 생산국인 브라질에 비가 내려 심각했던 가뭄이 해소되었다는 내용이었다. 그런데 그는 신문을 읽다 말고 갑자기 스타벅스 주식을 수천 주나 사들였다. 비가 와서 브라질 커피콩 생산량이 늘어나면 커피콩 가격이 급격히 떨어질 테고, 그러면 스타벅스에서는 커피를 싸게 들여올 수 있어 이윤이 많이 남기 때문에 주가가 오를 것이라고 판단한 것이다.

다음 주가 되자 스타벅스 주식은 오르기는커녕 2포인트 빠졌다. 하지만 그는 침착하게 기다렸고 결국 주가는 빠른 속도로 치솟아 올라 3일 만에 10포인트나 올랐다. 그러자 그는 주식을 팔아 이익 8000달러(약 1032만 원)를 챙기고 유유히 주식 시장을 빠져나갔다.

또 다른 투자자는 경제 신문을 보다 황사 때문에 공기청정기가 날개 돋친 듯 팔리고 있다는 기사를 보게 되었다. 그래서 그는 공기 청정기를 생산하는 기업을 찾아 주식을 사들였다. 그러나 불행히도 다음 날부터 주식은 떨어지기 시작했다. "소문에 사서 뉴스에 팔라"는 투자 격언을 거꾸로 실행했기 때문이다.

"소문에 사서 뉴스에 팔라"는 말은 아주 오래된 격언으로 주가에 긍정적으로 작용하는 소문이 들리면 그 기업의 주식을 사고, 그 소문이 사실로 드러나 뉴스에 나면 주식을 팔라는 의미를 담고 있다. 왜냐하면 주식은 미래를 선반영하는 속성을 지니고 있기 때문에 뉴스에 날 정도면 이미 많은 사람들이 그 주식을 샀을 확률이 높다. 그래서 뉴스 기사를 보고 주식을 사면 늦을 수밖에 없는 것이다.

그처럼 주식 시장은 뉴스에 민감하게 반응하는 경향을 보인다. 개인투자자이든 애널리스트이든 기관투자자이든 매일 아침 뉴스를 체크하지 않는 사람은 없다. 그들 중 상당수가 종합 일간지 1개와 경제지 1개는 기본으로 보며, 아침에 일어나면 신문을 넘겨 보는 것으로 하루를 시작하곤 한다.

네 말대로 스마트폰만 켜면 언론사별로 뉴스가 즐비한데 왜 이들은 종이 신문을 고집하는 걸까. 첫째는 중요하지 않은 뉴스는 무시하고 중요한 뉴스만 빠르게 챙겨 볼 수 있다는 장점이 있다. 인터넷 기사는 공간의 제약이 없다 보니 이 뉴스, 저 뉴스가 동시에 올라온다. 그러다 보면 내가 어떤 뉴스를 주의 깊게 봐야 할지 몰라 종종 중요한 뉴스를 놓치게 될 때가 있다.

하지만 종이 신문은 한정된 공간에 기사를 배치해야 하다 보니 기자들과 데스크가 모여 기사의 중요도를 판단하는 과정을 거친다. 이걸 '게이트키핑(Gate Keeping)'이라고 하는데 어떤 기사를 1면에 실을지 2면에 실을지, 1면에 싣는다면 전면 기사로 실을지, 하단에 작게 배치하는 정도로 끝낼지 독자를 대신해 판단을 해 주는 것이다. 그래서 일단 1면만 봐도 그날의 주요 뉴스가 무엇인지를 금방 알아채게 된다. 언론인들 사이에 "20세기 최고의 발명품 중 하나는 신문의 레이아웃이다"라는 말이 괜히 전해지는 게 아닌 것이다.

인터넷 신문도 유사한 과정을 거치지만 내용의 중요도보다 클릭을 유도하는 기사를 선호하는 경향이 짙다. 그러니 아침에 일어나 신문을 다 볼 시간이 없으면 5분만이라도 투자해라. 신문을 1면부터 30면까지 빠르게 넘기면서 헤드라인만 봐도 오늘의 중요 이슈가 뭐고, 사회나 경제 화두가 무엇인지 한눈에 파악할 수 있다.

둘째, 다른 각도로 생각하는 법을 배우게 된다. 가끔 같은 뉴스라도 A신문과 B신문과 C신문의 관점이 다른 경우가 있다. 예를 들면 어제 한국은행이 기준금리를 올렸다고 해 보자. A신문은 금리를 올렸으니 부동산 가격이 조정을 받을 거라고 쓰고, B신문은 금리를 올렸으니 은행들의 예대마진(예금과 대출의 금리 차이로 은행이 벌어들이는 수익)이 개선되어 은행주 주식이 좋을 거라고 내보내고, C신문은 어제 기준금리를 올렸지만 앞으로 두 번 정도 더 올릴 수 있다는 예측성 기사를 낸다. 하나의 사실을 가지고도 해석하는 방식이며 접근하는 관점이 다 다르다. 그러면 너는 같은 사건에 대한 각기 다른 기사를 통해 기준금리를 올리면 어떤 산업들이 그에 민감하게 반응하는지 좀 더 쉽게 알 수 있고, 그로 인해 경제를 거시적으로 바라보는 눈을 키우게 된다.

만약 종이 신문을 매일 받아 보는 것이 부담스럽다면 온라인 서비스를 받는 것도 고려해 볼 만하다. 요새는 종이 신문을 그대로 스캔해서 PDF 형식으로 제공하는데, PC에서도 쉽게 볼 수 있고 스마트폰이나 태블릿은 화면이 좀 작긴 해도 훑어보는 용도로는 전혀 무리가 없다. 나는 출근하면 종합지 1개와 미국 경제지 2개를 PDF 서비스를 이용해서 보고 있는데 보통은 30분 정도 중요 기사만 체크하지만 시장을 흔들 만한 새로운 뉴스가 터진 날에는 1~2시간 정도 들여 꼼꼼하게 뉴스를 보곤 한다.

그러니 생소하게 느껴지더라도 한 달에 2만 원 정도만 투자해서 종합지나 경제지 중 하나라도 구독을 해 보렴. 처음부터 무리할 필요는 없다. 우선은 신문과 친해지는 게 중요하므로 휴대폰에 알람을 설정해 놓고 매일 일정한 시간에 헤드라인만 체크하는 것도 괜찮은 방법이다. 그렇게 3개월만 반복하면 '까만 것은 글자요, 나머진 종이다'라고 생각되던 기사 내용 하나하나가 일정한 흐름으로 이어진다는 것을 느끼게 될 것이다. 좀 더 빨리 신문과 친해지고 싶다면 중요 기사들을 빨간색 볼펜으로 체크하고 그 밑에 너의 생각을 몇 줄 적어 보는 것도 방법이다. 그렇게 6개월이 지나면 서서히 경제 기사를 읽는 것에 재미를 느끼면서, 주변 사람들과도 자연스럽게 경제 이슈에 관한 이야기를 나눌 수 있게 될 것이다.

나아가 1년 동안 꾸준히 신문을 읽으면, 기사로 얻은 지식에 관련 정보들을 취합해서 네 투자 활동에 반영시킬 수 있는 수준까지 올라가게 될 것이다. '1년 동안 본 경제 서사'가 네 안에 차곡차곡 쌓이면서 투자에 대한 선구안이 생겨나는 것이다. 그러면 연금 계좌는 어떤 상품에 들어가는 게 나을지, 집은 지금 사야 할지 말아야 할지, 목돈을 모아 어디에 투자할지 등 네 경제생활에 필요한 기사의 취사선택은 물론 합리적인 의사 결정을 해 나갈 수 있게 될 것이다.

그러므로 돈 공부를 하고 싶다면 매일 아침 신문의 헤드라인을 살펴보는 습관 하나만큼은 너의 것으로 만들어 둬라. 아침에 신문을 보는 사람과 보지 않는 사람의 격차는 1년만 지나도 극명하게 드러나게 마련이다.

CHAPTER 5

22년 차 애널리스트의
실전 투자 원칙

종잣돈 모으기

부를 축적하는 1단계는 일단 종잣돈이 될 기초 자금을 모으는 것이다. 방법은 일견 간단해 보인다. 소득은 늘리고 소비를 줄이면 자연스레 돈이 모인다. 그러나 이 간단한 것이 사실 쉽지 않다. 연봉이 오른다 해도 그만큼 물가도 같이 올라 버리면 실질소득은 제자리인 셈이 되고, 지출은 아무리 줄인다 해도 월세, 가스비와 전기세, 관리비, 통신비 등등 고정적으로 나가는 돈까지 줄일 수는 없다.

하지만 그럼에도 불구하고 누군가는 천천히 부를 쌓아 올린다. 심지어 똑같이 한 달에 300만 원을 버는데 누군가는 저축을 하고, 누군가는 생활이 너무 빠듯하다고 말한다. 그 차이는 어디에서 오는 걸까?

1. 통장부터 쪼개라

딸아, 월급을 받긴 받았는데 며칠도 안 돼 그 돈이 사라지는 상황이 반복되고 있다면 너는 지금 통장이 하나밖에 없을 확률이 매우 높다. 돈을 모으려고 결심했다면 지금 당장 통장부터 쪼개라. 그리고 목적별로 통장을 운영해야 한다. 똑같은 만 원짜리 한 장이지만 구체적인 목적이 부여되는 순간 그 돈은 다른 돈이 되기 때문이다. 일단 월급 통장에 돈이 들어오면 곧바로 생활비 통장, 재테크 통장, 비상금 통장 등으로 옮겨 놓자. 그러면 의미 없이 새 나가고 있던 돈을 잡아 내고, 더 많은 돈을 저축할 수 있다.

어떤 상황에서도 돈을 저축하고 모으는 사람들은 보통 다음과 같이 통장을 4개 정도로 쪼갠다.

1) **월급 통장** : 월급이 들어오면 월세, 관리비, 통신비, 수도 광열비, 대출 상환액, 보험료 등 매달 고정적으로 지출되는 돈만 남겨 두고 나머지는 2번, 3번, 4번 통장으로 보낸다. 대부분의 자동이체는 이 통장에 걸어 두면 된다.

2) **생활비 통장** : 최소 생활비를 미리 계산해서 입금해 두고 가능한 한 이 안에서 생활하도록 노력해 보자. 신용카드와 체크카드를 연결해 놓고 쓰면 된다. 출퇴근 교통비, 식비, 영화 관람료와

도서 구입비 등이 여기에 해당되겠지. 통장 잔고를 확인하면서 합리적으로 소비하고 자기 통제하는 습관을 기를 수 있다.

3) 재테크 통장 : 돈을 본격적으로 불릴 목적으로 운영하는 통장이다. 너의 종잣돈은 여기에서 시작되고 만들어질 것이다. 정기적금, 정기예금, 청약저축, 주식형 펀드, 저축보험 등이 여기에 해당된다. 재테크 통장의 돈은 쉽게 꺼내 쓰기 어렵게 설계되어 있고, 중도해지 하거나 해약하면 손해를 볼 수 있다. 따라서 어떤 상황에서도 이 통장만은 깨는 일이 없도록 장기적인 계획하에 운영되어야 한다.

4) 비상금 통장 : 예상치 못한 지출이나 갑작스러운 사건 사고는 언제든지 생길 수 있다. 그렇기 때문에 재테크 통장처럼 묶여 있지 않고, 언제든지 꺼내 쓸 수 있는 비상금 통장을 마련해 두는 것이 좋다. 축의금이나 조의금, 병원비, 휴대폰 수리비 등 비상시에 쓸 돈을 모아 두는 것이다. 보통 파킹 통장을 많이 쓰는데, 하루만 넣어 놓아도 2~3퍼센트의 이자가 붙는다. 금융회사들마다 세이프박스, CMA, MMF 등 조금씩 다른 이름을 가지고 있다.

왜 통장을 이렇게까지 자잘하게 쪼개어야 하냐고? 네가 월급을 250만 원 받는다고 해 보자. 통장이 하나밖에 없으면 아껴 써야 한다 생각은 하면서도 우리의 뇌는 쓸 수 있는 돈의 총액을 250만 원인 것처럼 상정하며 소비를 하게 된다. 하지만 통장을 쪼개기 시작하면 자연스레 소비의 규모에 테두리를 씌우고, 돈에 꼬리표를 다는 연습을 하게 된다. 생활비 통장을 만들고 거기에 70만 원을 넣어 두면 자연스럽게 70만 원의 생활비로 한 달을 사는 습관을 기르게 되는 것이다. 그러다 보면 생활비에서 더 줄일 수 있는 항목은 없는지, 조금 더 늘려야 할 항목은 없는지가 확연히 보이고 다음 달 생활비를 보다 합리적으로 계획할 수 있게 된다.

만약 예상치 못했던 명절 상여금이나 여름 휴가비를 받으면 이 돈은 월급 통장에 그대로 두지 말고 바로 비상금 통장으로 보내자. 비상금 통장을 파킹 통장으로 운영하고 있다면 그 돈을 어떻게 쓰는 것이 좋을지 고민하는 와중에도 매일 이자까지 붙는다. 그러나 비상금 통장으로 보내지 않고 돈을 월급 통장에 그대로 둘 경우 너는 그 돈을 함부로 쓰게 될 확률이 높고, 네가 공들여 만들어 놓은 소비 습관이 단박에 흐트러질 수 있다. 습관은 만들기는 정말 어렵지만, 깨어지는 것은 한순간이기 때문이다.

이처럼 통장 쪼개기는 돈의 목적을 설정하고 이에 맞는 소비를 하도록 연상 회로를 만드는 작업이자, 월급을 받아 그것을 한 달간 운영하고 꾸려 가기 위한 예산 시스템이기도 하다. 그래서 통장을 쪼개면 내 돈이 어디로 흘러가고 어디로 새어 나가고 있는지 알 수 있고, 이를 통해 저축과 투자를 늘려 나갈 수 있다.

물론 반드시 통장을 4개로 쪼개야 하는 건 아니다. 하지만 비상금 통장만은 꼭 운영해 보자. 특히 사회 초년생의 경우 비상금 통장의 필요성을 간과하기 쉬운데 월급의 3배 정도 되는 금액을 비상금으로 확보해 두는 것이 좋다. 살다 보면 갑자기 아파서 입원을 하기도 하고, 지인들로부터 경조사 연락을 받아 축의금이나 조의금이 필요할 수도 있다. 운전하다 속도위반을 해서 벌금 고지서를 받을 수도 있고, 휴대폰을 떨어뜨려 액정이 나가기도 한다. 그럴 때 너에게 비상금이 없다면 어쩔 수 없이 15~20퍼센트대 금리가 적용되는 신용카드 현금 서비스를 받거나, 최악의 경우 열심히 모아 온 적금을 눈물을 머금고 깨게 된다. 이런 사태를 미연에 방지하려면 비상금 통장을 넉넉하게 운영할 필요가 있다.

2. 지출에도 법칙이 필요하다

알고 지내던 선배 하나가 그런 말을 한 적이 있다. 자신은 차를 살 때 하나의 룰이 있다는 것이다. 찻값의 총액은 3개월 치 월급을 넘지 않는 선에서 결정한다고. 외제차를 뽑을 줄 알았던 멋쟁이 선배가 의외로 산타페를 선택하면서 했던 말이다. 그런데 왜 하필 2개월도 아니고, 6개월도 아닌, 3개월일까? 어떤 유튜버는 젊은 여성들이 명품백을 사고 싶다면 순수입의 5퍼센트 정도를 쓰는 것은 괜찮다고 이야기하는 걸 봤다. 어떤 부동산 전문가는 집을 살 때는 10년 치 연봉 정도가 적당하다고 했다.

이런 숫자적인 지표는 어떤 기준으로 세워지는 것일까? 그리고 그 기준이 맞는지 틀린지는 어떻게 알 수 있을까?

금융감독원의 금융교육센터에서 만든 '과소비 지수'라는 게 있다. 과소비 지수＝(월평균 수입－월평균 저축)／월평균 수입인데 한마디로 매달 버는 수입에서 저축을 빼고 실제로 쓰는 돈이 몇 퍼센트인지를 간단히 계산해 보는 공식이다. 이때 과소비 지수가 1이면 심각한 과소비, 0.7~0.9이면 과소비, 0.6이면 적정 소비, 0.5 이하이면 알뜰 소비라고 한다.

결국 쓰고 남는 돈이 10~30퍼센트 정도밖에 안 된다면 과소비이고, 버는 돈의 절반 이상을 저축한다면 꽤 열심히 돈을 모으고 있다고 보는 것이다. 그러나 20~30대의 경우 자산 형성을 위해 하루라도 빨리 목돈을 만드는 게 이득이므로 이 수치를 더 빡빡하게 적용할 필요가 있다. 결혼을 하지 않았고, 아이가 없다면 사실상 과소비 지수를 0.3~0.4 이하로 유지하는 것이 좋다. 종잣돈을 빨리 모으려면 연봉의 60퍼센트 이상은 저축하라는 이야기를 많이들 하는데 이 경우 과소비 지수는 0.4 이하가 될 것이다.

과소비를 하지 않으려면 지출에도 법칙이 필요하다. 특히 한 아이템에 대한 지출이 월급의 5퍼센트를 넘어가지 않는 것이 매우 중요하다. 왜 하필 5퍼센트일까? 예를 들어 보자.

95가 100이 되려면 5.3퍼센트만 수익을 내면 된다. 90이 100이 되려면 11.1퍼센트의 수익을 내야 한다. 그러나 80이 100이 되려면 25퍼센트의 수익을 내야 하고, 50이 100이 되려면 100퍼센트의 수익을 내야 한다. 일반적인 경제 성장률이나 물가 상승률, 월급 인상률이 3~5퍼센트 정도라는 점을 감안해 보면, 월급에서 5퍼센트 정도는 사라져도 마음만 먹으면 쉽게 메꿀 수 있는 수준이라고 볼 수 있다. 그러나 월급에서 10퍼센트, 20퍼센트, 50퍼센트가 사라지는 순간 이것은 일반적인 상식선에서는 쉽게 메꿀 수 없는 숫자가 된다. 이것을 메꾸려면 평소보다 허리띠를 크게 졸라매야 한다.

그렇기 때문에 어떤 지출이든 5퍼센트를 초과하지 않는 것이 중요하다. 큰맘 먹고 명품백을 하나 샀는데 12개월 할부라면 5퍼센트 정도는 삼내할 수 있다. 그러나 10퍼센트씩 할부금을 내야 하는 상황이 되면 부담이 커질 수밖에 없다. 왜냐하면 할부 이자는 또 따로 내야 하기 때문이다.

차를 살 때도 마찬가지다. 국산 소형차의 신차 가격이 1000만 원 정도라면 60개월 할부 시 매달 16만 원 정도가 필요하다. 월급으로 320만 원을 받는 사람이라면 월급의 5퍼센트 정도인 16만 원 정도는 큰 부담 없이 지출할 수 있다. 그런데 이때 3개월 치 월급을 더해 보면 차의 가격 정도가 나온다. 물론 차를 사게 되면 보험료와 유류비, 주차비 등 각종 유지비가 추가되므로 그 이상의 돈이 필요하다고 볼 수 있지만 어쨌거나 앞에서 선배가 운운했던 '3개월 치 월급'이 괜히 나온 소리는 아닌 것이다.

그러니 특정 아이템에 대한 지출은 월급의 5퍼센트 이하로 유지하는 것이 좋다. 단 이 법칙은 쓰고 없어지는 지출에 해당한다. 써도 없어지지 않는 지출 이를테면 부동산, 주식 등 투자용 자산의 경우는 계산법이 약간 달라진다.

일반적으로 옷이나 가방, 자동차는 쓰고 없어지는 지출로 본다. 중고로 팔기도 쉽지 않고, 막상 중고로 팔려고 하면 가격이 너무 크게 떨어져서 가치가 보존되지 않는다. 그것을 경제 용어로 '감가상각(減價償却)'이라고 하는데 매년 가치가 뚝뚝 떨어진다는 뜻이다. 차는 감가상각이 상당하다. 1000만 원에 산 차를 5년 동안 타다가 팔려고 하면 200만 원 아래로 떨어지는 경우가 부지기수다. 연식이 오래된 차일수록 가격이 더 많이 하락하며, 멀쩡히 잘 굴러가는 차인데도 중고 시장에 내놓는 순간 딜러는 가격을 후려친다. 이처럼 감가상각이 심한 자산에 대한 지출은 네가 매달 받는 월급, 즉 현금흐름을 가지고 기준을 세우는 게 맞다.

그러나 부동산과 주식 등 투자용 자산은 본질적으로 감가상각이 없다. 가격이 떨어지기도 하고, 오르기도 하지만 오래전에 샀다고 해서 헐값을 부르진 않는다. 10년 전에 산 현대자동차 주식이 어제 산 현대자동차 주식과 다르게 가격이 매겨진다면 말이 안 되는 것처럼 말이다. 아파트나 빌라, 상가도 세월이 지나가면 낡기 마련이지만 본질 가치인 지분, 즉 땅만은 감가상각이 없다. 그래서 40년 된 재건축 아파트는 가지고 있는 땅의 지분이 얼마인지를 본다.

이처럼 감가상각이 없는 자산은 지출이 곧 투자이고, 그것은 네 자산의 일부가 된다. 그러므로 같은 지출이라도 계산법이 다를 수밖에 없다. 모두가 관심을 가지는 집의 경우 적정한 집의 가격은 10년 치 연봉 수준으로 알려져 있다. 일반적으로 결혼을 해서 아이를 낳고, 초등학교에 보내면서 매매를 하는 경우가 많기 때문이다.

아이가 초등학교에 입학하는 나이는 8세이므로 첫 사이클을 보통 10년으로 본다. 3천만 원의 연봉을 받고 있고, 맞벌이라면 장기적으로 6억 원 수준의 집을 목표로 할 수 있다. 은행에서 주택담보대출을 내줄 때 살펴보는 총부채상환비율(DTI)이 보통 50퍼센트인 이유다. 월급의 절반을 저축해서 원리금을 갚아 나간다고 생각하고 미리 대출을 해 주는 것이다. 집은 곧 자산이기 때문에 대출을 갚는 행위가 자산을 모으는 행위가 된다.

수식 같은 금융자산은 또 다르다. 자산은 보통 부동산(집)과 금융자산으로 구성되며 주식 투자는 예적금, 채권, 펀드 등과 함께 금융자산에 포함된다. 이때 집은 없으면 안 되는 필수재지만, 주식은 없어도 살 수 있다. 또한 주식은 집에 비해 가격 변동이 심하다. 반드시 여유 자금으로 해야 하는 이유다.

아울러 주식 투자 비중(펀드 제외)은 총 자산의 5퍼센트를 넘지 않는 것이 좋다고 하는데 이는 주식 시장이 매년 아래위로 오르락내리락하는 변동 폭이 20~30퍼센트 정도 되기 때문이다. 변동 폭이 큰 자산은 비중을 크지 않게 가져가는 것이 투자의 기본이다.

얼핏 보면 주식 투자 비중이 지나치게 낮은 것 아닌가 생각할 수도 있겠지만 네 스스로 감당할 수 있는 손실의 폭이 어느 정도인지를 가늠해 볼 필요가 있다. 그것을 금융 시장에서는 변동성이라고 표현한다. 예금과 적금, 채권, 주식은 모두 금융자산이지만 최대로 볼 수 있는 손실 폭은 다 다르다. 예적금은 손실이 없고, 채권은 손실이 난다 하더라도 별로 안 나지만 주식은 손실이 나기도 쉽고 크게 날 수도 있다. 이것을 감안해 투자 비중을 가져가라는 뜻이다.

자산을 잘 배분하면 시장이 부진해도 손실을 최소화하고 꾸준히 수익을 낼 수 있다. 이미 많은 논문이 증명하고 있지만 자산 운용의 성과를 결정하는 것은 90퍼센트가 자산 배분이었고, 종목 선택(5퍼센트)과 매수매도 타이밍(2퍼센트)은 그 영향이 극히 제한적이었다.

그러므로 네가 가진 여윳돈이 얼마든 그 돈을 모두 주식에 넣는 것은 너무 위험한 일이다. 밤에 발을 뻗고 편안하게 잠을 잘 수 있는 투자가 최고의 투자다. 그러려면 주식 비중은 총 자산의 5퍼센트를 넘지 않는 것이 좋다. 만약 총 자산에서 주식이 차지하는 비중이 5퍼센트이고, 주식의 변동성이 20퍼센트라면 내 총 자산의 변동 폭은 1~2퍼센트 정도로 제한된다. 지출에도 법칙이 필요한 이유다.

3. 재테크의 첫 시작은 종잣돈을 모으는 것이다

재테크는 하루라도 빨리 시작하는 게 낫다고 말했는데 그 시작은 바로 종잣돈을 모으는 것이다. 이를테면 A는 500만 원, B는 1000만 원을 가지고 있다고 해 보자. 둘 다 투자로 2000만 원을 만드는 것을 목표로 한다면 A는 4배의 수익률을 올려야 하지만 B는 2배의 수익률을 올리기만 하면 된다. 당연히 B가 A보다 2000만 원이라는 목표를 이룰 확률이 높다.

그리고 A는 1000만 원을, B는 1억 원을 같은 펀드에 넣었는데 6개월 뒤 수익률이 10퍼센트가 되었다고 해 보자. 그러면 A는 100만 원을 버는 반면, B는 1000만 원을 번다. 같은 노력을 했는데도 벌어들이는 돈이 10배 차이가 나는 것이다. 그래서 사람들은 늘 재테크를 할 때 종잣돈(시드머니)이 중요하다고 말한다. 종잣돈을 얼마나 모으냐에 따라서 결혼 자금이든, 내 집 마련 자금이든, 노후 자금이든 필요한 자금을 모으는 데 들어가는 시간을 훨씬 단축시킬 수 있기 때문이다.

종잣돈은 많으면 많을수록 좋다. 하지만 네가 지금 받는 연봉으로는 단시일 내에 3000만 원 이상을 모으기가 힘들 것이다. 2021년 통계청이 발표한 연령대별 자료에 따르면 30~34세의 평균 소득은 307만 원(세전 금액이며, 여기에는 상여 및 각종 수당이 포함되어 있다)인데 월 100만 원씩 저축해도 3000만 원을 모으려면 최소 2~3년이 걸린다.

그래서 어떤 사람들은 종잣돈을 빨리 마련하기 위해 무작정 주식 투자에 뛰어들기도 하는데 그렇게 해서는 3000만 원은커녕 1000만 원을 모으기도 힘들다. 최근 20년 코스피 연평균 상승률이 얼마인지 혹시 아니? 고작 5.2퍼센트밖에 안 된다. 운이 좋아 대박 종목을 고르면 2~3배 수익을 낼 수도 있겠지만, 50퍼센트 반토막 나는 경우도 허다해 사실상 평균적으로는 매년 5퍼센트 정도의 수익률을 거두는 것도 쉽지 않다. 또한 300만 원을 투자해 연간 10퍼센트 수익률을 낸다고 해도 수익금은 30만 원에 불과한데, 일반적으로 사람들은 이 30만 원을 재투자하기보다 고작 30만 원이라고 생각해 쉽게 써 버리는 경향을 보인다. 만약 운이 안 좋아 손실이 난 경우 종잣돈을 마련하는 시기는 훨씬 뒤로 밀리게 된다. 최악은 손실로 인해 심리적 충격을 받고 종잣돈 모으는 것을 포기해 버리는 것이다. '종잣돈은 무슨 종잣돈이냐, 역시 나는 안 돼'라며 자기 비하에 빠지는 것이다.

그래서 재테크 전문가들이 종잣돈을 가장 확실하게 모으는 방법으로 추천하는 것은 은행의 정기적금이다. 너도 잘 알겠지만 적금 통장에 들어가 있는 돈은 분명 내 것이지만 마음대로 빼 쓰지 못하도록 돈을 묶어 두는 효과가 있다. 월급 통장에 자동이체를 걸어 두면 깜빡 잊더라도 통장에서 자동으로 금액이 빠져나가기 때문에 '선 저축 후 지출'이 가능해진다. 그러면 일단 고정 비용 외에 낭비하는 금액 자체가 적어져서 새 나가는 돈을 막을 수 있게 된다. 월급 통장에 여윳돈이 있으면 야금야금 그냥 써 버리게 되지만 뭉칫돈이 정기적금으로 옮겨 가면 나머지 돈으로 생활을 꾸려 나가야 하다 보니 저절로 계획적인 돈 관리를 할 수 있게 되는 것이다.

물론 처음부터 연봉의 50퍼센트 이상을 정기적금에 넣는 것은 쉽지 않다. 그래서 원하는 시기에 원하는 만큼 저축이 가능한 자유적금을 드는 사람들도 꽤 있는데 그러면 강제성이 없기 때문에

2~3개월 열심히 하다가 뒤로 갈수록 흐지부지되게 마련이다. '모으다 보면 언젠가는 모이겠지' 하는 생각으로는 절대 돈을 모을 수 없다는 뜻이다.

종잣돈을 모을 때는 월급 통장에서 고정으로 지출되는 비용을 제하고 얼마나 저축할 수 있을지 계산해 보고 최종적으로 도달하고자 하는 목표를 정하는 것이 먼저다. 그런 다음 얼마의 종잣돈이 필요한지 계산하고, 기간은 어느 정도로 할지 정해야 한다.

그런데 이때 간과해서는 안 될 것이 하나 있다. 돈을 모을 때는 허리띠를 졸라매고 쓸데없는 지출도 줄여야 하지만 그렇다고 해서 무리하게 돈을 모으다 일상생활이나 인간관계에 지장을 줄 정도가 되면 곤란하다. 부의금이 아까워서 직장 동료가 상을 당했는데 문상조차 꺼리는 경우가 간혹 있는데 그러면 안 된다. 또 자기 계발을 위한 학원비, 마음의 여유를 갖기 위한 최소한의 문화 생활비도 줄이지 말아야 할 항목에 속한다.

종잣돈을 하루라도 빨리 모아야겠다는 생각에 너무 빠듯하게 계획을 세우면 결국 무리를 하게 되고, 중도 포기할 확률이 높아진다. 적금을 깨지 않고 만기가 될 때까지 버티려면 최대한 계획은 현실적으로 잡는 것이 좋다. 너의 성장과 행복한 삶을 위한 투자를 위한 여유분은 꼭 남겨 놓길 바란다.

그렇게 2~3년 뒤 목돈 3000만 원을 모으게 되면 이후 5000만 원을 모으는 건 금방이다. 그다음 목표 금액을 1억으로 잡더라도 불가능하다는 생각보다는 한번 해 봤다는 자신감, 그 과정에서 생긴 노하우가 상승 작용을 일으켜 너만의 타임라인이 생기게 된다. 또한 종잣돈 금액 자체가 커지면 같은 노력, 같은 수익률로도 벌어들이는 수익금이 훨씬 많아진다. 눈덩이가 굴러 불어나는 데 가속도가 붙듯이 '종잣돈'이라는 것의 위력을 실감하게 되는 것이다.

투자와 재테크라는 것은 결국 세상의 흐름을 관찰하며 나의 돈을 어디로 흐르게 할 것인지 결정하는 과정이다. 아마 너는 종잣돈을 모으기 시작하며 처음으로 돈 공부를 시작하게 될 테고, 그것이 네 투자의 출발점이 될 것이다.

4. 그래도 실손보험 하나는 들어 두어라

얼마 전에 직장 동료와 이야기하다가 요즘 MZ세대는 보험을 잘 들지 않는다는 얘기를 들었다. 그래서 왜 그러냐고 물었더니 그냥 빨리 저축해서 강남에 20평대 아파트를 마련하는 게 가장 좋은 보험이라고 생각한단다. 물론 농담이겠지만 보험은 한번 납부하기 시작하면 20~30년은 가져가야 하기 때문에 중간에 실직이나 건강 문제로 납부를 못 하는 상황이 오면 중도해지를 하면서 큰 손해를 볼 수밖에 없다.

실제로 2019년 한국소비자원의 발표에 따르면 해약환급금 비율이 69.7퍼센트밖에 되지 않는다. 만약 100만 원을 부었는데 중도 해지할 경우 돌려받는 돈이 70만 원도 되지 않는 것이다. 30만 원을 돌려받지 못하니 억울할 수밖에 없겠지만 보험의 구조상 어쩔 수 없는 일이다. 왜냐하면 보험사들도 땅을 파서 장사하는 것이 아니기 때문에 보험료를 받아 운영하려면 최소한의 경비가 필요하다. 그걸 '사업비'라고 하는데 통상 6~8퍼센트 정도 떼어 가게 되어 있다. 10만 원을 납입한다고 하면 그중 6~8천 원은 사업비로 보험사 운영비를 보조하는 셈이다.

특히나 종신보험의 경우 가입자가 사망한 뒤 그의 유가족들이 100퍼센트 받게 되는 보험이다 보니 보험금 자체가 비싼 편이라 경제적 사정이 어려워지면 사람들이 제일 먼저 그것부터 해약하게 된다. 원금을 돌려받지 못하더라도 일부라도 받아 그것을 생활비에 보태고 싶어 하는 것이다. 그러나 중도에 해지하면 손해가 크기 때문에 처음부터 보험에 가입할 때 신중할 필요가 있다.

보험사는 크게 생명보험사와 손해보험사로 나뉜다. 먼저 생명보험사는 사람의 생명 혹은 건강과 관련하여 우발적으로 발생하는 위험에 대처하는 곳이며 종신보험과 연금이 대표적인 상품이다. 반면 손해보험사는 말 그대로 사람이나 물건의 재산적 손실에 대비하는 곳으로 대표적인 상품으로는 자동차보험과 화재보험, 실손보험 등이 있다. 그래서 생명보험은 20~30년 이상으로 주기가 길고, 손해보험은 1~2년으로 주기가 짧은 경우가 많다.

네가 아직 결혼을 하지 않았다면 종신보험보다는 예상치 못한 사고를 당했을 때 보장을 받을 수 있는 실손보험을 드는 게 먼저다. 차가 있다면 자동차보험도 들어야겠지.

그런데 의외로 후배들을 보면 실손보험을 중요하게 생각하지 않는 경우가 많은 것 같다. 아픈 곳도 별로 없고, 건강보험료 나가는 것도 아까워 죽겠는데 실손보험까지 들 필요가 있느냐는 것이다. 하지만 실손보험은 중요하다. 아픈 곳 하나 없이 건강했던 사람이 갑작스레 질병으로 고생하거나 불의의 사고를 당하는 경우가 의외로 많기 때문이다.

한 번은 고등학교 친구가 임신을 한 뒤 나에게 태아보험을 들지 말지 고민된다며 어떻게 하면 좋겠냐고 물어본 적이 있었다. 당시 나는 별일 있겠냐면서 태아보험 들 돈 있으면 아기 옷 하나 더 장만하라고 했다. 그런데 친구는 나중에 임신중독증으로 장기 입원 끝에 29주 만에 조기 출산을 했고, 아기는 3개월이나 인큐베이터 도움을 받아야 했다. 다행스럽게도 친구는 내 말을 듣지 않고 태아보험에 가입한 덕분에 당시 2천만 원이 넘는 병원비를 전액 보전받을 수 있었다. 나는 정말이지 그때 일만 생각하면 가슴을 쓸어내리게 된다. 친구가 내 말을 듣지 않은 게 얼마나 다행인지 모른다.

다른 후배는 제주도에 남편과 여행을 갔다가 자동차 사고를 크게 당해 수술을 받게 되었는데, 실손보험이 없었더라면 큰일 날 뻔했다는 소리를 지금도 한다.

그래서 나는 네가 이곳저곳 돈 나갈 데가 많더라도 의료비 실손보험만큼은 미루지 말고 꼭 가입했으면 좋겠다. 월 1~2만 원이면 가입이 가능하니 그렇게 큰 부담은 안 되지 않을까 싶다.

또 보험만큼 고민되는 게 연금인데, 안 하자니 불안하고 하자니 부담일 것이다. 2021년 기준 기대수명(0세 출생자가 앞으로 생존할 것으로 기대되는 평균 생존 연수)은 평균 83.6세이고, 그중에서도 여자는 86.6세로 매우 높다. 현재 정년이 60세인 것을 감안하면 은퇴하고도 26.6년을 더 살게 된다는 뜻이다. 그래서 30대부터 노후대책을 마련하는 것이 좋다고들 하지만 지금 너의 당면 과제는 아니니 고민이 많이 되겠지. 연금을 고민하기엔 현실적으로 결혼, 독립, 출산, 내 집 마련 등 인생의 커다란 과제들이 당장 너를 짓누르고 있을 테니 말이다.

그래서 나는 네가 당분간은 연말정산에 도움을 받을 수 있을 정도로만 연금을 활용하는 게 어떨까 싶다. 직장인들은 누구나 연말정산이라는 것을 해서 냈던 세금을 일정 부분 환급받을 수 있는데, 연금저축이 거기에 해당한다. 나이나 소득에 관계없이 연금 계좌에 넣은 돈 중 최대 900만 원까지 세액공제가 가능하다. 총 급여가 5500만 원 이하이면 16.5퍼센트를 돌려받을 수 있도록 설계됐기 때문에 최대 148만 원까지 절세가 가능하다.

현재 가입할 수 있는 연금저축 상품으로는 은행과 보험사에서 가입할 수 있는 연금저축보험과 증권사에서 가입할 수 있는 연금저축펀드 두 종류가 있다. 연금저축보험은 정기적으로 정액 보험료를 납입하고 원금이 보장되어 안정적이지만 중도해지 시 원금보다 적은 금액을 돌려받게 된다. 연금저축펀드는 주식형, 혼합형

부터 채권형 펀드와 예적금 성격의 MMF 같은 안전추구형 상품까지 다양하게 운용이 가능하고 원하는 시기에 원하는 만큼 납입할 수 있다. 하지만 원금 손실 가능성이 있고 예금자 보호가 되지 않는다는 단점이 있다.

그러나 둘 다 한 번 불입하면 뺄 수 없으므로 보험과 마찬가지로 연금저축도 신중하게 결정할 필요가 있다. 연간 900만 원까지 세액공제가 가능하다 해도 30대 초반에 매달 75만 원을 연금저축에 붓는 것은 매우 어려운 일이기 때문이다. 중간에 다른 목적으로 목돈이 갑자기 필요할 수도 있다. 그러니 여유 자금이 그렇게 많지 않을 때는 할 수 있는 만큼만 떼어 불입하는 게 좋다.

5. 돈을 모을 때 이런 실수는 하지 마라

사회생활을 하다 보면 놀라는 것 중 하나가 경조사비가 은근 많이 들어간다는 것이다. 친구들이 하나둘 결혼 소식을 전해 오고, 회사 동료들과 선배들도 결혼이나 돌잔치 소식을 알려 온다. 장례식장에 가야 할 일도 생각보다 많이 생긴다.

그러다 보니 때론 빤한 월급에 경조사비가 스트레스로 다가온다. 어른이 되어 사람 구실을 하는 데는 생각보다 돈이 참 많이 든다는 것을 배우게 되는 것이다.

그런데 요즘 비혼주의자들이 늘어서인지 축의금을 아깝다고 생각하는 사람들이 많은 것 같다. 내기만 할 뿐 돌려받지 못할 돈이라고 생각하면 아까운 마음이 들 법도 하다. 종잣돈을 열심히 모으느라 사고 싶고 먹고 싶은 것도 참고 있을 때 축의금 5만 원은 매우 큰돈이기 때문이다.

하지만 나는 그렇다고 해서 네가 경조사비 줄일 방법을 애써 찾지는 않았으면 좋겠다. 사람들이 경사는 못 가 봐도 조사는 꼭 챙기라고들 하는데, 기왕이면 경사도 챙기는 것이 좋다. 결혼식을 치르고 장례식도 치러 본 사람들이 공통적으로 하는 얘기가 있다. 누가 왔고 얼마를 했는지 애써 기억하려 하지 않아도 기억하게 된다는 것이다. 그리고 그 속이야 어떻든 안 온 사람보다 기꺼이 와 준 사람들이 더 고마운 건 인지상정이다.

그래서 나는 네가 경조사비를 줄이려다가 자칫 사람을 잃지 않았으면 좋겠다. 친구라고 생각했는데 축의금으로 달랑 3만 원을 해서 마음 상했다는 얘기, 회사에서 그렇게 친한 척하더니 결혼식도 안 오고 축의금도 없어서 사람 다시 봤다는 얘기, 반면 그다지 친하다고 생각 안 했는데 장례식장에 와 줘서 너무 고마웠다는 얘기도 있다. 그만큼 인간관계가 한 번씩 정리가 되는 것이 바로 결혼식과 장례식이다.

목표를 이루려면 얼른 종잣돈을 모아야 하고 그러기 위해 많은 것들을 포기해야 하는 너의 입장을 모르는 것은 아니다. 하지만 돈은 안 쓰는 것보다 아깝지 않게 쓰는 게 더 중요하다. 지금 너에게 5만 원은 큰돈이고 아껴야 하는 것은 맞지만 경조사비를 아껴서 잘되는 사람은 본 적이 없다. 그런데 평소에 잘하다 경조사비를 한 번 잘못 내서 얻었던 인심을 크게 잃은 사람들은 꽤 보았다.

종종 친한 친구 생일 선물을 내가 대표로 사고, 더치페이를 하기로 해서 친구들이 나에게 카카오페이로 자기 몫의 돈을 보내 올 때가 있다. 각자 22700원을 보내면 되는 상황에서 딱 22700원을 보내는 사람이 있는가 하면, 선물 사느라 고생했다고 300원을 더 얹어 23000원을 보내는 사람도 있다. 그럴 때는 고작 300원 많은 금액이지만 23000원을 보내 준 친구가 참 고맙다. 친구가 나의 수고를 알아줬기 때문이다. 300원으로 친구는 나의 마음을 얻은 것이다.

일전엔 그런 일이 있었다. 친구가 십만 원을 빌려 갔는데 원래 갚기로 한 날짜보다 며칠이 늦었다. 그런데 늦게 보내 미안하다며 4퍼센트 이자를 일할로 계산해서 몇백 원을 더 얹어서 보내 왔다. 원래도 깔끔하기로 정평이 난 친구였지만, 그 이후로 나는 그렇게 생각하게 되었다. 이 친구는 어떤 일을 해도 돈을 떼어먹는 일은 없겠구나. 무슨 일을 해도 확실하게 하겠구나. 그다음부터는 그 친구 말은 대부분 믿게 되었다.

몇백 원이 결코 큰돈은 아니지만 그 안에도 충분히 마음을 담을 수 있다. "지갑 없는 인심은 없다"는 말이 괜히 나온 게 아니다. 딸아, 생각해 보렴. 누군가 너를 너무 사랑하고 아낀다면서 밥 한번 안 사고, 차 한잔 산 적이 없으면 그 말이 진심이라고 믿어질까? 상대방이 좋으면 밥도 사 주고 싶고, 뭐라도 주고 싶은 게 사람 마음이다.

이것은 무작정 퍼 주는 것과는 다르다. 남들에게 무턱대고 잘해 줘서 오히려 쉽게 보이고 우스워 보이는 것과도 다르다. 스스로에게 무리가 되지 않는 선에서, 서로 간의 거리를 지키는 선에서 잘할 수 있는 방법을 찾되 돈을 안 쓸 궁리만 하지는 말라는 이야기다. 고마운 사람에게 밥 한번 사는 것은 결코 헛돈을 쓰는 일이 아니다.

그러니 종잣돈을 모으기 위해 허리띠를 졸라매야 하는 상황이라 하더라도 몇천 원 안 되는 돈을 아끼려다가 상대의 마음을 상하게 하지 마라. 네가 감당할 수 있는 선에서는 사람들에게 최선을 베풀었으면 좋겠다. 무엇보다 돈을 아끼려다가 사람을 잃어버리고 후회하는 일만큼은 하지 않기를 바란다.

6. 친한 친구에게는 돈을 빌려주지 마라

어느 날 너에게 전화가 걸려 온다. 그 아이는 네가 베스트 프렌드라고 자랑하는 친구다. 며칠 전에도 너는 그 친구에게 회사에서 있었던 힘든 일을 토로하며 위로를 받은 적이 있다. 그런데 그 친구가 너에게 미안하지만 돈을 꿔 줄 수 있겠냐고 한다. 들어 보니 전셋집을 구하는데 돈이 모자라다며 천만 원을 석 달 정도만 빌려 달라는 것이다. 석 달 뒤 적금이 만기되면 갚겠다는 말도 했다. 아마도 너는 생각보다 금액이 커서 고민은 하겠지만 결국 돈을 빌려줄 것이다.

그런데 딸아, 만약 나에게 묻는다면 나는 절대 돈을 꿔 주지 말라고 할 것이다. 친한 친구라면 더더욱 말이다. 냉정하다고 나를 타박할지도 모르겠지만 그럼에도 나는 빌려주지 말라고 할 것이다.

네가 그렇게 여유 있는 상황이 아님에도 친구에게 천만 원의 거금을 빌려주었다고 해 보자. 친구는 '역시 너밖에 없어'라며 고마워할 것이다. 하지만 석 달 뒤 친구가 조금만 더 기다려 달라고 한다. 다른 곳에서도 돈을 빌렸는데 그 돈을 먼저 갚아야 한다는 것이다. 그러면 너는 당황하겠지만 애써 괜찮다며 기다릴 것이다. 그렇게 3개월을 더 기다렸지만 친구는 여전히 미안하다며 조금만 더 시간을 달라고 한다.

그럴 경우 친구 관계가 예전과 같을 수 있을까? 괜히 너는 친구에게 돈 얘기를 해야 하는 게 껄끄러워 어느새 친구의 눈치를 살필 테고, 친구는 어느 순간 자신을 못 믿느냐며 도리어 너를 원망할 수도 있다. 잘못은 약속한 시간에 돈을 갚지 않은 친구에게 있지만 돈을 받을 때까지 너는 을의 입장이 되어 마음을 졸여야 한다. 그럼 1년 뒤 친구가 너에게 돈을 갚으면 예전처럼 좋은 사이가 될 수 있을까? 아니, 이미 돈 때문에 서먹서먹해진 관계를 돌이킬 수 없게 된다. 물론 친구가 약속한 시간에 돈을 갚을 수도 있다. 하지만 '우리의 우정이 그 정도의 돈에 흔들릴 만큼 가볍지 않다'라는 말은 하지 않았으면 좋겠다. 돈은 얼마가 되었든 너무나도 쉽게 사람과 사람 사이를 갈라놓는다.

나도 예전에 정말 친했던 선배가 회사를 그만둔 후 다른 직장을 못 구해 힘들다며 돈을 빌려 달라고 한 적이 있었다. 딴에는 가까운 사이라고 생각해 큰돈이었지만 기꺼이 빌려줬는데 마상 갚을 시점이 되니까 선배는 연락도 안 받고 나를 피하기 시작했다. 돈이란 게 참 이상해서 원래 내 돈인데 상대방 호주머니에 들어간 순간 그 사람의 것이 되더라. 결국 나는 선배에게 돈을 돌려받지 못했다. 몇 번 그런 일들을 겪고 나니 돈이 참 무섭다는 생각이 들었다. 나는 좋은 마음으로 돈을 빌려주었을 뿐인데 돈도 잃고 사람도 잃어야만 했기 때문이다.

그러니 딸아, 친한 친구를 잃고 싶지 않다면 돈거래는 웬만해선 하지 않는 게 좋다. 정 빌려주고 싶다면 애초에 받을 생각은 하지 마라. 줘도 그 돈이 아쉽지 않을 만큼만, 그리고 영원히 돌려받지 못한다 한들 상대방을 원망하지 않을 수 있을 만큼만 주어라. 물론 네가 감당할 수 있는 돈의 크기가 얼마나 되는지는 빌려주는 순간 바로 알게 될 것이다.

주식 투자법

　나는 지난 20여 년간 증권업계에서 일하며 벼락부자가 된 사람부터 사업으로 성공한 자수성가형 부자, 부동산 투자나 주식 투자로 돈을 번 자산관리형 부자 등 수없이 많은 부자의 탄생을 지켜보았다. 한편으로는 있는 돈을 모두 끌어모아 주식을 했다가 돈을 다 날리고 하루아침에 가난해지는 사람들을 보기도 했다. 나 또한 돈을 모으고 불리는 과정에서 여러 가지 투자를 시도했고 때로는 돈을 벌기도, 때로는 돈을 잃기도 했다. 그리고 20여 년간 몇 차례의 강세장과 약세장을 겪으며 때론 즐거웠고 때론 고통스러웠지만, 이를 통해 나는 몇 가지 나만의 투자 원칙을 세울 수 있었다. 그중에서도 너에게 꼭 알려 주고 싶은 투자 원칙은 다음과 같다.

1. 무엇보다 감정을 통제할 수 있어야 한다

영업점에서 고객 계좌를 관리했던 신입 사원 시절의 일이다. 늘 명품인 불가리 시계를 차고 다니며 사업도 크게 하는 50대 여성 고객이 있었는데, 그녀는 나에게 삼성전자 주식이 30만 원 밑으로 떨어지면 반드시 살 테니 꼭 연락을 달라고 신신당부를 했었다. 주문 하나하나가 귀한 신입 사원이다 보니 나는 매일같이 삼성전자 주가를 모니터링하며 30만 원 밑으로 떨어지길 기다리고 또 기다렸다(당시 삼성전자는 50:1로 액면분할 하기 이전이라 지금으로 치면 6천 원 밑으로 떨어지면 사겠다고 이야기한 셈이다).

그런데 2003년 3월의 어느 날 드디어 삼성전자 주가가 30만 원 아래로 하락했다. 당시 미국이 9·11테러 사건의 책임을 물어 이라크를 침공할 것이고, 그로 인해 심각한 경기 침체가 올 수 있다는 공포가 시장에 팽배했었다. 나는 이제 삼성전자 주식을 살 수 있게 되었다는 사실에 흥분해 그녀에게 전화를 걸어 매수 주문을 넣겠느냐고 물었다. 그런데 10초간 정적이 흘렀고, 잠시 후 그녀는 나에게 "생각해 볼게요"라고 말하며 전화를 끊었다. 안타까웠지만 어쩔 수 없는 일이었다. 계좌의 주인이 사지 않겠다고 하는데 영업 사원인 내가 할 수 있는 일은 없었기 때문이다.

이후 삼성전자는 두 달 정도 20만 원 후반대를 횡보하다 중국 경기가 회복되고 있으며 신학기를 맞아 PC 주문이 늘고 있다는 뉴스에 급등세로 전환했고 다시는 그 가격으로 돌아오지 않았다(현재는 분할 전 주가로 하면 300만 원 정도니까 10배 넘게 오른 셈이다).

나는 삼성전자 주식을 생각하면 그때 그 고객이 떠오른다. 오랫동안 매수를 기다려 왔고, 매수 가격까지 정해 놓았지만 그녀는 정작 그 가격이 오자 주문을 내지 못했다. 왜 그랬을까? 답은 한 가지뿐이다. 더 싸게 사고 싶어 했기 때문이다.

투자자들은 누구나 주식을 싸게 사고 싶어 한다. 그러나 아무 근거도 없이, 단지 더 빠질까 봐 두려워서 주식을 사지 못했다면 그것은 심리적인 공포를 스스로 이겨 내지 못했다는 소리다. 이런 심리는 거꾸로 주식을 매도할 때도 똑같이 작동한다. 충분히 수익을 냈지만 조금 더 비싸게 팔고 싶어서 시기를 잰다. 30만 원이 되면 팔겠다고 굳게 결심했지만 막상 30만 원이 되면 왠지 40만 원도 금방 갈 것 같다. 이것이 바로 탐욕이다. 오죽하면 "추세는 달나라까지 간다"는 말이 나왔을까.

이것이 바로 "무릎에 사서 어깨에 팔라"는 이야기가 나오는 이유다. 탐욕과 공포에 그나마 덜 휘둘리고 이성적인 사고를 할 수 있는 지점이 바로 무릎이고 어깨다. 욕심 같아서는 최저점인 발바닥에서 사서 최고점인 정수리에서 팔고 싶겠지만, 그것은 불가능하다. 그 누구도 최저점과 최고점을 알 수는 없다. 다만 올라가는 추세냐, 내려가는 추세냐를 판단하고 스스로 생각해 둔 가격에 주식을 사고팔 수 있을 뿐이다. 그래서 아무리 뛰어난 투자자라고 해도 일시 손해를 볼 수도 있고, 좀 덜 벌 수도 있다.

그러므로 가장 중요한 것은 네 마음이다. 하락장에서는 두려움과 고통을 견뎌 낼 수 있어야 하고, 상승장에서는 탐욕을 부리지 않을 수 있어야 한다. 그렇지 않으면 사야 할 타이밍과 팔아야 할 타이밍을 놓치고 후회할 수 있다. 그러니 너는 어떤 상황에서든 네가 흔들리지 않고 이성적인 판단을 할 수 있을 것이라는 환상을 버려라. 공포와 탐욕이 판치는 시장에서 그냥 버티는 것조차 쉽지 않을 수 있다.

그리고 주식 투자를 하기에 앞서 네 마음을 잘 다스릴 수 있어야 한다. 네가 항상 합리적일 거라는 착각을 버려라. 너는 언제든지 틀릴 수 있다. 감정을 잘 통제하지 못하겠으면 아예 주식 투자를 하지 않는 것도 방법이다. 감정을 잘 통제하지 못하는 사람은 절대 시장을 이길 수 없기 때문이다.

2. 기다리는 것도 투자다

투자를 업으로 하는 사람들을 만나 보면 의외로 책벌레가 많다. 여의도 IFC몰 지하에는 영풍문고가 있는데, 근처에서 일하는 펀드매니저나 투자자들이 점심을 간단히 먹고 서점에 가는 경우를 많이 본다. 어떤 책들이 새로 나왔는지, 자신이 파악하지 못한 최신 트렌드는 무엇인지 주기적으로 공부하고 체크하는 것이다. 영풍문고가 생기기 전에는 여의도 백화점의 1층 서점이 그런 역할을 했다. 법인 영업 브로커들은 읽을 만한 책이 출간되면 고객들에게 선물하기 위해 10~20권씩 다량 주문을 하기도 했었다.

그런데 2003~2004년 당시 여의도에서 대유행한 책이 하나 있었다. 마크 파버가 쓴《내일의 금맥》이라는 책인데, 증권가에서 일하는 사람들은 서로 읽고 돌려 보면서 저자의 논지를 어떻게 생각하는지 열띤 토론을 벌이곤 했다. 나도 한 선배에게 그 책을 선물받고 얼른 읽어 보았다. 저자는 책에서 "중국이 본격적으로 부상할 것이고, 거대한 부채를 지고 있는 미국은 몰락할 것"이라며 달러 가치는 급락하고 금이 다시 중요한 기축통화로 부상하게 될 것이라고 주장했다. 실제로 당시 중국 경제가 호황을 맞이해 해운과 조선, 철강주들이 대세로 떠오르고 있었다.

나는 이러한 대세에 어떻게든 편승하고 싶었다. 리서치센터 직원들은 개별 주식을 살 수 없기 때문에 대신 나는 금 통장을 개설하기로 마음먹었다. 1년간 정기예금처럼 목돈을 넣어 두되, 정해진 이자를 받는 것이 아니라 금 가격 상승분만큼을 가져가는 구조였다. 하지만 나의 기대와 달리 2004년 내내 금값은 옆으로 횡보했다. 마크 파버가 틀린 것일까, 내가 틀린 것일까 수없이 고민도 했다. 그러다 2005년 결혼을 하면서 목돈이 필요해 어쩔 수 없이 금 통장을 해약했다. 받아 쥔 수익금은 고작 몇천 원에 불과했다.

그런데 정말 놀랍게도, 정확하게 내가 해약을 한 시점부터 금값이 하늘 높은 줄 모르고 치솟기 시작했다. 온스당 400달러를 맴돌던 금 가격은 2008년에는 급기야 1000달러까지 상승했고 2011년에는 2000달러 근처까지 올라갔다. 나는 그 일을 계기로 아무리 좋은 자산이라도 진득하게 기다리지 않으면 수익을 거두지 못할 수도 있다는 것을 깨달았다.

아무리 좋은 아이디어라 하더라도, 그것이 가격에 반영되고 실현되기까지는 정말로 오랜 시간이 걸리는 경우가 많다. 한 달 만에 50퍼센트가 오르는 종목들도 없진 않지만, 투자의 세계는 생각보다 잔혹하며 그렇게 쉽게 수익을 안겨 주려 들지 않는다. 그러므로 좋은 주식을 샀다면 무르익을 때까지 충분히 기다려야 한다. 기다리는 것도 투자다.

3. 돈을 잃지 마라, 절대로 돈을 잃지 마라

여의도에서 오랫동안 애널리스트 생활을 하다 독립해서 전문 투자자의 길을 걷고 있는 선배가 있다. 시장에 대한 감각이 탁월할 뿐만 아니라 인생과 투자에 대해 냉철한 조언을 해 주는 분이라 여전히 자주 찾아뵙고 있다. 한번은 연말 인사 겸 와인을 사 들고 찾아갔다가 그와 내년 시장 전망에 대해 이런저런 이야기를 나누게 되었다. 그런데 내가 "내년에 시장이 안 좋을 것 같아서 가치주 쪽으로 이야기를 많이 해 보려고요"라고 하자 무언가를 생각하는 듯 말을 아꼈다. 그렇게 잠시 동안 침묵이 이어진 끝에 그가 말했다.

"빠지면 다 빠져요."

기관투자자와 개인투자자는 주식을 보는 관점이 다를 수밖에 없다. 펀드매니저는 싫든 좋든 규정상 주식 편입비를 일정 수준 이하로 낮추는 게 불가능하다. 그렇기 때문에 하락장이 오면 상대적으로 덜 빠질 회사, 그럼에도 불구하고 오를 수 있는 회사로 교체 매매를 한다. 그러나 주식 자체를 다 팔고 떠나지는 못한다. 하지만 개인은 다르다. 주식이 안 좋을 것 같으면 채권이나 금을 사도 되고, 현금화했다가 다시 진입해도 관계없다. 주식에서 잠시 빠지는 타이밍을 잡는 게 쉬운 일은 아니지만 기관투자자에 비해 선택지가 많다는 이야기다.

그는 독립한 후 10년간 '생존'이라는 단어를 가장 중요하게 여기게 되었다고 했다. 그래서 지켜야 또 다음 기회가 온다, 수익률이 조금 적더라도 우선은 시장에서 살아남는 것이 가장 중요하다, 작은 수익에 만족할 줄 알아야 오래갈 수 있다는 투자 원칙을 계속 마음에 새기게 된다고 했다. 파티에 다시 초대받으려면 살아 있어야 한다는 것이다.

결코 쉬운 일은 아니다. 본디 부자는 가진 것이 많아 자연스레 '지키는 투자'를 하게 된다. 그러나 가난한 사람은 매일매일 쫓아가는 입장이라 급한 마음을 먹게 마련이다. 지키려는 자와 이제 부를 쌓아야 하는 자의 관점은 다를 수밖에 없다. 지키려는 자는 아무리 수익률이 높아도 리스크가 더 크다면 투자를 하지 않지만 쫓아가는 사람은 리스크가 커도 수익률이 높은 쪽을 택한다.

그러나 시장은 공평하고 심지어 잔인하다. 잠시 잘못된 판단을 한 대가로 차곡차곡 쌓아 올린 부를 일거에 앗아가기도 하는 것이 시장이다. 그래서 나는 돈을 조금밖에 벌지 못하더라도 돈을 잃지 않는 것이 중요하다고 생각한다. 살아남아야 다음에 올 제대로 된 기회를 잡을 수 있기 때문이다.

2017년 인도계 투자자인 모니쉬 파브라이는 UC얼바인 투자 강연에서 워런 버핏의 성공 비결은 인생을 통틀어 딱 다섯 번의 큰 베팅을 성공적으로 했기 때문이며 "베팅은 거의 하지 않되, 한다면 크게 하고, 자주 하지 않는다"라는 철칙을 지킨 덕분이라고 밝힌 적이 있다.

나는 그 말이 매우 인상적이어서 메모를 해 두고 마음이 흔들릴 때마다 종종 본다. '나는 과연 앞으로 몇 번의 큰 베팅을 할 수 있을까? 지금 눈앞에 보이는 기회를 놓치고 후회하지는 않을까?'라는 생각을 하며 다시금 내 마음을 돌아보게 되는 것이다.

수익률이 높을수록 리스크도 큰 법이다. 위험하니까 그만큼 보상을 크게 해 주는 것이기 때문이다. 그러니 수익률이 낮더라도 꾸준히 돈을 버는 쪽을 택해라. 나는 정말로 네가 힘들게 번 돈을 크게 잃어 네 삶이 무너지지 않기를 바란다.

4. 돈을 벌 기회는 바로 네 생활 속에 있다

주식 투자를 해 보고 싶은데 어디서부터 시작해야 할지 모르겠다면 네 주변을 둘러 볼 일이다. 좋은 주식은 의외로 멀리 있지 않기 때문이다. 그와 관련해 '월가의 영웅'이라 불리는 피터 린치는 이렇게 말했다.

"당신이 약간의 신경만 쓰면, 직장이나 동네 쇼핑 상가 등에서 월스트리트 전문가들보다 훨씬 앞서 굉장한 종목들을 골라 가질 수 있다."

내 직장 동료 중 하나는 2015년에 미국 친척 집에 놀러 갔다가 외삼촌이 보유한 전기차 테슬라 모델S를 타 보고 광팬이 되었다. 전기로 충전을 하는데 소음도 없고, 아이패드만큼 큰 디스플레이가 탑재되어 있고, 디자인도 너무 세련되었다며 미국에 가면 렌트라도 해서 꼭 타 보라고 침이 마르도록 칭찬을 했다. 그는 그때부터 조금씩 테슬라 주식을 사 모았고, 2020년 코로나 이후 전기차 대중화가 시작될 때 주식을 팔아 엄청난 수익을 거두었다.

2014년에는 그런 일도 있었다. 전업 투자자인 친구가 나에게 '허니버터칩'이라는 과자를 먹어 봤느냐면서 겨우겨우 구한 거라며 한 봉지를 선물로 주었다. 소위 말하는 '단짠단짠' 맛의 과자라 입에 넣자마자 너무 맛있어서 깜짝 놀랐다. 그런데 친구는 그 즉시 그 과자를 만드는 회사가 어딘지 알아보더니 주식을 사들였다.

허니버터칩은 해태제과에서 만들었고, 해태제과의 모기업인 크라운제과가 주식 시장에 상장되어 있었는데 점차 입소문이 나기 시작하면서 1만 원 정도였던 주가가 2015년 여름에는 5만 원 근처까지 급등했다. 허니버터칩이 맛있다는 소문과 함께 구하기가 힘들다는 얘기가 돌면서 수요가 폭발하기 시작했고, 나중에는 허니버터칩 생산 라인을 늘리기 위해 공장까지 새로 짓는 등 그야말로 허니버터칩 열풍이 불었다. 정말로 과자 하나가 기업을 일으킨 것이다. 친구는 그 주식을 대부분 2만 원대에 처분해서 너무 일찍 팔았다고 두고두고 아까워했지만 아주 성공적인 '생활 속의 주식' 사례라고 볼 수 있다.

나에게 생활 속의 주식은 피부과였다. 솔직히 마흔 이전에는 피부과에 별 관심이 없었다. 겁이 많고 보수적인 성격이라 생긴 대로 살자고만 생각했었다. 그런데 어느 날 친구에게 '피부가 처지는 게 느껴진다'고 푸념을 했더니 우리 나이에 직장 생활 제대로 하려면 자기 관리는 필수라며 피부과에 가 보라고 적극 권유했다. 그 덕에 처음으로 '보톡스'라는 것을 맞게 되었는데 내가 보기에도 몰라보게 달라진 얼굴이 너무 신기했다.

그래서 보톡스와 관련된 회사들을 찾아보기 시작했다. 보톡스는 미국의 엘러간이라는 회사에서 처음 출시했고, 우리나라 회사들이 국산화에 성공하면서 중국과 동남아시아까지 크게 대중화되었다. 그중 '메디톡스'라는 회사가 대표격인데 2012년 2만 원대에서 시작한 주가가 2013년 7만 원까지 올랐고, 2015년에는 52만 원까지 상승했다. 우리나라 애널리스트는 개별 주식을 사고팔 수 없다 보니 쳐다볼 수밖에 없었지만, 가끔 메디톡스를 샀다면 어떻게 되었을까 상상을 해 본다. 그 후 나는 피부과에 갈 때마다 시술이나 레이저에 대해 의사와 간호사가 귀찮아할 정도로 꼼꼼히 물어보는 버릇이 생겼다.

주식 투자를 잘하는 사람들은 호기심이 많다. 구내식당을 가도(현대그린푸드), 맥주를 마셔도(제주맥주), 청소를 해도(에브리봇), 쿠키런 게임을 해도(데브시스터즈) 호기심을 가지고 반짝거리는 눈으로 새로운 것을 탐구한다. 이런 사람들은 남들보다 기업의 변화와 세상의 트렌드를 빨리 파악하고 기민하게 대처한다. 물론 가장 중요한 것은 그 트렌드를 바로 주식이나 펀드로 연결할 줄 알아야 한다는 것이다. 돈을 버는 사람은 허니버터칩을 맛있다고 말하는 사람이 아니라 허니버터칩을 맛보고 주식을 사는 사람이기 때문이다.

5. 최고의 투자는 언제나 좋은 물건을 싸게 사는 것이다

워런 버핏이 1년에 한 번 주주들에게 발송하는 버크셔 해서웨이 주주 서한은 투자자들의 교본으로 유명하다. 그중 1989년 주주

서한에서 얘기했던 '담배꽁초 전략'은 지금까지도 내내 회자되고 있다.

"당신이 매우 낮은 가격에 주식을 산다면 설사 해당 업종의 장기적 성과가 끔찍하다 하더라도 중간중간 괜찮은 수익을 낼 수 있는 기회를 제공하기도 합니다. 길거리에 떨어진 담배꽁초는 이제 거의 쓸모없어진 것처럼 보이지만, 마지막 한 모금 정도는 남아 있는 경우가 많지요. '저가 매수'가 바로 그 담배꽁초의 마지막 모금을 가치 있게 만들어 주는 전략입니다."

싸게 산다는 것은 매우 주관적인 개념이다. 고점 대비 50퍼센트 떨어진 것을 싸다고 하는 사람도 있고, 장부가치(PBR)나 이익(PER) 기준으로 밸류에이션이 싸다고 해석하는 사람도 있다. 그러나 중요한 것은 우리가 미래를 정확하게 알 수 없다면 무조건 싸게 사는 것이 정답이라는 것이다.

누군가는 명품이 할인하는 것을 봤느냐면서 비싼 것이 계속 비싸지는 법이라며, 비싼 주식을 사는 버릇을 들여야 한다고 역설한다. 그러나 이는 전형적으로 달리는 말에 올라타는, 추세에 순응하는 전략일 뿐이다. 아무리 좋은 회사라도 호황과 불황에서 완전히 자유로울 순 없다. 반대로 아무리 그저 그런 회사라도 저가에 사서 고가에 팔면 좋은 투자가 될 수 있다. 즉 좋은 주식을 싸게 사야 부자가 될 수 있다는 말이다.

이것을 우리는 가치투자라고 한다. 물론 가치투자가 만능은 아니다. 전설적인 투자자 벤저민 그레이엄은 목욕물에 아기가 휩쓸려 떠내려가는 극단적 상황에서는 안전마진도 의미가 없다고 했다. 아무리 싼 것도 더 싸질 수 있다. 그러나 큰돈을 벌 기회는 대부분 가격과 가치를 구분할 수 있는 데서 온다. 언제나 싸게 사려는 노력을 하자. 가격과 가치를 구분할 줄 아는 것이 진짜 실력이다.

6. 하락장이 오면 도망가지 말고 반갑게 맞이해라

하락장이 1년 가까이 지속되고 있던 어느 날이었다. 애널리스트로 일하다 독립해 전업 투자자로 성공한 선배와 커피를 마시게 되었다. 당시 모든 투자자들이 오랜 하락장에 지쳐 있을 무렵이라 안부를 묻는 것조차 매우 조심스러웠다. 그런데 그 선배의 말이 의외였다.

"소연 씨, 이제 막 두근두근해지려고 해. 1년 전만 해도 너무 비싸서 감히 살 수 없는 종목들이 수두룩했는데 지금은 그런 회사들이 정말 싸졌어. 이제 내가 살 수 있게 됐다 생각하니까 너무 기대가 돼."

갑자기 뒤통수를 세게 얻어맞은 것 같은 느낌이었다. 보통 사람들은 시장이 좋을 때에만 주식에 관심을 가진다. 주식 시장이 좋다고 하면 그제야 부랴부랴 종목을 검색하고, 부동산이 오른다는 소리가 들리면 임장을 가 봐야 하나 고민한다. 그러다가 하락장으로 돌아서면 '그럼 그렇지' 하며 관심을 꺼 버린다. 하지만 진정한 프로들은 하락장을 반긴다. 예전 같았으면 상상도 못 했을 가격에 자신이 지켜보고 있던 주식을 사 모을 수 있기 때문이다.

아인슈타인은 "같은 일을 반복하면서 다른 결과를 기대하는 것은 미친 짓"이라고 말했다. 많은 사람들이 부자가 되기 위해 여러 가지 시도를 한다. 월급을 쪼개어 목돈을 모으고, 경제 신문을 읽으며 정보를 모은다. 그러나 부자가 되는 사람들은 소수에 불과하다. 왜냐하면 대부분의 사람들은 시세가 오를 때에만 투자를 하기 때문이다. 남들이 많이 벌었다는 소문이 들려야 다시 주식 시장으로 나온다. 그러나 큰 수익을 올릴 수 있는 일생일대의 기회는 오히려 하락장에서 찾아오는 경우가 많다. 그래서 부자들은 하락장이 찾아와도 두려워하지 않고 침착하게 좋은 물건 중 값이 내려간 것들을 찾는다.

시장은 '매도자 우위'인 시기가 있고 '매수자 우위'인 시기가 있다. 매도자 우위 시장은 사겠다는 사람은 넘쳐나는데 물량은 제한되어 있다 보니 가격이 치솟고 비싸게 살 위험이 있는 시장이다. 보통 주가가 큰 폭으로 오르며 많은 사람들이 몰릴 때 매도자 우위 시장이 형성된다.

반면 매수자 우위의 시장은 물량이 충분해 사겠다는 사람에게 선택권이 있고 가격이 낮게 형성된다. 보통 주가가 큰 폭으로 하락해 많은 사람들이 공포에 떨며 주식 시장에 들어가기를 꺼릴 때 매수자 우위 시장이 형성되는데 이런 시기에 투자를 해서 성공을 거둔 사람은 절대 이 경험을 잊지 못한다. 남들과 다르게 생각해 좋은 결과로 이어졌던 경험이 자신감을 만들고 자산으로 남는 것이다. 이런 사람들은 다음에도 컨트래리안(contrarian), 즉 통념과 반대되는 투자를 하는 역발상 투자가가 되는 데 주저함이 없다.

상승장에서는 부자가 더 부자가 되고, 빈자가 더 빈자가 된다. 그러나 하락장에서는 부자가 빈자가 되고, 빈자가 부자가 되는 기회를 움켜잡기도 한다. 하락장에서 부의 재편이 일어날 수 있는 까닭이다. 그렇다면 아인슈타인이 말했던 것처럼 이제는 다르게 행동해 보면 어떨까. 주가가 하락해 사람들이 두려움에 떨고 있을 때 싼 가격에 주식을 사는 것이다. 결국 공포를 살 수 있는 투자자가 부자가 되는 법이다.

7. 장기 투자가 반드시 답은 아니다

지금 전 세계 1등 기업은 애플이고, 우리나라의 1등 기업은 삼성전자다. 그러면 30년 전 1등 기업은 어디였을까? 50년 전의 1등 기업과 같았을까?

1900~2020년까지 미국 S&P500 시가총액 1위 기업 리스트를

뽑아 봤더니 1900~1919년에는 철강회사인 US스틸이 1등이었고, 1920~1930년에는 통신의 발달로 AT&T가 1등을 차지했다. 1931~1938년에는 전기의 시대가 도래하며 에디슨이 설립한 제너럴 일렉트릭이, 1939~1955년에는 자동차가 대중화되면서 제너럴 모터스가 1등이었다. 그러다 1956~1964년에는 AT&T가 다시 1등을, 1965년부터는 컴퓨터와 인터넷의 시대가 도래하며 1992년까지 IBM이 1등을 고수했다. 2000년에 이르러서야 윈도우와 PC, 인터넷 혁명에 힘입어 마이크로소프트가 1위 자리로 올라설 수 있었고, 이후에는 중국과 화석 연료의 부상에 힘입어 석유회사인 엑슨모빌이 2010년까지 1위를 차지했다.

즉 영원한 1등 기업은 없었다. 아니 역사적으로 볼 때 1등을 10년 동안 유지하는 것조차 결코 쉽지 않은 일이다. 투자에 있어 가장 중요한 것은 세상의 흐름을 읽는 것인데, 이처럼 영원할 것이라 믿었던 1등은 끌어내려지고, 언젠가는 따라잡히고 뒤집힌다. 세상의 흐름에 따라 기업의 운명도 바뀌는 것이다.

그래서 흔히들 "1등주에 장기 투자를 하는 것이 좋다"고 하지만 문제는 영원한 1등 기업이 없다는 사실이다. 지금 1등을 하고 있는 기업이 언제까지 경쟁자들의 추격과 견제를 물리칠 수 있을지 아무도 모른다. 장기 투자가 반드시 정답은 아닌 이유다.

최근에는 'FAANG(페이스북(Facebook), 애플(Apple), 아마존(Amazon), 넷플릭스(Netflix), 구글(Google))'이라는 말이 대유행했을 정도로 스마트폰과 빅테크 생태계가 산업을 이끌었다. 반도체와 콘텐츠 주식을 사야 하는 장세가 왔고, 신흥국 투자는 다소 구시대적 이야기가 되었다. 과연 앞으로는 어떨까. 투자의 구루로 일컬어지는 마크 파버의 이야기를 귀담아 들을 필요가 있다.

"60년대 미국의 성장주, 70년대 오일 관련 주식, 80년대 일본 주식을 매입해 묻어 뒀던 사람들이 어떻게 됐나 한번 봐라. 부동산도 마찬가지다. 14세기 베네치아, 16세기 리스본 땅을 샀던 사람을 한번 봐라(그들은 모두 투자에 실패했다)."

그러므로 늘 세상의 흐름을 읽기 위해 노력해야 한다. 그것만이 너의 투자를 승리로 이끌 수 있을 것이다.

부동산 투자법

너도 알다시피 나는 부동산 전문가가 아니다. 그렇지만 서른 살에 내 집을 장만하고, 지금 대치동 아파트에 살게 되기까지 우여곡절이 많았고, 지금도 부동산 투자는 진행 중에 있다. 그리고 부동산은 자산을 불리는 과정에서 누구나 한번쯤 만나게 되는 주요 자산이기도 하다. 그러다 보니 부자들은 주식만큼이나 부동산 시장의 움직임에 민감하게 반응하는 경향을 보인다. 당장 목돈이 없을 경우 부동산 투자에 관심이 가지 않을 수도 있지만 기본적인 것들을 모르면 나중에 크게 후회할 수도 있다.

그래서 부동산 투자와 관련해서는 내가 겪었던 일들을 중심으로 너에게 해 주고 싶은 이야기들을 정리해 보았다.

1. 투자를 하기 전에 반드시 알아야 할 것들

　부동산은 만 원만 있어도 시작할 수 있는 주식과 달리 초기에 목돈이 있어야 도전이 가능해 진입장벽이 높아 보인다. 그러나 알고보면 굉장히 매력적인 투자처다. 주식이나 펀드 같은 금융자산은 실체가 없고 계좌 안에 숫자로만 존재하는데 부동산은 실물자산의 성격을 띠는데다 주택의 경우 내가 직접 거주도 할 수 있다. 또한 주식은 손해가 나면 어느 순간 내 돈이 다 사라져 버리기도 하지만 부동산은 사면 가격이 떨어질지언정 사라지지는 않는다. 그리고 기본적으로 땅 자체가 유한한 자원이다 보니 돈이 풀리면 풀릴수록 부동산 가격은 점진적으로 우상향하는 경향을 보인다. 모든 투자 가능한 자산 중 사용 가치도 있고, 현금흐름이 발생하고, 유한한 자원은 오직 땅밖에 없다.

　게다가 주택의 경우 매매 수요뿐 아니라 임대 수요도 있기 때문에, 가격이 하락하더라도 임대 수요가 늘어나 전세가가 오르면 소유주가 전세금을 올려 받아 투자금을 회수할 수 있다는 장점도 있다.

　단점은 당장 돈이 필요한 경우 부동산은 현금화가 쉽지 않다는 것이겠지. 집을 팔려고 내놓았을 때 바로 팔리면 좋겠지만 시장 상황이 좋지 않은 경우에는 시세보다 더 싸게 내놓지 않는 한 집이 팔리지 않을뿐더러 계약을 하고 잔금을 치를 때까지 최소 두 달 넘게 걸린다. 반면 주식은 언제든지 사고팔 수 있다. 또 부동산은 투자 시장의 성격도 있지만 실수요 위주의 시장이기 때문에 주식에 비해 올라가고 내려가는 속도가 느린 편이다.

그럼에도 불구하고 부동산에 투자하기로 결심했다면 네가 사전에 꼭 알아두어야 할 몇 가지가 있다. 첫째는 거래 비용, 둘째는 보유 비용, 그리고 셋째는 부동산의 물건별 특성이다.

첫째, 부동산은 거래 비용 자체가 상당히 높기 때문에 최대한 신중을 기해야 한다. 주식은 매수한 후 마음이 바뀌었을 때 바로 되팔아도 손해를 크게 보지 않는다. 매매 수수료가 거의 제로에 가깝고, 증권거래세도 매수할 때는 내지 않고 매도 시에만 0.25퍼센트가 부과되어 되파는 것에 대한 부담이 크지 않다.

하지만 부동산 매매는 다르다. 부동산을 사면 국가가 관리하는 장부에 '내가 이 부동산의 새로운 법적 소유권자다'라는 사실을 보고하고 등록하는 '등기'라는 과정을 거치는데 이 비용이 만만치 않다. 일단 취득세의 경우 주택은 6억 원 이하에 1.1퍼센트(농어촌 특별세와 지방교육세 포함) 정도가 부과된다.

예를 들어 5억 원 정도의 24평 아파트를 사면 550만 원 정도를 바로 세금으로 내야 한다. 취득세는 순수하게 등록에 필요한 비용이기 때문에 나중에 되판다 해도 돌려받을 수 없다. 또 6억 원이 넘는 주택은 금액대가 올라가면서 취득세가 1~3퍼센트까지 올라간다. 특히 9억 원을 초과하는 주택을 매수한 경우 취득세로 최소 2700만 원 이상을 지출해야 한다. 여기에 자잘하게는 등기에 필요한 서류를 작성하고 등록을 도와주는 법무사 수수료도 20~30만 원 정도 추가로 필요하다.

그런데 문제는 여기가 끝이 아니라는 것이다. 부동산을 사면 물건을 중개해 준 공인중개사에게 '복비'라고 불리는 중개수수료를 내야 하는데 2억 원 미만은 0.5퍼센트(최대한도 80만 원), 9억 원 미만은 0.4퍼센트, 12억 원 미만은 0.5퍼센트, 15억 원 미만은 0.6퍼센트 정도다. 즉 5억 원 정도의 아파트를 사면 그 즉시 취득세 550만 원과 부동산 중개료 200만 원을 추가로 내야 한다. 따라서 부동산은 금융자산과 달리 판단 실수를 했을 때 되돌려 받을 수 없는 돈이 어마어마하다는 것을 꼭 기억하고, 계약을 할 때 신중을 기할 필요가 있다.

둘째, 부동산은 보유비용을 내게 되어 있다. 주식은 대주주가 아닌 이상은 가지고 있다는 것만으로 딱히 세금이 나오지 않는다. 미술품이나 금도 마찬가지다. 그러나 부동산은 가지고 있다는 이유만으로 재산세를 내야 한다. 정부에서는 세금을 부과하기 위해 그 기준이 되는 '공시지가'를 1년에 한 번씩 발표하는데 그에 따라 재산세가 정해진다. 예를 들어 노원구 상계동 A아파트 24평형의 경우 호가는 8억 원 전후로 형성되어 있고 공시 가격은 4억 6600만 원이며 보유세는 59만 원 정도를 내야 한다. 만약 공시지가가 12억을 넘는 경우 재산세 외에 종합부동산세도 내야 한다. 그러므로 부동산 투자를 할 때에는 매매 비용 외에 취득세와 복비, 그리고 보유세가 따라붙는다는 것을 기억해 둘 필요가 있다.

셋째, 부동산 투자를 하기 전에 물건별 특성을 알아 두는 것이 좋다. 부동산 투자는 크게 토지(땅)와 상가, 오피스텔, 주택으로 나뉜다.

먼저 토지의 경우 개발 호재가 나오면 매입가의 100배 이상 급등하는 사례가 종종 있다. 하지만 토지라는 것은 개발이 될 때까지 30~50년 이상 걸리는 경우도 많다 보니 자녀 내지는 손자 대까지 장기적으로 돈이 묶이기두 하고, 팔려고 하면 정자 사겠다는 사람이 없어서 고생하기도 한다. 땅은 임자가 나타나야 한다는 말이 괜히 나온 게 아니다.

게다가 임야(산)와 전답(농지)은 땅의 쓰임을 국가에서 철저하게 정해 놓아서 단순 투자로만 접근했다가는 낭패를 볼 수 있다. 농지를 샀는데 농사를 짓지 않고 매도했다가 차익을 100퍼센트 가까이 환수당하는 경우, 부동산에서 개발이 된다고 해서 믿고 샀는데 그린벨트로 묶여서 아무것도 못 하는 경우, 너무 싸서 횡재했다고 생각하며 매수했는데 주변 도로와 맞닿은 부분이 전혀 없는 '맹지(盲地)'라서 아무짝에도 쓸모가 없는 땅인 경우 등등 실제 매물로 나온 땅은 대부분 우리가 잘 모르는 지방이나 시골에 위치해 있어 주변 지리나 상황을 꿰고 있지 않으면 기획 부동산 같은 업자들에게 쉽게 당할 수 있다.

상가의 경우는 좀 다르다. 상가는 대부분 우리가 자주 가 볼 수 있는 도심 근처에 위치해 있어서 심리적으로 편안하고, 정기적으로 임대료까지 들어오기 때문에 토지에 비해 장점이 많은 편이다.

그런데 임차인을 못 구해 상가가 비어 있는 공실 리스크가 생길 수 있고 임차인 관리가 쉽지 않다는 문제가 있다. 분명히 목 좋은 곳의 코너 상가라고 해서 분양을 받았는데 갑자기 경기가 급랭하는 바람에 입점한 분식집이 폐업을 해서 공실이 발생하거나, 월세를 3개월이나 밀려 가게에 찾아갔더니 임차인이 장사가 안 되는데 어떡하냐며 도리어 화를 내서 크게 싸우는 경우도 비일비재하다. 그리고 보통 상가 투자를 할 때에는 대출을 받고, 임차인에게 받은 월세로 대출이자를 납부하는 식으로 계획을 짜는데 공실이 생기거나 임차인 관리가 잘 안 되면 은행 대출 상환 자체가 어려워 문제가 커질 수 있다.

상가 투자의 최대 리스크는 '합산 과세'다. 만약 네가 상가 투자를 잘해서 월세를 받아 임대수익이 연간 1500만 원 발생했다고 해 보자. 그러면 상가 임대수익은 직장에서 받는 연봉(근로소득)과 100퍼센트 합산이 되기 때문에 소득세율 구간이 크게 올라갈 수 있다. 예를 들어 네 연봉이 3500만 원이면 소득세율 구간은 15퍼센트 정도겠지. 그런데 상가 투자로 생긴 1500만 원이 더해지는 순간 세율 구간이 바로 24퍼센트로 올라간다. 우리나라의 소득세율 구간은 1200~4600만 원은 15퍼센트인 반면 4600~8800만 원은 24퍼센트이기 때문이다. 게다가 소득세율은 연봉이 높아지면 높아질수록 기하급수적으로 뛰기 때문에(8800만 원을 넘는 순간 소득의 3분의 1 이상을 세금으로 내는 구조), 직장인이 상가 투자로 돈을 벌기는 쉽지 않다.

그래서 몇 년 후 상가 가격 자체가 올라갈 것을 염두에 두고 투자를 하면 모를까, 임대수익만 바라보고 하는 상가 투자는 권하고 싶지 않다.

부동산 투자를 할 경우 오피스텔 이야기를 하는 사람들이 많은데 그것은 오피스텔이 토지나 상가에 비해 가격대가 높지 않아 소액으로 투자할 수 있고, 상대적으로 대출도 쉽기 때문이다. 그리고 주거용으로도 쓸 수 있고 사무실로도 쓸 수 있어서 임대를 주기도 편하다.

그러나 처음 부동산 투자를 하는 너에게 오피스텔은 별로 권하고 싶지 않다. 왜냐하면 오피스텔은 기본적으로 개발 인허가가 쉽다 보니 다량으로 공급되는 경향이 있어서 가격이 많이 오르지 않는 편이고, 전용면적이 적고 공용면적이 크다 보니 실사용 면적에 비해 관리비가 많이 나온다. 물론 이미 1주택자인 경우에는 오피스텔 투자를 선택하는 사례도 많다. 오피스텔은 주택 수에 합산이 안 되기 때문이다. 그러나 사무용 오피스텔을 전입신고를 해서 주택으로 쓰는 경우에는 주택으로 보고 합산 과세를 하는데다, 취득세가 무려 4퍼센트(지방교육세 0.4퍼센트에 농어촌특별세를 포함하면 4.6퍼센트)나 된다. 5억 원 정도 오피스텔을 매수하면 취득세로만 2천만 원을 내게 되는 것이다.

그래서 부동산에 처음 발을 들이는 너에게 가장 적합한 투자는 역시 주택이 아닐까 싶다. 우리나라는 현재 사회 초년생이나 신혼부부가 처음으로 집을 사는 경우 청약 시에는 미혼청년 특별공급,

신혼 부부 특별공급, 생애최초 특별공급 등을 통해 혜택을 주고 있고, 대출 시에도 생애최초 주택자금 대출, 특례보금자리론 등을 통해 금리를 낮게 책정해 내 집 마련을 도와주고 있다.

그런데 미혼청년 특별공급의 경우 만 19~39세까지만 가능하다. 목돈이 없는 청년들을 고려해 정부에서 낮은 금리로 대출을 해 주는 것이다. 그러니 강남 아파트만 바라보며 이번 생은 틀렸다고 말하지 말고, 돈이 별로 없다는 이유로 포기하지 말고 부지런히 청약을 넣어 봤으면 좋겠다. 40세가 넘으면 그 혜택조차 받을 수 없기 때문이다. 아직까지 청약통장을 만들지 않았다면 하루라도 빨리 만들 일이다. 그리고 청약을 넣기 전에 발품을 열심히 팔아 이 동네, 저 동네 구경 다니며 살고 싶은 곳을 둘러보는 것도 좋은 방법이다. 그렇게 생애 처음으로 실거주할 집을 고르면서 부동산 투자를 경험해 보는 거지.

실거주를 하게 되면 투자 가치와 사용 가치를 같이 겸하는 것이라 일석이조의 효과를 거둘 수 있다. 투자한 집에 살면서 가격까지 올라가면 그것보다 더 좋은 건 없기 때문이다. 이렇게 첫 집을 성공적으로 투자해 실거주가 안정된 후 상가나 오피스텔로 넘어가는 것이 부동산 투자의 정석이다.

앞에서 이야기했듯이 부동산은 실패할 경우 수업료가 너무 크고, 되돌리기가 너무 어렵다. 그러니 최선의 선택을 하기 위해 많은 곳을 보고 경험하렴. 그러면 언젠가 자신을 사 달라고 손짓하는 집을 만나게 될 것이다.

2. 딸아, 서른 살이 넘었다면 독립을 권한다

딸아, 너는 독립을 언제쯤 하고 싶니? 나도 결혼 전에 혼자 살아 보고 싶어서 이것저것 알아봤지만 독립을 하려면 너무 많은 부대 비용이 든다는 것을 깨닫고는 포기해 버렸다. 그런데 나이 들고 결혼까지 하고 보니 혼자 살아 볼 수 있었던 유일한 시기가 그때였는데 무리해서라도 한번 독립을 해 볼걸 그랬나, 많이 아쉬웠다.

독립을 했을 때 가장 큰 장점은 부모와 법적으로 세대 분리가 되어서 내 명의로 직접 아파트 청약을 넣어 볼 수 있다는 것이다. 성인이 되었는데도 부모와 함께 지내고 있으면 법적으로 세대주는 부모이고 나는 세대원으로 분류가 되기 때문에 특별한 경우를 제외하면 청약 당첨 가능성이 거의 없다. 현재 우리나라에서 청약 1순위 당첨은 거의 무주택자이며 세대주만 가능하기 때문이다. 그래서 어느 정도 경제적 여건이 갖춰지면 청약 당첨을 위해서라도 진지하게 독립을 고민해 볼 필요가 있다.

우리나라는 소유한 주택을 관리하고 유지하면서 독립된 생계를 유지할 수 있는 경우에만 단독 세대주로 인정해 준다. 그런데 만 30세가 넘으면 소득이나 결혼 유무와 관계없이 세대 분리를 할 수 있다. 청약 점수 계산을 할 때도 무주택 기간 산출이 만 30세부터다. 그러므로 만 30세가 됐다면 본격적으로 독립을 고민해 볼 때다.

일단 먼저 가입해야 할 것은 청년우대형 청약통장이다. 정부는 이미 독립해서 세대주가 된 경우, 그리고 아직 독립은 못 했지만 준비 중인 청년들을 위해 우대금리와 비과세 혜택을 주는 청약통장 제도를 운영하고 있다. 5천만 원 한도 내에서 가입 후 2년이 지나면 최대 3.6퍼센트 금리를 적용받고, 이자소득 500만 원까지는 세금도 물지 않는다. 2023년까지만 운영한다는 계획이지만 청년 혜택은 어떤 형태로든 필요하므로 아예 사라지진 않을 것 같다. 구체적인 조건은 다음과 같다.

청년우대형 청약통장은 한 달에 2만 원 이상 최대 50만 원까지 자유롭게 납입이 가능하고 납입 원금에서 5천만 원까지 우대금리가 적용된다. 기존 청약통장에서 청년우대형 청약통장으로 전환도 가능한데 반드시 무주택 세대주여야 한다. 만약 조건에 맞다면 하루라도 빨리 만들어 두는 것이 좋다.

꼭 청년우대가 아니더라도 청약통장을 만들어 두면 연말정산 때 혜택이 매우 크다. 총 급여액 7천만 원 이하 무주택 세대주인 경우 연간 240만 원 한도로 40퍼센트까지 소득공제가 가능하다. 예를 들어 네 연봉이 3500만 원인데 청약통장에 240만 원을 꽉 채워 불입했다면 240만 원의 40퍼센트인 96만 원은 네 연봉에서 빼고 세금을 계산해 주는 것이다. 만약 네 소득세율이 15퍼센트라면 연말정산 후 96만 원의 15퍼센트인 14만 4천 원의 세금을 돌려받게 된다.

물론 독립을 하게 되면 그동안 나와 네 아빠의 몫이었던 아파트

관리비와 수도, 가스, 전기 요금뿐만 아니라 주민세까지 직접 내야 한다. 그리고 매달 식비와 기타 생활비가 원래 이렇게 많이 드는 건가 싶을 정도로 아찔할 수도 있다. 네 이모는 대학 때 2년 정도 자취를 한 적이 있는데 집에 올 때마다 스팸과 3분 카레, 햇반을 비롯한 각종 반찬을 바리바리 싸 들고 가곤 했다. 나중에는 쓰레기봉투를 사는 돈도 아깝다고 하더라.

누군가 "취향을 증명하려면 돈이 있어야 한다"라는 말을 했다. 맞는 말이다. 아름답고 우아하기만 한 독립은 세상에 존재하지 않는다. 그러므로 독립을 결심했다면 초기 비용은 얼마나 들어가는지, 싫든 좋든 매월 지출해야 하는 고정 비용은 얼마쯤 되는지 꼼꼼히 살펴볼 필요가 있다.

혼자 산다는 것은 의외로 힘든 일이다. 처음에는 잔소리하는 사람이 없어서 좋을 수 있지만 하루 세끼 챙겨 먹고, 빨래와 설거지, 청소를 하고, 고장난 물건을 고치고, 사는 것 하나하나가 너의 몫이 된다. 한 후배는 그런 이야기를 하더라. 독립해서 자유로움을 만끽하며 멋대로 사는 것도 하루 이틀이지, 퇴근해서 집에 가면 지쳐서 얼른 저녁 먹고 쉬고 싶은데 그 밥을 차릴 사람이 자신밖에 없어서 어떻게든 움직여야 할 때 독립의 대가를 치르는 기분이라고 말이다. 아무도 간섭은 안 하지만, 대신 빨래와 요리와 설거지를 해 줄 사람도 없는 것이 바로 '독립'이다.

그럼에도 독립하기로 결심했다면 나는 그런 너를 응원할 것이다. 다만 기왕이면 네가 감당 가능한 예산 범위 내에서 가장 좋은 방을 구했으면 한다. 그러자면 당연히 전월세 부담이 커지겠지. 돈 모으라면서 왜 그런 이야기를 하느냐고? 나는 네가 거주에 대한 투자만큼은 절대 타협하지 않았으면 한다. 왜냐하면 거주는 네 삶의 출발점이기 때문이다.

회사 근처에 있는 방을 구하려면 전월세 가격은 더욱 비싸진다. 그러나 직장과 집의 거리가 가까워지면 그만큼 삶의 질이 높아진다. 회사가 밀집해 있는 지역의 주변 집값이 비싼 이유다. 집을 알아보다 포기하고 독립을 뒤로 미룰 수도 있겠지만, 집과 회사가 너무 멀어지는 것만큼은 피해야 한다. 지금은 한 푼이라도 아낄 때라며 집에서 회사까지 대중교통으로 편도 1시간, 왕복 2시간이 걸려도 유튜브 보면서 다니면 괜찮다고 생각할 수도 있다. 하지만 그것은 네가 가진 시간이라는 자원을 그냥 길바닥에 버리는 것이나 다름없다.

하루 2시간씩이면 1년에 250일 일한다고 가정했을 때 총 500시간이다. 월세는 좀 비싸더라도 회사와 가까운 곳에 방을 얻으면 매년 500시간을 운동에 투자할 수도 있고, 영어 공부를 할 수도 있고, 하다못해 잠을 좀 더 잘 수도 있다.

회사 근처의 살고 싶은 지역에 괜찮은 상태의 방을 얻으면 만족감은 커질 테고, 그것은 정신적 충만감으로 연결되어 좀 더 발전하고 싶다는 에너지를 불러일으키게 된다. 하지만 일에 지쳐 집으로 돌아왔을 때 거주가 만족스럽지 않을 경우 삶에 대한 불만 지수가 올라가고 내 인생은 왜 이럴까 자칫 자괴감에 빠질 수도 있다. 그러므로 주거비에 대한 지출은 단순 지출이 아닌, 투자의 성격으로 바라볼 필요가 있다. 이것이 네가 비싸더라도 가장 좋은 방을 구해야 하는 이유다.

아울러 살고 싶은 지역에 집을 얻었을 때의 부가적인 효과는 그 지역의 부동산에 관심을 가지게 된다는 것이다. 나는 스물아홉에 네 아빠와 결혼해서 첫 집을 상암동 옆 동네인 성산동에 장만했다. 그땐 아직 상암동이 개발되기 전이라 온통 공사판에 먼지만 가득 날리고 주변 인프라도 그리 좋지 않았는데, 네 아빠 회사가 조만간 그 동네로 이전한다고 해서 둘러보게 되었다. 그런데 회사까지 도보 10분 거리에 있는 아파트가 상태도 꽤 괜찮은데 당시 전세 살던 동네보다 가격이 상당히 저렴했다. 게다가 앞으로 참고 기다리면 개발도 될 것 같아서 대출을 끼고 덥석 매수를 하게 되었다. 그처럼 마음에 드는 동네 주변을 맴돌다 보면 보는 눈이 자연스레 생기고, 좋은 매물을 알아보는 안목도 생기게 된다.

보통 직장 생활을 시작한 지 3~5년 정도가 지나면 이참에 혼자 살아 볼까 고민을 해 보게 되는데 2023년 현재 10평대 오피스텔의 평균 전세가는 서울은 2억, 경기도는 1억, 인천은 8300만 원선에 분포되어 있고 20평대의 경우 서울은 2.5억, 경기도와 인천은 1.7억 원 정도에 형성되어 있다. 발품을 팔다 보면 의외로 주변환경이 나쁘지 않은데도 대형 오피스텔이 아니라서, 아직 재개발이나 재건축이 안 되어서 싸게 구할 수 있는 곳들도 많다. 그럼에도 월세가 너무 부담스럽고 아깝다면 정부에서 운영하는 청년 버팀목 전세자금 대출 제도를 이용하는 것도 방법이다. 청년 버팀목 전세자금 대출은 만 34세 이하 무주택 세대주(부부 합산 연 소득 5천만 원 이하, 순자산가액 3.61억 원 이하)에 한 해 최대 2억 원까지 연 1.5~2.1퍼센트의 금리로 대출을 지원해 주고 있다.

그러니 나는 네가 결혼을 하든 안 하든 서른이 넘었다면 세대주가 되어 너의 삶을 독립적으로 꾸리는 것을 고려해 보았으면 좋겠다. 한 살이라도 어릴수록 정부로부터 받는 혜택도 많으니 그것을 잘 활용한다면 집으로부터의 완전한 독립과 함께 진정한 네 인생의 주인으로 거듭날 수 있을 것이다.

3. 그래도 집은 사야 한다

전통적으로 우리나라 사람들에게 집을 사는 것은 '내 집 마련'의 의미가 컸다. 집을 마련한 순간 나도 집이 생겼다는 자부심과 안도감, 2년 전세 계약이 끝날 때마다 집주인과 이런저런 일로 더 이상 얼굴 붉힐 일이 없기에 이사를 다니며 느꼈던 서러움을 더 이상 겪지 않아도 된다는 사실에 기뻐하는 것이다.

그래서 어떤 사람들은 내 집을 마련하는 순간 그동안 집 때문에 겪어야만 했던 수많은 일들이 주마등처럼 머릿속을 스쳐 지나가면서 왈칵 눈물을 쏟게 된다고도 했다. 그래서 때 되면 결혼하고 때 되면 아이를 낳는 것이 당연했던 사람들에게 '내 집 마련'은 언제나 인생에서 최고로 중요한 지상 과제였다.

그런 면에서 볼 때 나는 정말 행운아였다. 결혼하고 남편과 전세살이를 한 것은 딱 1년 정도였다. 몇 가지 에피소드가 있었지만 일찍부터 집을 마련해야겠다는 생각에 열심히 발품을 팔며 알아보았고 서른이 되던 해 우리 집을 마련했다. 그리고 그 뒤로 15년 넘는 세월 동안 우리나라 부동산 특히 아파트값이 얼마나 가파르게 상승했는지 똑똑히 지켜보았다. 그래서 가끔은 그때 집을 사지 않았다면 지금 어떻게 되었을까 가슴이 서늘해지기도 한다.

얼마 전 지인과 얘기를 나누다 안타까운 이야기를 접했다. 미혼인 그녀는 얼마 전 마흔셋이 되었는데 작년에 집을 샀다고 한다. 20대 후반에는 나중에 결혼하면 남편과 같이 힘을 모아 집을 마련하면 되겠지 생각해 관심이 없었고, 30대에는 괜히 빌라나 작은 아파트 같은 걸 샀다가 나중에 결혼한 뒤 1주택 요건 때문에 처분을 못 하면 곤란할 것 같아 집을 사지 않았다고 했다. 그러다 40대가 되어 결혼도 안 하고 내 집 마련도 못 한 채 나이만 먹으니 조급해져 작년에 결국 지금껏 모은 돈을 전부 쏟아붓고 대출까지 받아 집을 샀다. 그런데 그 아파트가 고점 대비 4억이나 떨어지고 말았다. 더 큰 문제는 가지고 있는 현금이 하나도 없고, 오른 이자 비용을 부담하기 위해 더 허리띠를 졸라매야 한다는 것이었다.

사실 생각보다 많은 싱글 여성들이 비슷한 문제를 안고 있다. 내 집 마련은 '결혼 후 이슈'라고 생각하고 뒤로 미루기만 하다 주변 사람들의 성화에 못 이겨 집을 샀는데, 나중에 따져 보니 잘못된 투자 결정이었다는 걸 깨닫게 되는 것이다.

많은 사람이 부자가 되려면 집에 관심을 가져야 한다고 이야기하지만 내 생각은 좀 다르다. 사실 내 집이 오르면 옆집도 오르기 마련이라, 살고 있는 집의 가격이 오른다고 해서 부자가 되었다고 볼 수 없다. 그럼에도 나와 네 아빠가 집 구경을 갔다가 문전박대를 당한 경험까지 이야기한 것은 부동산이 사실상 생존의 문제에 가깝기 때문이다.

집은 의식주의 한 부분을 구성하는 필수재이기 때문에 매매든, 전세든 하나는 반드시 선택을 해야 한다. 명품은 없으면 그만이고, 주식 투자는 안 해도 관계없지만 주거 문제는 그렇지 않다. 누구든 퇴근하고 몸 누일 곳을 필요로 한다. 그래서 집을 마련하는 순간 의식주 중 하나를 해결했다는 자부심과 안정감을 느끼게 된다. 하지만 내 집이 없으면 내 의지와 상관없이 집주인의 사정에 따라 이리저리 옮겨 다녀야 한다. 그만큼 불안감이 커질 수밖에 없다. 그래서 집을 가진 사람과 가지지 못한 사람이 삶에 대해 가지는 입장이나 태도가 180도 다르다고 한다.

그러므로 나는 네가 부동산 투자보다는 '내 집 마련'이라는 관점에서 부동산을 먼저 바라보았으면 좋겠다. 되도록 일찍부터 살 집을 마련하는 문제에 관심을 가지고, 미리 계획을 세워 두는 것도 필요하다.

몇 가지를 조언하자면 다음과 같다. 첫째, 청약은 하늘의 별 따기이지만 그래도 청약통장은 만들어 놓자. 부동산 시장이 하락할 때에는 청약통장의 이점이 크지 않다. 경매를 받아도 되고, 그냥 시장에 나와 있는 마음에 드는 매물을 사는 것이 시간과 비용을 절약하는 길이기 때문이다. 그래서 청약통장을 해약하는 사람들이 늘고 청약통장에 새로 가입하는 사람들도 별로 없다.

그러나 이렇게 분양 시장의 활기가 떨어지는 시기야말로 당첨 확률이 올라가 내 집 마련을 하기 좋을 때다. 부동산 시장도 주식 시장과 마찬가지로 하락장에 좋은 물건을 싸게 살 기회가 주어지는 셈이다. 또한 한 살이라도 어릴 때 빨리 계획을 세워야 미혼청년 특별공급처럼 정부에서 주는 혜택까지 다 챙길 수가 있다.

둘째, 되도록이면 투자와 주거를 일치시키는 것이 좋다. 돈이 없고 마음이 급하다고 해서 잘 모르는 지역에 투자하는 것은 금물이다. 왜냐하면 잘 모르는 지역일수록 세입자 관리도 어렵고, 주변 지형지물이나 개발 호재 등에 어둡다 보니 마땅한 구매자를 만나기까지 장기간 돈이 묶여 버리는 경우가 많다. 아무리 좋은 지역이라도 10년간 그 돈이 묶여야 한다면 네 인생에서 가장 황금 같은 시기에 목돈을 다른 데 굴리지 못하고 썩혀야 한다는 소리다. 굉장한 손실을 입게 되는 것이지.

따라서 첫 부동산 투자는 가급적 투자와 거주를 일치시키는 것이 가장 좋고, 부득이하게 그러기가 힘들다면 거래가 활발하고 수요가 많은 지역을 택할 필요가 있다. 언제든 현금화가 가능하도록 말이다.

그런 의미에서 보자면 전세든 월세든 처음 정착하는 지역이 굉장히 중요하다. 네가 살고 싶고 매수하고 싶은 지역에서 전세든 월세든, 아파트든, 오피스텔이든, 빌라든, 일단 거주를 해 보라는 말이다. 직접 그곳에 살다 보면 좋은 매물을 보는 눈이 길러지고, 그 지역의 특징과 도로 사정, 개발 호재까지도 두루두루 알게 된다. 또한 적절한 시세에 대한 감각도 길러진다. 산책 나갔다가 인근 부동산에 들러서 분위기도 한번 물어보고 분양 예정인 아파트의 모델하우스도 들러 보렴. 아는 만큼 보인다는 것이 어떤 말인지 깨닫게 될 것이다.

셋째, 원하는 지역과 평형, 가격대, 자금 조달 계획 등을 어느 정도 마음속에 정해 놓고 준비해야 실수하지 않는다. 부동산도 시장이기 때문에 상승장의 시기가 있고 하락장의 시기가 있다. 상승장에는 사려고 마음먹은 매물의 가격이 계속 올라가니 조바심이 나게 되고, 결국 안 좋은 매물을 안 좋은 조건에 덜컥 계약하게 된다. 반대로 하락장일 때에는 집값이 계속 하락할 것 같은 마음에 부동산에 대한 관심을 아예 꺼 버리게 되지. 그러나 부동산은 주거를 위한 필수재이기 때문에 결국 생존권과 결부된다는 사실을 절대 잊지 마라. 원하는 지역과 평형, 가격대를 미리 생각해 두고, 이에 맞아떨어지는 매물을 만났을 때에는 주저 없이 결정할 수 있도록 준비를 해야 한다.

넷째, 초보자의 경우 여기저기서 들은 것은 많다 보니 교통이 좋고, 학군이 좋고, 인프라가 좋은 아파트를 찾으려 든다. 그런데 그런 조건을 모두 만족시키는 투자처는 한정되어 있고, 그런 아파트는 십중팔구 가격이 매우 비싸기 때문에 사기가 힘들다. 그럴 때는 3개의 입지 조건 중 1개 정도는 빠지는 곳이라도 네가 살고 싶은 집을 고르는 지혜가 필요하다. 사서 가격이 오를 집을 고르려다가, 그것도 싼 가격에 사려다가 네 집을 마련할 기회를 놓치지 말라는 얘기다.

만약 네가 마음에 드는 집을 골라서 살게 된다면 만족스러울 테고, 집값이 떨어진다 해도 그냥 그 집에 살면 된다. 누구도 너를 나가라 말라 할 수 없다. 네가 그 집의 주인이기 때문이다. 그러니 어떤 경우에도 감당하지 못할 대출을 받아 돈에 끌려다니지 마라. 살고 싶은 집의 주인이 되어 보면 집이 너에게 주는 안정감이 얼마나 큰지를 바로 느끼게 될 것이다. 그러니 딸아, 네 집 마련을 절대 뒤로 미루지 마라.

CHAPTER 6

내일도 출근하는 너에게
해 주고 싶은 말들

회사에서 최소 1년은 버텨야 하는 이유

20년 전 일이라 까마득하지만 나에게도 초보 시절이 있었다. 2002년 당시만 해도 증권업계에는 여성이 매우 드물었다. 그러다 보니 내가 공채로 입사했을 때 입사 사실 자체가 회사에서 많이 화제가 되었다. 오죽했으면 처음에 본사에 부서 배치를 받아 앉아 있는데 사람들이 우르르 몰려와 구경(?)을 하고 갔을까. 처음에는 조금 우쭐하기도 했었다. 당당하게 증권업계에 첫발을 내디뎠고, 이제 내 능력만 보여 주면 된다고 생각하니 신이 나기도 했었다.

그런데 안타깝게도 2년간은 좌충우돌의 연속이었다. 모든 신입 사원은 일단 영업점에서 고객을 응대하는 현장 경험을 하는 게 관례였는데, 나는 명동 지점에 배치를 받았다. 3개월은 수습으로 지내면서 전화 받는 법, 전표 쓰는 법, 주문 내는 법을 익히며 즐겁게 지냈는데 문제는 수습 기간이 끝난 후부터 시작되었다. 고대하던 월급 날이 되어 통장을 살펴봤는데 지난 달의 절반도 안 되는 금액이 입금된 것을 발견했다. 너무 당황스러웠지만 누구한테 물어봐야 좋을지 몰라 속을 끓이고 있던 찰나 지점장이 나를 불렀다. 걱정되는 마음으로 지점장실에 갔다가 충격적인 사실을 알게 되었다. 영업점 직원들은 직급별로 반드시 달성해야 할 목표치라는 게 있는데 내가 그 목표치의 절반도 채우지 못해 성과급이 하나도 안 나왔다는 것이다. 수습 기간에는 목표를 못 채워도 기본 성과급이 지급되지만 3개월이 지났기 때문에 그런 보호막이 없어진 거였다.

당황하는 나에게 지점장은 하얀 편지 봉투를 하나 내밀었다. 그 안에는 30만 원, 당시로 치면 상당한 거금이 들어 있었다. 그리고 지점장은 나를 보며 말했다.

"소연아, 영업 사원에게 계수(숫자)는 인격이다. 면피는 하도록 하자."

무슨 정신으로 그 방을 나왔는지 모르겠다. 나는 봉투를 받아 들고 화장실로 달려갔고, 두 시간 가까이 눈이 부어오를 정도로 펑펑 울었다. 대학 졸업장만 받았을 뿐이지 실제로 사회에 나와 보니 내가 할 줄 아는 게 너무 없다는 좌절감에 슬퍼서 울고, 아무것도 모른 채 철없이 굴면서 나댔던 스스로가 창피해서 울고, 멋진 커리어 우먼이 되는 장밋빛 상상만 하다가 냉혹한 현실을 정면으로 마주한 것이 당황스러워 울었다. 나는 그렇게 사회생활을 하면서 처음으로 쓴맛을 경험하게 되었다.

회사는 사업을 확장하고 돈을 벌기 위해 직원을 고용하고, 직원은 회사의 목표 달성을 위해 같이 뛰겠다고 약속함으로써 계약 관계가 성립된다. 그리고 그 대가로 받는 것이 바로 월급이다. 그런데 나는 그때까지 공부만 했지 회사가 내게 무엇을 원하는지, 증권 업계가 어떻게 굴러가고, 고객이 나에게 무엇을 원하는지에 대해선 너무 무지했다.

그 후 나는 결심했다. 지점장이 준 30만 원 봉투를 꺼내 보면서 잘나가는 증권맨은 못 되더라도 최소 면피는 하는 사람이 되자고. 그래서 휴면 계좌 고객 리스트를 뽑아서 전화를 돌리기 시작했다. 많이 손해가 난 종목은 공부를 해서 좋은 종목으로 교체해 보자고 권유도 해 보고, 보유한 종목에 변화가 생기면 고객들에게 브리핑도 해 가면서 신뢰를 쌓았지. 그렇게 3개월이 지나자 정상적인 성과급을 받기 시작했다. 그리고 1년 반 뒤 본사로 발령을 받게 되었는데 지금도 나는 그때 겪었던 일과 그로부터 배운 교훈들을 마음 깊이 간직하고 있다.

모르는 것은 물어볼 것

신입 사원인 너에게 다음 주 월요일까지 해야 할 업무가 주어졌다. "네 알겠습니다"라고 했지만 막상 뚜껑을 열어 보니 무엇을 어디서부터 어떻게 진행해야 할지 갈피를 잡을 수가 없다. 그럴 때 너는 과연 어떻게 할까? 어떻게든 혼자 해 보려고 애쓸까, 아니면 잘 모르는 내용들을 체크해서 선배에게 "이건 잘 모르겠는데요. 가르쳐 주세요"라고 말할까. 선배 입장에서는 가르쳐 달라는 후배가 반가울 수밖에 없다. 왜냐하면 혼자 해 보려고 애쓰는 신입들은 결국 주어진 기한 내에 업무를 완수하지 못하거나 엉뚱한 결과물을 내놓는 사례가 많기 때문이다.

누구나 모르는 게 있으면 창피한 마음이 들게 마련이다. 그리고 선배가 바빠 보이는데 이런 걸 물어도 될까 고민할 수도 있다. 하지만 엉뚱한 결과물을 내놓느니 잠깐 선배를 귀찮게 하는 게 무조건 낫다.

그리고 모르는 것을 물어보는 너를 싫어할 사람은 세상에 아무도 없다. 사람은 누구나 우월한 존재가 되고 싶어 한다. 그래서 기쁜 마음으로 자신의 지식과 노하우를 알려 준다. 그리고 서로 가르쳐 주고 배우면서 관계가 발전하게 되어 있다. 안 친한 사람들도 일 하나를 같이 하고 나면 부쩍 친해지는 게 그런 이유 때문이다.

그리고 무엇보다 중요한 것은 어떻게든 맡겨진 업무를 제대로 하는 것이다. 그러니 모르는 것은 우물쭈물하지 말고 빨리 물어봐라. '삼인행 필유아사(三人行 必有我師)', 세 사람이 같이 걸어가면 그 가운데 나의 스승이 될 만한 사람이 반드시 한 명은 있다는 뜻이다. 너도 그렇게 묻다 보면 네가 의지하고 믿어도 될 좋은 사람을 만나게 될 것이다.

실수나 실패에 쫄지 말 것

실수를 저지르지 않는 사람은 없다. 나 역시 실수를 저지를 때마다 앞으로 다시는 이런 실수를 하지 않겠다고 다짐하지만 번번이 그 다짐은 깨지곤 했다. 앞으로도 계속 그러지 않을까.

그동안 저지른 수많은 실수와 관련해서 내가 가장 후회되는 것은 실수나 실패 그 자체가 아니라 그 상황이 너무 괴로워서 실수를 외면해 버렸다는 사실이다. 왜냐하면 문제가 발생했는데 괴롭다는 이유로 손을 놓고 있는 동안 실수와 실패는 더 이상 수습이 불가능할 정도로 부피가 커져 괴물이 되어 버리기 일쑤였고, 그 괴물에 꼼짝없이 잡아먹히고 마는 건 다름 아닌 나 자신이었다. 실수를 외면한 대가가 너무 컸던 것이다.

아마존 창업자인 제프 베조스는 뭔가 일이 터져서 난감한 상황이 되면 그냥 일단 전화부터 한다고 한다. 그 전화가 어떤 내용인지, 누구랑 통화하는지는 중요하지 않단다. 전화를 하고 있다는 사실 자체가 도망가지 않고 문제를 수습하기 위해 무언가를 하고 있다는 생각을 하게 만들어, 심리적인 안정감을 되찾을 수 있다는 것이다.

나도 이제는 안 좋은 상황이 벌어지거나 실수를 하게 되면 외면하는 대신 바로 어떤 행동이든 한다. 미안하다고 사과를 하든, 누구와 수다를 떨든, 일단 내가 문제를 수습하기 위해 뭐든 하고 있으면 적어도 자책과 자괴감의 굴레에서는 빠져나올 수 있게 된다.

그리고 바닥으로 떨어졌던 자존감이 회복되면서 실수를 정면으로 마주할 용기도 내게 된다.

나는 네가 실수를 했을 때 적어도 외면하지 않는 사람이 되었으면 좋겠다. 다행히 회사에서 신입에게는 초보의 특권이 주어진다. 초보니까 실수가 많을 수밖에 없다고 생각하고, 초보니까 웬만한 실수는 눈감아 주는 문화가 존재한다. 초보 운전자 딱지를 달고 있으면 다른 운전자들이 많은 부분을 이해하고 그냥 넘어가 주는 것과 비슷하다. 그러니 실수나 실패가 두려워 아무것도 하지 않으려는 겁쟁이가 되지 말고, 초보의 특권을 맘껏 누려 보아라. 초보 시절 네가 해야 할 것은 실수를 하지 않는 게 아니라, 다양한 경험을 통해서 너만의 업무 기술과 노하우를 빨리 쌓는 것이다.

최소한 1년은 버텨 볼 것

회사에 들어온 지 1년이 채 안 되어 그만두는 신입 사원을 보면 안타까운 마음이 먼저 든다. 사람을 사귈 때도 최소한 1년은 사귀어 보라는 말이 있다. 처음에는 서로 잘 보이기 위해 많은 것들을 조심하지만 사계절을 만나다 보면 많은 일들을 겪으며 서로의 본 모습을 들킬 수밖에 없게 된다. 처음에는 멋지고 예쁘게만 보였던 상대의 단점을 하나둘 보게 되면서 실망을 하게 되지만 예전에는 몰랐던 새로운 면을 발견할 때도 있다. 그래서 사계절 정도 만나다 보면 상대방의 진면모를 제대로 파악할 수 있게 된다. 집도 마찬가지다. 따뜻한 봄과 더운 여름과 선선한 가을과 추운 겨울을 다 지내봐야지 어떤 집인지가 제대로 보인다.

회사에서도 1년을 보내는 것은 매우 중요한 의미를 가진다. 대부분의 한국 기업은 12월 결산 법인으로 진행이 되는데 1월부터 9월까지는 통상적인 영업 프로세스대로 흘러가지만 연말에는 바빠지기 시작한다. 내년 사업 계획을 세우고 부서를 개편하고 한 해 성과를 결산해 인사 평가를 한 뒤 성과급 책정하는 일을 연말에 몰아서 진행한다. 이런 일련의 과정을 겪어 보면 회사가 어떤 비전을 가지고 있는지, 무엇을 중요하게 생각하는지, 어떤 문화를 가진 집단인지가 보인다.

게다가 신입 사원의 경우 첫 1년은 사회생활에 필요한 기본적인 업무 기술과 노하우를 익히고, 같이 일하는 사람들을 대하는 법과 예의를 배우는 중요한 시간이다. 그래서 이직을 하는 경우 1년을 채운 사람은 어느 정도 일의 기본기는 갖춰져 있을 거라고 판단한다. 그러니 회사가 아무리 마음에 안 들지라도 최소한 1년 정도는 버틸 줄 아는 사람이 되었으면 좋겠다.

생각해 보면 나도 초보 시절 자기 계좌를 마음대로 매매할 수 있게 해 줄 테니 여자친구가 되어 달라는 고객 때문에 저녁 식사 자리에서 울면서 뛰쳐나온 적도 있었고, 자기 아들이 공부를 못해서 아가씨같이 똑똑한 사람을 며느리 삼고 싶으니 자기 아들이랑 선 좀 봐 달라고 몇 번이나 찾아왔던 모 기업 회장도 있었다. 사회생활을 시작한 지 얼마 안 된 때라 그런 일들을 겪는 게 너무 힘들었고, '내가 이런 일을 하려고 회사에 들어온 건 아닌데' 하며 깊은 회의에 빠지기도 했지만 지나고 보니 그건 아무것도 아니었다.

회사에서 일의 기본기를 익히고 직장인으로서 가져야 할 태도를 배우는데 너는 월급을 받는다. 무언가를 배우는데 돈을 내기는커녕 도리어 돈을 받는 것이다. 그런 좋은 기회를 함부로 걷어차지 마라. 회사에서 초보 시절은 다시 오지 않는다. 그리고 그 시절을 어떻게 보내느냐에 따라 너의 미래는 생각보다 크게 바뀔 수 있다. 탄탄한 기본기를 가진 인재를 놓치고 싶어 하는 회사는 없기 때문이다.

스텝이 풀릴 때까지는
춤을 출 수밖에 없다

여자아이들은 수학을 참 어려워한다. 너도 마찬가지였지. 고등학교에 입학해 가장 어려워했던 과목이 수학이었고, 한번은 시험에서 반타작을 하고 와 울상을 지었다. 그때 내가 해 준 말 혹시 기억하니?

"전문가가 되려면 1만 시간 정도 필요하대. 힘들어도 꾸준히 하는 수밖에 없어."

그러자 너는 볼멘소리로 답했지.

"엄마는 왜 그런 당연한 소리를 해? 그럼 다른 과목 공부할 시간이 줄어드니까 그렇지."

너의 마음은 충분히 이해한다. 단시간에 수학 점수를 올릴 비법

같은 게 절실했겠지. 하지만 정말로 무언가를 잘하기 위해서는 먼저 시간을 내어 열심히 하는 수밖에 없다.

세상의 지식과 경험이라는 것은 보통 조각조각 흩어져 있지 않고, 하나의 법칙과 체계를 가지고 있는 경우가 많다. 그렇기에 그 전체 구조를 파악하기 위해 들여야 할 시간과 노력의 절대량이 반드시 필요하다. 정량적인 부분을 무시하면 안 된다는 것이다. 지루하고 답답해도 그 정량적인 필요량을 채우는 순간, 너는 아마도 갑작스레 눈이 환해지고 그 분야를 관통하는 지혜를 갖게 되는 신기한 경험을 하게 될지도 모른다. 그것이 바로 고대 그리스의 철학자 아르키메데스가 말했던 '유레카'의 순간이다.

그러므로 전체를 꿰뚫는 실력과 통찰력을 가지기 위해서는 질적으로나 양적으로 상상 이상의 많은 시간을 투자해야만 한다. 그런데 사람들은 조금 해 보다 안 되면 그냥 포기해 버리고 만다. 재능도 없는데 해 봤자 시간만 날리고 아무것도 얻지 못할 게 분명하다고 생각하기 때문이다. 몇 번 그런 일을 반복하다 보면 아예 어떤 일이든 시도조차 안 하게 된다.

그러나 이는 잘못된 생각이다. 심리학자 안데르스 에릭슨은 바이올린을 배우는 베를린 음악 아카데미 학생들을 세 그룹으로 나누었다. 장래에 세계적인 연주자가 될 수 있는 최우수 그룹, 꽤 '잘한다'는 평가를 받는 우수 그룹, 프로급 연주를 해 본 적이 없고 공립학교 음악교사가 꿈인 보통 그룹. 그런데 놀랍게도 조사를 해 보니 세 그룹 사이에 타고난 재능의 차이는 크지 않았다. 다른 게 있다면 단 하나, 연습 시간뿐이었다. 세 그룹 모두 다섯 살쯤 바이올린을 배우기 시작했는데 스무 살이 될 때까지 연습한 시간을 따져 보니 최우수 그룹 학생들은 1만 시간을 연습했고, 그다음 그룹은 8천 시간, 마지막 그룹은 4천 시간을 연습했다. 최우수 그룹 학생들은 보통 그룹 학생들에 비해 6천 시간을 더 연습했던 것이다. 놀라운 사실은 타고난 천재, 다시 말해 별로 노력하지 않았는데 최우수 그룹에 속한 학생은 단 한 명도 없었다는 것이다. 이를 토대로 에릭슨은 천재는 아니든 특정 분야에서 거장의 경지에 오르려면 최소 1만 시간의 연습이 필요하다고 주장했다.

나도 서울대를 졸업했지만 타고난 천재나 수재와는 거리가 멀다. 그런데 사람들은 으레 어렸을 때부터 전교 1~2등을 했을 거라고 지레짐작한다. 태어날 때부터 공부 머리가 좋았을 거라고 생각하는 것이다. 하지만 나는 중학교 때까지는 반에서 5등 정도 하는 수준이었다. 어느 시험에서는 아주 잘했다가 다른 시험에서는 크게 미끄러지곤 해서 못하는 것은 아니지만 학교에서 공부로 주목받는 학생은 결코 아니었다.

초등학교 3학년 때에는 이런 일도 있었다. 1학기 시작한 지 얼마 되지 않은 4월 즈음이었는데 집에서 선생님이 내 준 숙제를 풀고 있는데 너무 어려웠다. 혼자 끙끙거리다가 안 되겠어서 엄마한테 물었더니 엄마도 잘 모르겠다고 했다. 그래서 결국 다음 날 처음으로 숙제를 못한 채 전전긍긍하며 등교를 하게 되었다. 안절부절못하다가 옆 짝꿍에게 "너 어제 그 숙제 했어? 너무 어렵던데…"라고 슬쩍 떠보았다. 그런데 짝꿍이 너무나도 자신만만하게 숙제를 다 했다고 하는 게 아닌가. 깜짝 놀라서 도대체 어떻게 했느냐고 묻자, 전과를 보고 했단다. "전과가 뭐야?"라고 묻자 짝꿍은 "너는 어떻게 전과를 모를 수가 있어?"라고 했다.

알고 보니 다른 친구들은 모두 학기 초에 전과(지금으로 치면 참고서)를 사서 그걸 보고 숙제를 한 것이었다. 나는 하교하자마자 어떻게 엄마는 전과도 모를 수가 있느냐며 하소연을 늘어놓았고, 그 길로 엄마와 함께 학교 앞 문방구에 갔다.

그런데 가 보니 가장 인기 많은 동아전과는 다 팔리고 없었고, 상대적으로 인기가 덜한 표준전과만 남아 있었다. 어쩔 수 없이 그걸 사 가지고 집으로 돌아오는데 너무 속상했다. 왜 우리 집은 다른 집처럼 나한테 신경을 안 써 줄까. 어떻게 다른 친구들은 다 가지고 있는 전과를 사 줄 생각조차 안 할 수 있을까. 과학 실험 준비물인 물체 주머니도 나 혼자 가져가지 못해 혼났던 기억이 여러 번이다.

그때는 그게 너무 원망스러웠는데 지금 와서 생각해 보면 부모님이 너무 바빴던 거였다. 우리 집은 1남 3녀로 4남매였는데 아직 기저귀를 뗀 지 얼마 안 된 두 살짜리 막내 동생까지 있었다. 엄마가 내 전과를 살 정신이 있을 리 만무했다. 아버지도 여섯 식구를 건사하느라 아침부터 밤까지 회사 일로 눈코 뜰 새 없이 바빴던 시절이었다.

그러다 보니 공부와 관련해선 뭐든지 어릴 때부터 혼자 알아서 결정하고 헤쳐 나가야 했다. 집안 형편이 넉넉지 않다 보니 학원을 다니겠다고 말하는 것도 눈치가 보였다. 고등학교 때도 한 과목당 3만 3천 원 하는 대형 단과학원에서 한두 과목 듣고 독서실에 다니면서 인터넷으로 EBS 강의를 보며 공부했다.

그런데 해도 해도 늘지 않던 성적이 고2 때 수직 상승을 했다. 그리고 그 이후부터는 전교 10등 밖을 벗어난 적이 없었다. 돌이켜 보면 어느 날 갑자기 나에게도 '유레카'의 순간이 왔던 것 같다. 전체를 꿰뚫는 퍼즐의 법칙을 마침내 알아냈다고 할까. 매일 5시간씩 공부를 했다고 하면 한 달이면 150시간, 1년이면 1800시간, 5~6년 정도면 1만 시간에 도달하게 되는데, 나의 경우 정확하게 1만 시간이 지나면서 무엇을 어떻게 공부하면 될지 전체적인 그림이 보이기 시작했다. 그 이후로는 공부에 관해서 크게 걱정을 해 본 적이 없다.

학교 공부할 때만 그랬던 건 아니다. 2002년 증권사에 들어갔을 때만 해도 주식의 '주'자도 제대로 몰랐기 때문에 모든 일에서 정말 창피할 정도의 수준밖에 안 됐다. 리서치센터에 들어갔을 때는 엑셀 사용하는 법도 몰라서 한 선배가 나를 보며 한숨을 짓기도 했다. "아니, 이런 것까지 일일이 알려 줘야 해?", "소연 씨는 도대체할 줄 아는 게 뭐야?"라는 꾸지람을 듣는 것도 부지기수였다. 그럴 때마다 자괴감이 몰려왔지만 예전의 경험을 떠올렸다. 열 번 찍어안 넘어가는 나무 없다는데, 그래도 안 넘어가면 열한 번 찍고 열두 번 찍어 보는 것이다. '안 되면 될 때까지' 하다 보면 좀 늦더라도 길이 보이는 경우가 많다. 질적으로 양적으로 시간 투입을 늘려 가며 전체적인 퍼즐을 맞춰 보는 것이다. 그렇게 10년을 일했을까, 경제 전반과 금융 시장이 조금씩 눈에 들어오기 시작했다. 이런저런 이슈와 현상들이 가격에 어떤 영향을 미칠지 예상을 해 보고 전망을 할 수 있게 된 것이다.

1만 시간은 하루도 빼놓지 않고 3시간씩 연습한다고 가정했을 때 10년을 투자해야 하는 엄청난 시간이다. 물론 하루에 5시간씩 연습하면 5~6년으로 줄일 수 있다. 하지만 중요한 사실은 그 정도의 노력 없이는 절대 성공할 수 없다는 것이다. 그래서 《아웃라이어》의 저자 말콤 글래드웰은 '보통 사람의 범주를 넘어선 성공을 거둔 사람'을 아웃라이어라고 지칭하며, 아웃라이어가 되는 데 필요한 제1 요인은 천재적 재능이 아니라 '1만 시간의 법칙'이라 불리는 쉼 없는 노력이라고 했다. 그러고 보면 타고난 천재도 아니고, 나 같은 문외한이 증권업계에 들어와 밥 먹고 살고 있는 것도 포기하지 않고 열 번, 열한 번, 열두 번 계속 나무를 찍어 보았기 때문인지도 모르겠다.

하지만 처음 무언가를 시작하는 사람에게 '1만 시간'은 상상이 잘 되지 않는 시간이다. 너무 멀게만 느껴져서 시작할 엄두조차 안 날 수 있다. 너도 아마 그렇겠지. 마음을 다잡고 최선을 다했는데 결과가 안 좋으면 '내가 계속 이 일을 하는 게 맞을까?', '노력해도 안 되는 걸 괜히 붙잡고 있는 건 아닐까?' 하는 회의에 빠질 수도 있다. 나도 돌이켜 보면 때론 무너지기도 했고, 때론 힘들어서 도망가고 싶기도 했다.

그럴 때마다 나는 무라카미 하루키가 쓴《댄스 댄스 댄스》의 양 사나이의 말을 떠올리며 위안을 얻곤 했다.

"음악이 울리는 동안은 어쨌든 계속 춤을 추는 거야. 내가 하는 말 알아듣겠어? 춤을 추는 거야. 계속 춤을 추는 거야. 왜 춤추느냐 하는 건 생각해선 안 돼. 의미 같은 거 생각해선 안 돼. 의미 같은 건 애당초 없는 거야. 그런 걸 생각하기 시작하면 발이 멈춰 버려. 한번 발이 멈추면 이미 나로선 어떻게도 도와주지 못하게 되고 말 아. 그러면 자네의 연결 고리는 모두가 없어지고 말아. 영원히 없 어지고 마는 거야. (중략) 그러니까 발을 멈추면 안 돼. 제대로 스텝 을 밟아. 계속 춤을 추어 대란 말이야. 그리고 굳어 버린 것을 조금 씩이라도 좋으니 풀어 나가는 거야. 아직 늦지 않은 것도 있을 테 니까. 쓸 수 있는 것은 전부 쓰는 거지. 최선을 다하는 거야. 두려워 할 건 아무것도 없어. 당신은 분명히 지쳐 있어. 지쳐서 겁을 먹고 있어. 누구에게나 그런 때가 있어."

그래서 나는 너에게도 말해 주고 싶다. 앞이 보이지 않더라도 일 단 춤을 춰야 한다고. 그렇게 계속 춤을 추다 보면 어느새 스텝이 풀리는 날이 올 거라고. 그러면 언젠가 분명 춤을 잘 출 수 있게 될 거라고.

어떤 순간에도 사람을 함부로 대하지 마라

[인간관계]

　유일한 가족이었던 할머니를 잃고 갑작스럽게 고아가 되어 버린 사쿠라이 미카게. 그녀는 깊은 상실에 빠진다. 그런 그녀를 위로해 준 건 냉장고였다. 그녀는 아무도 없는 집의 적막감을 견딜 수가 없었는데 냉장고가 '위잉' 하고 돌아가는 소리를 들으면 그나마 마음의 평안을 얻을 수 있었다. 그래서 매일 부엌에서 냉장고 소리를 들으며 잠을 청했다.

　요시모토 바나나가 쓴 소설《키친》의 한 장면인데 20대 중반 나는 그 대목을 읽으며 펑펑 울었다. 나 또한 갑작스레 엄마를 잃고 너무 힘들고 외로웠던 시절이었기 때문이다. 그처럼 감정적으로 힘들다 보니 주변을 신경 쓸 여유가 없었고, 내 감정이 앞서서 남을 배려하지 못하는 경우가 허다했다. 생각해 보면 그렇게 화낼 일이 아니었는데 심하게 화를 내고 돌아서곤 했던 것이다.

하지만 그때는 그 사실을 미처 몰랐다. 그러다 나는 고등학교 때부터 단짝이었던 친구를 잃게 되었다. 당시 친구는 병원에서 근무하고 있었고 지인 할인을 해 주곤 해서 나도 많은 덕을 보았다. 그런데 한번은 회사 동료를 그 병원에 소개해 주었다가 문제가 생겼다. 친구가 병원을 그만두게 되자 내 동료가 환불을 요구하게 되었고 나는 중간에서 난처한 입장이 되고 만 것이다. 친구도 병원을 그만두기까지 많은 고민이 있었을 텐데 그때의 나는 그것을 살피지 못했다. 그저 나를 난처하게 만든 친구가 원망스러워 서운한 마음을 쏟아 내기 급급했다. 그게 깊은 상처가 되었는지 그 후 친구는 더 이상 나의 연락을 받지 않았다. 오랜 친구니까 그 정도의 일로 관계가 끊어지는 건 아니겠지, 시간이 지나면 괜찮아지겠지 했지만 20여 년이 지난 지금까지도 연락을 못 하고 있다.

그때 일을 생각하면 지금도 얼마나 후회가 되는지 모른다. 왜 나는 나를 아껴 주고 따뜻하게 대해 주는 친구에게 상처가 되는 말을 쏟아 낸 걸까. 그때 감정적으로 퍼붓지 않고 시간을 두고 해결했다면 많이 달라지지 않았을까.

인간관계에는 '돌이킬 수 없는 포인트'가 있는 것 같다. 아무리 후회하고 용서를 빌어 봐도 안 되는, 더 이상 수습이 불가능한 포인트. 안타깝게도 나는 친구에게 상처를 주고 그 상처 때문에 친구와 멀어지고 나서야 그 사실을 깨달았다.

그 후 나는 스스로 그런 극단적인 선을 넘지 않도록 조심, 또 조심한다. 말은 뱉으면 다시 주워 담을 수 없고, 때론 그 말이 칼이 되어 상대에게 깊은 상처를 줄 수 있음을 이제는 알기 때문이다.

그럼에도 나에게는 인간관계가 여전히 쉽지 않다. 매사 이성적인 편이다 보니 상대방에 대한 공감 능력이 부족하다는 걸 여실히 느낄 때가 많다. 가슴보다 머리로 움직이다 보니 감정을 표현하는 데 서툴고 오글거림을 잘 견디지 못할 때도 있다. 하지만 부지런히 노력을 해야 한다고 생각한다. 부족한 나를 믿어 주고 격려해 준 사람들이 없었다면 지금의 내가 없었을 것이기 때문이다.

30대 초반의 일이다. 프로 애널리스트의 꿈을 한창 키우고 있는데 회사에서 갑자기 나에게 애널리스트를 그만두고 리퀘스트 매니저를 해 보지 않겠느냐는 제안을 했다. 애널리스트로 빨리 자리 잡고 인정받고 싶은 마음에 매일같이 야근하는 것도 모자라 주말 출근도 불사했는데 회사는 나를 알아주지 않는구나 싶어 속상하고, 한편으로는 내가 애널리스트로 자질이 없는 건가 싶어 자괴감이 몰려왔다.

그런데 그 일을 알게 된 바로 위 팀장이 임원실로 달려가 "박소연은 그런 애가 아니다. 내가 1년 안에 베스트 애널리스트로 만들어 보겠다"고 호언장담을 하며 나를 보호해 주었다. 그 이야기를 듣고 고마운 마음에 얼마나 울었는지 모른다. 아무도 나를 믿어 주지 않는데, 내가 그 믿음에 보답하지 못할 수도 있는데, 팀장이 자신을 걸고 나를 지켜 준 것이기 때문이다. 내가 뭐라고, 나도 솔직히 내가 잘할 수 있을지 모르겠는데, 이러다 팀장 얼굴에 먹칠을 하게 되는 건 아닐까 두렵기도 했다. 그래서 나는 더욱 일에 매진했고 거짓말처럼 딱 1년 후 2011년 하반기 베스트 애널리스트 평가에서 시황 부문 1등을 했다. 그때의 기쁨은 아직도 잊을 수 없다. 나를 믿어 준 마음이 헛되지 않았음을 보여 주고 싶었는데 다행히 그 약속을 지킨 것 같아 뿌듯한 마음이 들기도 했다.

경제대학원에 들어갈 때에도 비슷한 일이 있었다. 사학과 출신으로 증권사에 입사했더니 아는 것이 너무 없어 연일 자신감이 뚝뚝 떨어졌다. 전공자도 아닌데 제대로 할 수 있겠느냐는 회의적인 눈초리도 가득했다. 이에 대학원이라도 가야겠다 생각하고 무작정 지원 먼저 했는데, 막상 붙고 보니 회사와 대학원 병행이 쉽지 않아 보였다. 아무리 내가 업무에 지장을 주지 않도록 최선을 다하겠다고 해도, 일정 부분 공백이 생길 수밖에 없을 것이기 때문이다. 그래서 회사 입장에서는 허락하기 쉽지 않겠다 싶어 그만둘 각오까지 하고 말을 꺼냈다. 야근에 주말 근무까지 해서 보충할 테니 주중 대학원 수업을 들어도 되겠느냐고 말이다.

그런데 당시 센터장님이 흔쾌히 허락을 해 주셨다. 그 후 결혼하고 출산을 하면서 중간중간 휴학도 많이 했는데 무사히 대학원을 마칠 수 있었던 것은 그때그때 상사로 있던 분들이 나를 온전히 지지해 준 덕분이었다.

그뿐이 아니다. 돌이켜 보면 도대체 왜 그랬을까 이불킥 하고 싶을 정도로 실수도 많이 저질렀다. 대범하게 보이고 싶어서 무리를 하다가 황당한 사고를 저지를 때도 있었고, 괜한 자존심에 선배 애널리스트와 크게 다투고 한 달간 말을 안 했던 적도 있었다. 그때마다 혼을 내면서도 따뜻하게 배려를 해 주었던 선배들이 있었다. 그때 그 선배들이 나를 껴안아 주지 않았다면, 나는 아마도 중도에 회사를 그만두었을 테고, 지금의 나는 없었을 것이다. 그래서 나도 그 선배들을 닮아 가고 싶은데 막상 그 위치에 이르고 보니 그게 참 어려운 일이라는 것을 알겠다. 아니, 어떻게 그들이 이렇게나 부족하고 아무것도 아닌 나를 믿어 주고 격려해 줄 수 있었는지 너무나 대단하다는 생각이 든다. 나는 그 정도는 못하더라도 남의 실수를 껴안아 줄 수 있는 사람 정도는 되고 싶은데 그것 또한 참 쉽지 않다.

회사를 다니든, 프리랜서를 하든 사회생활을 하다 보면 너도 수많은 사람을 만나게 될 것이다. 특히나 일로 만나다 보면 원하는 것을 얻기 위해 의견을 조율하다 마음이 상하거나 다툼을 하게 될 때도 있을 것이다. 하지만 그 어떤 순간에도 일을 잘해 보겠다는 욕심에 사람을 함부로 대하지는 마라. 항상 인간관계에는 돌이킬 수 없는 포인트가 있다는 사실을 잊지 말고 상대방에 대한 예의를 다해야 한다는 뜻이다. 그리고 일을 하다 너를 믿어 주고 격려해 주는 사람을 만나게 되면 당연하다 생각지 말고 그들을 귀하게 여길 줄 아는 사람이 되어라. 그러면 그들은 네가 슬플 때 너를 위로해 주고, 네가 기쁠 때 진심으로 같이 기뻐해 줄 것이다. 그렇게 사람들과 함께 걸어가거라.

재작년에 15년 가까이 다닌 회사를 그만두고 이직을 했는데 6개월쯤 지났을 때 예전 회사에서 리서치센터장으로 모셨던 분이 점심을 먹자며 회사 근처로 오신 적이 있었다. 밥을 먹고 햇빛이 쏟아지는 창가에 앉아 같이 차를 마시면서 두런두런 얘기를 나누었는데 "어떻게 지내고 있냐, 회사는 어떠냐"고 물어서 "자산 배분을 맡게 되었는데 재미있다. 회사에 교육을 듣고 싶어 신청했더니 흔쾌히 허락해 주셔서 교육도 받고 있다"고 답했다. 그랬는데 대뜸 "잘 지낸다니 됐다" 하면서 등을 한번 두드려 주시고는 뒤돌아 걸어가시는 게 아닌가. 그 뒷모습을 보는데 가슴이 먹먹해지면서 왈칵 눈물이 났다. 나를 진심으로 걱정해 주는 그 마음이 너무 고맙고, 또 고마웠다. 이 고마움을 어찌 다 갚을지 모르겠다.

내가 똑똑한 사람보다
태도가 좋은 사람을 뽑는 까닭

[취업&이직]

　돌이켜 보면 내가 언론사에 있다가 증권업계로 옮긴 건 호기심이 들어서였다. 금융 기사를 쓰다 보니 증권사에서 일하면 더 재미있을 것 같아 보였다. 하지만 막상 증권사에 들어가자 경제 전반이나 주식에 대해 아는 게 많지 않다 보니 적응하기가 쉽지 않았다. 뭘 해도 주눅이 들고 자신이 없었고, 그저 모든 게 힘들게만 느껴졌다. 게다가 당시만 해도 증권사에서 일하는 여자가 드물었기에 사람들은 대부분 내가 얼마 못 버티고 나갈 거라고 생각했다.

　그러던 어느 날 오랜만에 친구를 만났는데 그녀가 나에게 "일은 어때? 잘 되니?"라고 물었다. 나는 가볍게 웃으며 말했다.

　"아휴, 모르겠어. 그냥 하고는 있는데 힘드네. 해 보다가 안 되면 때려치우고 임용고시나 준비하지 뭐. 내가 애들 가르치는 거 좋아했잖아. 선생님도 해 보고 싶었거든."

그런데 친구의 얼굴이 단박에 굳어 버리는 게 아닌가. 그녀는 마침 교사 일을 하고 있었다.

"너한테는 선생님이라는 직업이 언제든 마음만 먹으면 할 수 있는 쉬운 일처럼 보일지도 모르겠지만 나한테는 수많은 노력 끝에 어렵게 얻어 낸 귀중한 밥벌이야. 그리고 뜻에 학생들을 잘 가르치고 싶다는 사명감도 가지고 있는데 네가 너무 쉽게 이야기하니까 속상하다."

순간 아차 싶었다. 말이 헛나왔다고, 선생님이라는 직업을 폄하할 의도는 없었다고 사과했고 다행히 오해는 풀렸지만 친구의 말이 내내 잊히지 않았다. '하다 안 되면 선생님이나 하지'라는 생각을 한다는 건 어정쩡하게 양다리를 걸치는 태도이고, 어느 것도 제대로 하고 있지 않다는 얘기다. 그런 어정쩡한 태도는 내 친구와 교사들에게도 큰 실례지만 사실은 혼신의 힘을 다해 하루하루 열심히 일하고 있는 증권업계 사람들에게도 큰 실례를 한 것이나 다름없었다.

그 사실을 깨닫자 나 자신이 너무 부끄럽게 느껴졌다. 모르면 어떻게든 악착같이 배우려고 애쓰고, 하나라도 더 알기 위해 노력했어야 했는데 나는 아무것도 하지 않으면서 그저 힘들다고만 생각했고 여차하면 직장을 그만둘 생각부터 했다.

그 일을 계기로 나는 나의 일을 다시 보게 되었다. 양다리를 걸치는 어정쩡한 태도를 버리고, 이걸로 꼭 밥벌이를 하겠다는 각오로 나 역시 혼신의 힘을 다해야겠다는 마음을 먹게 된 것이다. 그 뒤 나는 '죽이 되든 밥이 되든 한번 끝까지 가 보자'라는 마음으로 치열하게 일하기 시작했다.

그렇게 일에 대한 태도를 바꾸고 나니 내가 얼마 못 버티고 나갈 거라고 수군대는 남자 선배들이 원망스럽지 않았다. 아니, 오히려 그들에게 내가 얼마나 잘 버티고 성장하는지 보여 주고 싶어졌다. 다행히 일은 배신하지 않았다. 죽어라 노력했더니 안 보이던 것들이 서서히 눈에 들어오기 시작했고, 투자할 때 내 의견을 먼저 찾아보는 투자자들도 생겨났다. 처음부터 두각을 나타낸 사람이 아니다 보니 그처럼 신뢰를 얻기까지 많은 시간이 걸렸지만 그만큼 나는 견고해져 갔다.

만약 그때 그 일이 없었다면 어떻게 됐을까? 아마도 나는 내 태도에 문제가 있다는 사실을 깨닫지 못했을 것이다. 어쩌면 그다지 노력도 안 해 보고는 섣불리 증권업계가 나랑 안 맞다고 생각했거나, 여자가 살아남기 힘든 증권사 분위기를 탓하며 업계를 떠났을 수도 있다. 능력이 부족한 건 사실 큰 문제가 아니며, 얼마나 그 일에 치열하게 매달리고 끝까지 최선을 다하느냐가 결국 성패를 좌우한다는 것을 깨닫지 못했을 것이다.

그런데 요즘 회사에서 직원을 채용할 때 면접관으로 들어가 보면 화려한 스펙을 자랑하는 사람들이 너무 많다. 바로 실전에 투입해도 무방할 정도로 능력이 출중한 사람이 가득하다. 내가 만약 지금 그들과 같이 지원했으면 나는 1차 서류에서 탈락하지 않았을까 싶을 정도다. 하지만 그렇다고 해서 1차 서류 합격자를 선발하는 게 그리 어려운 일은 아니다. 뛰어난 능력과 화려한 스펙만 강조하는 이력서와 자기 소개서는 바로 탈락시키기 때문이다. 언젠가 처음으로 면접관이 된 후배가 나에게 이런 질문을 한 적이 있다.

"그럼 선배는 사람을 채용할 때 무엇을 가장 중요하게 보세요?"

"능력보다 태도가 좋은가를 더 눈여겨보는 편이야."

똑똑하지만 겸손하지 못한 사람은 남들보다 자신이 우월하다고 생각하기 때문에 자신의 판단이 늘 옳다고 생각한다. 그래서 남들에게 그 무엇도 배우려 들지 않아 적응을 '잘' 못한다. 근거 없는 자신감으로 무작정 자신의 의견만 고집해 주위 사람들을 피곤하게 만들기도 한다. 그렇게 되면 주위에 사람이 모이지 않게 된다. 그와 함께 일하기를 꺼리게 되는 것이다.

반면 조금 덜 똑똑하더라도 겸손하고 성실하면 주변에 사람들이 모이게 되고, 서로 부족한 부분을 가르쳐 주고 채워 주려고 하기 때문에 눈덩이 굴리듯 그 능력치가 기하급수로 커지는 경우가 많다. 자신이 틀릴 수도 있다고 생각해 언제나 다른 사람들의 의견을 구하는데 적극적으로 나서고 그 안에서 최선의 선택을 하기 위해 애쓰기 때문이다. 실제로 태도가 좋은 직원이 3년 차, 5년 차가 되면서 괄목상대하는 모습을 많이 지켜봤다.

노벨 경제학상 수상자인 미국의 제임스 헤크먼도 '머리 좋고 공부 잘하는 사람'보다 '소프트 스킬(Soft Skill)', 즉 "인품이 좋은 사람이 성공 확률이 높다"고 말한 바 있다. 처음엔 똑똑한 사람이 잠시 잘나갈 수는 있지만 결국 인품이 좋은 사람이 성공하게 되어 있다는 것이다. 왜냐하면 공부한 것을 실전에 사용할 수 있는 기회의 크기는 그 사람이 지닌 네트워크의 크기에 비례하는데, 그것은 좋은 인품 없이는 결코 만들어지지 않기 때문이다.

게다가 세상의 트렌드가 워낙 빨리 변하다 보니 요즘은 한 사람의 천재에 의존하기보다는 여러 좋은 사람이 협업을 통해 만들어 내는 결과물이 훨씬 더 뛰어날 때가 많다. 나뿐만 아니라 수많은 기업들이 사람을 뽑을 때 똑똑한 사람보다 일에 대한 태도가 성실하고 좋은 사람을 선택할 수밖에 없는 이유다.

실제로 채용 포털 사람인이 기업 인사 담당자 390명을 대상으로 가장 뽑고 싶은 신입 사원 유형을 설문 조사한 결과, 태도가 좋고 예의가 바른 '바른 생활형'을 1위로 꼽았고, HR테크 기업 인크루트가 831개 기업 인사 담당자를 대상으로 '신입 사원에게 바라는 것'을 설문 조사한 결과 1위는 '배우려는 태도', 2위는 '대인관계 및 커뮤니케이션 능력'으로 나타났다.

경력자의 경우 평판 조회를 해 보면 어떤 태도를 지닌 사람인지가 바로 드러난다. 전 직장에서 같이 일했던 동료나 선후배들의 평가는 생각보다 냉정하기 때문이다. 이력서와 자기 소개서가 아무리 훌륭해도 평판 조회에서 좋은 점수를 받지 못하면 그를 뽑을 수가 없다. 반대로 같이 일했던 사람들이 하나같이 '능력도 있고 좋은 친구다', '추천한다'라는 얘기를 해 주면 없던 관심도 생겨난다.

그러므로 이력서 한 줄을 더 채우는 데 급급하기보다 스스로 좋은 태도를 가지고 있는지, 당장의 결과에 집착해 사람을 놓치고 있는 건 아닌지 돌아볼 필요가 있다. 네가 만나는 모든 이에게 열려 있고 그들에게 배우려고 한다면, 지금의 너는 아무것도 아닐지라도 2~3년 후에는 너와 함께 일하고 싶은 이들이 생겨날 테고, 그들은 분명 너에게 새로운 부의 기회를 가져다줄 것이다.

결혼은 이런 남자랑 했으면 좋겠다

언젠가 식탁에서 밥을 먹다가 네가 문득 나에게 물었다.

"엄마는 내가 결혼했으면 좋겠어?"

어리다고만 생각했던 네가 갑자기 그런 질문을 던지는데 속으로는 많이 당황스러웠단다. 하지만 예전부터 너한테 해 주고 싶었던 이야기가 있었기에 이렇게 대답했지.

"좋은 사람 있으면 하고, 없으면 굳이 안 해도 되고…."

왜냐하면 행복한 결혼 생활을 하기 위해서는 성격과 가치관이 맞아야 하고, 서로의 단점을 보완해 줄 수 있어야 하는데 결혼을 하느냐 마느냐보다 중요한 것은 그런 좋은 사람이 있느냐 하는 사실이기 때문이다.

최근 10년 사이에 사회적으로 가장 큰 변화라고 생각되는 것 중 하나는 결혼을 군이 할 필요가 없다고 생각하는 사람들이 급속도로 늘어났다는 점이다. 특히나 여자 후배들을 보면 '결혼은 여자에게 손해'라는 생각이 많은 것 같다. 누구의 잘잘못을 떠나 아직도 우리 사회에서 집안일과 육아는 여자의 책임이며 남자는 '돕는다'는 인식이 강하기 때문에 여자들이 결혼을 부정적으로 바라볼 수밖에 없는 것이다. 게다가 결혼을 하게 되면 많은 관계들이 파생된다. 특히 요즘처럼 핵가족에서 자라 관계망이 넓지 않은 환경에 익숙한 여성들은 결혼 후 갑자기 많아진 관계에 적응하기가 쉽지 않다. 자기 몸 하나 건사하기도 바쁜데 결혼과 동시에 친가는 물론 남편 집안까지 챙기려니 스트레스를 받게 되는 것이다.

　그런데 남자 후배들의 얘기를 들어 보면 또 다르다. 그들은 말한다. 혼자 밥 벌어 먹고 사는 것도 쉽지 않은데 결혼해서 가족의 생계를 책임질 생각을 하면 너무 부담스럽다고. 조금 외롭긴 하지만 그냥 이렇게 맘 편히 살고 싶다고.

　이처럼 양쪽의 이야기를 가만 듣다 보면 결혼은 여자와 남자 둘 다에게 좋을 게 없는 이상한 제도처럼 보인다. 그럼에도 나는 네가 결혼을 하겠다고 한다면 말리고 싶지 않다. 나는 네 아빠를 만나 따뜻한 사랑을 듬뿍 받은 덕분에 애정결핍에서 비롯된 모난 부분들이 많이 둥글어졌고, 너와 네 동생을 낳고 기르며 진정한 인생의 행복을 느꼈기 때문이다. 무엇보다 네 아빠와 너와 네 동생은 가족이라는 이름 아래 내 삶을 든든하게 받쳐 주는 고마운 존재들이다.

엄마가 돌아가시고 애정결핍에 허덕였던 내 공허한 인생을 의미 있게 만들어 준 소중한 사람들인 것이다.

올해로 네 아빠와 만난 지 20년, 결혼한 지는 18년이 되었다. 너는 의아할지도 모르겠지만 우리가 처음부터 잘 맞았던 건 아니었다. 오죽했으면 결혼 첫해에 하루 걸러 한 번씩 부부 싸움을 했을까. 왜 그렇게 싸웠느냐고? 나는 연애할 때 네 아빠가 어떤 사람인지 잘 알고 있다고 생각했는데 막상 결혼하고 보니 이해가 안 되는 게 너무 많았다. 특히나 술을 먹고 늦게 들어오는 문제로 많이 다투었는데 네 아빠는 술자리도 엄연히 사회생활의 일부분이라고 주장했고, 나는 집에 매일 새벽 2~3시에 들어올 정도로 술을 마셔야 성공할 수 있다면 그건 사회생활을 잘못 하고 있는 것이라 주장하며 엄청 싸웠다.

그런데 어느 날 문득 그런 생각이 들었다. 나를 사랑한다면 남편이 내 말을 들어주는 게 맞다고 생각했는데 과연 그게 사랑일까. 사랑한다는 이유로 남편을 내 소유물처럼 생각하며 내 멋대로 휘두르려 한 것은 아닐까. 그제야 비로소 네 아빠가 나와는 전혀 다른 사람이라는 사실이 눈에 들어왔다. 내가 많이 사랑하지만 나와는 참 다른 사람. 그런데 왜 나는 결혼을 했다는 이유로 내 입맛에 맞게 길들이려고 하는 걸까. 내가 좋아했던 남편의 모습은 자유롭게 날개를 활짝 펼치는 모습이었는데 그 날개를 억지로 묶어 두려고 했던 것은 아닐까.

심리치료사인 미라 커센바움은 "결혼은 한 결점 있는 인간이 내 인생 안으로 들어왔다는 것을 뜻한다"라고 했다. 불완전한 두 인간이 만났으니 서로에게 완벽함을 기대하지 말라는 것이다. 그런데 나는 네 아빠가 좀 더 완벽하기를 기대했고 그에 부응하지 못하면 실망을 하고 화를 쏟아 냈다. 나는 완벽하지 않은데 네 아빠는 완벽하기를 바란 것이다.

왜 나는 내 부족함은 보지 못하고 네 아빠의 부족함만 띠지고 들었던 걸까. 그러자 미친 듯이 싸우고 나서 먼저 미안하다고, 사랑한다고 말해 주는 네 아빠가 참 고맙게 느껴졌다. 그리고 내가 연애할 때 사랑했던 네 아빠의 모습을 있는 그대로 지켜 주고 싶다는 생각도 하게 되었다.

그러자 신기하게도 부부 싸움이 줄어들었다. 나는 네 아빠의 술 약속을 더 이상 간섭하지 않고 자유롭게 놔둘 수 있게 되었고, 네 아빠는 언젠가부터 아무리 늦어도 12시까지는 들어오게 되었다. 그것은 서로 소리를 지르며 싸울 때는 절대 오지 않을 것이라고 생각했던 평화였다. 그제야 나는 깨닫게 되었다. 톨스토이가 왜 "행복한 결혼 생활은 상대방과 얼마나 잘 지낼 수 있느냐가 아니라 얼마나 불일치를 감당할 수 있느냐에 달려 있다"고 말했는지를 말이다.

결혼을 하면 서로 맞지 않은 부분을 끝없이 맞춰 가야 한다. 그것이 소중한 사랑을 지키는 유일한 방법이다. 하지만 생각만큼 쉽지 않다. 좋은 사람을 만나서 그와 결혼했다 하더라도 살다 보면 생각했던 것과 다른 점들이 발견되게 마련이고, 예상치 못한 질병과 가족 문제, 경제적인 위기 등 어려운 상황이 언제든 펼쳐질 수 있기 때문이다.

그런데 사람들은 누구나 자신에게 좋은 일들만 생기기를 바란다. 그래서 안 좋은 일이 찾아오면 당황하게 되고, 낙심하고, 결국 좌절을 하게 된다. 그러니 만약 나중에 결혼할지 말지 고민이 된다면 스스로에게 물어보아라. 결혼 생활에 예상치 못한 악재가 닥쳤을 때 그가 과연 너를 원망하거나 힘들다며 너의 손을 놓고 도망가 버릴 사람은 아닌지….

이혼하고 다시 싱글이 된 남녀를 대상으로 한 설문조사에서 "전 배우자에게 가장 실망한 점이 무엇인가"라는 질문을 했을 때 "노력하는 모습을 보이지 않을 때"라는 답이 1위를 차지했다. 그만큼 노력은 중요하다.

만약 그가 어떻게든 어려운 상황을 헤쳐 나가기 위해 노력할 것 같다는 믿음이 든다면 그와 결혼해도 괜찮다. 단, 너 또한 그 어떤 상황이 오더라도 그와 함께 노력할 결심을 해야 한다. 너는 아무것도 하지 않으면서 그가 모든 걸 알아서 해 주기를 바라서는 안 된다. 그와 관련해 법륜 스님은 다음과 같이 말했다.

"결혼은 해야 한다, 하지 말아야 한다고 얘기하는 게 아니다. 결혼을 했으면 결혼 생활이 행복하도록 해야 하고, 혼자 살면 혼자 사는 것이 행복하도록 해야 한다. 행복은 결혼 자체와는 아무 상관 없는 것이다."

한번은 네 아빠에게 "당신은 왜 나랑 연애하고 결혼했어?"라고 물은 적이 있다. 그런데 네 아빠가 그러더구나.

"두 다리를 땅에 딛고 사는 모습이 예뻐 보였어."

나는 농담으로 "예쁜 게 그렇게 없어?"라고 툴툴댔지만 속으로는 싫지 않았다. 내 삶을 당당하게 걸어가는 모습을 예쁘다고 해 주는데, 기쁠 수밖에. 애초에 남자에 기대어 사는 삶을 생각해 본 적은 없지만 그렇다고 '여자라서'라는 편견에서 완전히 자유롭기도 힘들었다. 네 할아버지는 여자가 너무 똑똑하면 남자들이 부담스러워할 수 있다고 걱정했다. 그래서 내가 서울대를 졸업하고 대학원까지 가겠다고 하자 네 할아버지는 반대부터 하고 나섰다. 여자는 왜 똑똑하고 능력이 있으면 안 되는 걸까? 그래서인지 나는 어릴 적 내가 여자라는 사실이 너무 싫었다. 남자로 태어났으면 좋았을 텐데 왜 하필 여자로 태어나 매번 이런 서러움을 겪어야만 하는 건지 이해가 되지 않았다.

그런데 네 아빠는 내가 대학원 나온 것을 부담스러워하지 않았다. 언제나 자랑스러워했으며 멋지다고 말해 주었다. 그래서 나는 네 아빠가 좋았다. '여자답지 못하다'는 말에 더 이상 내가 콤플렉스를 느끼지 않게 해 주었기 때문이다.

그러고 보면 네 아빠는 처음부터 나를 그냥 '박소연'이라는 인간 자체로 봐 주었던 것 같다. 솔직히 처음 소개팅 자리에서 네 아빠를 만났을 때는 결혼은커녕 사귀게 될 거라는 생각을 하지 못했다. 그냥 뭐랄까. 나와 너무 다른 사람처럼 느껴졌다고 해야 하나.

그런데 네 아빠가 집 보러 다니는 임장을 좋아한다고 하면서 '만들어진 돈'보다 '내가 만들어 가는 돈'이 재미있을 것 같다는 말을 하는데 호기심이 생기더라. 그러다 자연스럽게 주말마다 임장 데이트를 하게 되었는데 네 아빠랑 노는 게 너무 재미있고, 무엇보다 '이 남자는 경제에 무관심하지 않네'라는 '경제적 안정감'이 들었다. 아마도 그때였던 것 같다. 네 아빠랑 결혼해도 괜찮을 것 같다는 생각이 든 게 말이다.

철학자 니체는 "결혼할 때 자신에게 질문을 던져라. 다 늙어서도 그와 대화를 잘할 수 있겠는가? 결혼해서 그 외의 것들은 다 일시적인 것들이다"라고 했다. 그런 면에서 보자면 나는 네 아빠와 '티키타카'가 잘 맞는 것 같다. 네 아빠와 대화를 나누는 게 여전히 재미있고, 늙어서도 함께 얘기할 것들이 참 많을 것 같기 때문이다. 그래서인지 나이가 들면 들수록 '대화가 통하는 사람'과 만나는 것은 정말로 중요하다는 생각이 든다.

대화가 통하려면 서로의 가치관이 비슷해야 한다. 어떤 이는 사회적 성공을 가치 있게 생각하고, 어떤 이는 그보다 행복한 가정을 일구는 것을 더 중요하게 생각한다. 이처럼 각자 살아가는데 결코 양보할 수 없는 핵심적인 가치를 가지고 있는데 그것이 비슷해야 같은 방향을 보고 걸어갈 수 있다. 그런 면에서 보자면 나는 네 아빠와 '돈'을 바라보는 가치관이 비슷했다. 얼른 돈을 모아 경제적인 안정을 이루고 싶어 했고, 돈에 휘둘리지 않는 삶을 살고 싶어 했다. 그래서 회사에서 열심히 커리어를 쌓으면서도 돈 공부를 게

을리하지 않았다. 무엇보다 돈을 모으고 불리는 과정에서 나는 네 아빠와 솔직하고 허심탄회하게 서로의 이야기를 나누었다.

너도 사람을 만나 보면 알겠지만 돈에 대해 이야기 나누는 것은 매우 조심스러울 수밖에 없다. 누구에게나 돈은 매우 민감한 부분이기 때문이다. 그래서 돈에 관한 이야기를 나누려면 서로 간에 그만한 신뢰와 친밀감이 있어야 한다. 사귄 지 한 달밖에 안 되었는데 "혹시 빚이 있어요?"라고 물었을 때 순수히 있다고 말할 사람도 없거니와 그런 질문을 한다는 자체가 실례일 수 있다.

이처럼 돈에 대한 이야기를 꺼내는 게 조심스럽다 보니 여자 후배들을 보면 남자의 직장과 연봉만 어렴풋이 알고 있을 뿐 결혼식이 끝날 때까지 상대방과 돈에 관한 대화를 솔직하게 나눠 본 적이 없는 경우가 허다했다. 그중에는 결혼한 뒤 비로소 남자에게 수억 원의 빚이 있는 걸 알고 이혼을 하네, 마네 난리를 친 사례도 있었다.

결혼을 통해 경제 공동체가 되기로 약속했다면 서로의 경제력에 대해 허심탄회하게 이야기할 수 있어야 한다. 이때 경제력이라는 것은 부모에게 받은 유산이나 내가 해 놓은 저축, 매달 받는 월급처럼 당장의 현금 동원력을 의미하기도 하지만 광범위하게 보면 '경제관념'이기도 하다. 똑같은 월급을 가지고도 은행에 저축할 것이냐, 소비할 것이냐, 좋은 곳에 투자할 것이냐에 따라 6개월 후의 결과는 천지 차이가 난다.

그러므로 결혼을 앞두고 돈에 대해 서로가 가지고 있는 생각을 오픈하고 의견을 모아 가는 것은 매우 중요하다. 나는 네가 만약 결혼을 고민하고 있다면 상대방과 반드시 돈에 대한 대화를 나눠 봤으면 좋겠다. 돈을 어떻게 모을지, 돈을 어떻게 쓸지 이야기하다 보면 그 사람의 인생이 보이게 마련이다.

지금 당장 돈이 많지 않은 것은 아무 문제가 되지 않는다. 가난해도 상관없다. 너와 '돈의 대화'를 허심탄회하게 나눌 수 있고, 앞으로 어떻게 벌어 어떻게 쓸지에 대해 모두 너와 함께 의논해 나갈 수 있는 사람이면 괜찮다는 말이다.

때로 인생은 타이밍이다. 인생을 걸어가다 힘든 길을 만났을 때 너의 손을 놓지 않고 기꺼이 같이 가 줄 사람을 만난다면, 그와 솔직하게 돈에 대한 대화를 나눌 수 있고 그가 너를 동등하게 대접한다면, 네 상황이 어떻든 그런 사람은 절대 놓치지 마라. 하지만 그런 사람이 없다면 괜히 남들 따라 결혼을 서두를 필요는 없다. 결혼을 위한 결혼은 후회를 부를 뿐이다. 그리고 네가 좋은 삶을 살고 있다면 너를 알아봐 줄 사람이 분명 나타날 것이다.

만약 네가 결혼을 하고 싶지 않다면 결혼하지 않아도 괜찮다. 그런데 남자는 많이 만나 봤으면 좋겠다. 누군가를 사랑하고 그에게서 사랑받는 경험을 하는 것만큼 인생에서 가치 있는 건 별로 없기 때문이다. 그러니 결혼은 미루어도 사랑만큼은 미루지 마라. 후회 없이 사랑하고 사랑받을 것. 나는 네가 그럴 수 있으면 참 좋겠다.

싫어하는 사람과
굳이 친해지려 애쓰지 마라

[처세의 기술]

SNS에서 싫은 사람은 차단하면 그만이고, 어떤 모임에서 만난 사람이 싫으면 모임을 그만두면 그만이다. 그런데 직장에서는 그러기가 힘들다. 싫든 좋든 그와 같이 일하고, 밥 먹고, 술도 마셔야 한다. 보기 싫다고 안 보고 살 수가 없다. 물론 회사를 그만두면 안 볼 수 있다. 하지만 일도 연봉도 만족스러운데 싫은 사람 한 명 때문에 회사를 그만두는 건 너무 안타까운 일이다. 더 큰 문제는 그 어떤 조직이든 이상한 사람들은 일정 수 이상 존재한다는 사실이다.

나는 애널리스트로서 사람을 많이 만날 수밖에 없는 직업이다 보니 리멤버 앱에 저장된 명함만 1500개가 넘는다. 아마 사회 초년생 때 만난 사람들까지 포함하면 더 많을 수도 있을 것이다. 그렇게 수많은 사람들을 만나다 보니 이해가 안 되는 사람들이지만 같이 일을 해야 하는 경우도 종종 있었다. 처음에는 싫은 사람과 같이 일해야 한다는 사실 자체가 심한 스트레스로 다가왔지만 차츰 그들과 일하는 법을 익히게 되었고, 요령이 생기면서 나중에는 일을 하는 것이 훨씬 수월해졌다. 만약 이상하고 싫은 사람들 때문에 회사 다니는 게 너무 힘이 든다면 다음의 팁들을 참고했으면 좋겠다.

굳이 친해지려 애쓰지 말 것

김애란의 단편소설 〈풍경의 쓸모〉에는 이런 문장이 나온다. "어른이 별건가? 지가 좋아하지 않는 인간하고도 잘 지내는 게 어른이지." 이때 잘 지낸다는 것이 그 관계에 최선을 다하라는 뜻은 아니다. 인생에서 중요하지 않은 사람들에게 나의 소중한 에너지를 낭비할 필요는 없다. 싫은 사람과도 잘 지내 보려고 너무 애쓸 필요가 없다는 것이다. 마음에도 없는 노력은 관계를 더욱 어색하게 만들 뿐이다.

인간관계라는 것이 뭘 하든 잘 맞는 사람이 있는가 하면 뭘 하든 잘 안 맞는 사람이 있게 마련이다. 심리학자들이 말하기를 일반적으로 100명을 만나면 그중 나를 싫어하는 사람이 10명쯤 있다고 한다. 그러니 누군가 너를 싫어한다고 해서 너무 상처받지 마라. 상대방을 원망하지도 마라. 네가 아무리 노력해도 상대방이 너를 좋아하지 않을 수 있다는 사실을 받아들이는 게 먼저다. 그리고 안 맞는 사람과는 그냥 적당한 거리를 두고 최대한 접점을 줄이면서 업무적으로 필요한 부분만 깔끔하게 처리하는 것도 방법이다. 가깝지 않아도 서로의 거리를 존중하며 일할 수 있는 방법은 생각보다 많다.

싫은 사람과 그와 같이 하는 일을 구분할 것

간혹 싫으면 꼭 티를 내는 사람들이 있다. 마치 상대방이 그것을 알아채고 기분이 나쁘거나 화가 나기를 바라는 사람처럼 말이다. 나는 그런 사람을 보면 안타깝다는 생각이 든다. 왜냐하면 그냥 조용히 싫어하면 아무 문제가 없는데 굳이 티를 내서 상대방을 적으로 만들어 버리기 때문이다. 안 그래도 경쟁자가 많은 회사에서 적을 한 명 더 만들 이유는 없다. 그리고 그 어떤 사람이든 자신의 말을 자르거나 기분 나쁜 표정을 짓고 대꾸조차 하지 않으면 기분이 상하게 마련이다. 즉 싫은 티를 노골적으로 내는 것은 사람에 대한 최소한의 예의를 저버리는 행위나 다름없다. 그렇다고 싫은 사람의 비위를 맞추라는 말이 결코 아니다. 아무리 싫어도 상대방에게 최소한의 예의는 지킬 줄 알아야 한다는 얘기다.

또 싫은 사람과 일을 하게 되면 아무래도 불편할 수밖에 없지만 일은 일일 뿐이다. 일에는 최대한 감정을 개입시키지 않는 것이 좋다. 바로 위 상사가 싫어도 팀원으로서 해야 할 일은 해야 한다는 뜻이다. 그리고 아무리 누군가가 싫어도 남들 앞에서 험담은 하지 말아라. 내 앞에서 다른 이를 헐뜯던 사람이 다른 자리에 가서는 내 욕을 하는 모습을 보게 될 때가 있다. 속상하지만 어쩔 수 없는 일이다. 다행인지 불행인지 뒷담화를 좋아하는 사람들이 잘 풀리는 경우를 별로 본 적이 없다. 사람은 본능적으로 남에 대한 험담을 일삼는 이를 별로 신뢰하지 않기 때문이다.

그만두는 건 언제든 가능하다

그럼에도 싫은 사람과 같은 공간에서 일을 한다는 것은 참 쉬운 일이 아니다. 그래서 중간중간 너무 힘이 들었을 때 네 아빠에게 하소연을 한 적이 있는데 어느 날 그런 얘기를 하더라.

"내가 볼 때 세 가지 조건 중 한 가지라도 만족스러우면 그 회사는 계속 다니는 게 맞을 확률이 높아. 첫째는 일, 둘째는 연봉, 셋째는 사람인데 당신은 이중에서 몇 가지가 불만이야?"

그러고 생각해 보니 일이 힘들고 연봉도 만족스럽지 않았지만 배울 점이 많은 좋은 사람들이 있어서 위기를 극복했던 경우도 있었고, 사람 때문에 힘들지만 일이 재미있고 성과가 좋아 연봉이 오르니 계속 열심히 했던 경우도 있었다.

만약에 네가 사람 때문에 너무 힘들다면 사표를 쓰고 이직을 하는 것도 방법이다. 예전의 한 선배가 그런 얘기를 한 적이 있다.

"월급쟁이는 영원히 을일 수밖에 없지만 단 한 번 갑이 될 수 있는 때가 있다. 그것은 바로 다닐 회사를 선택할 수 있는, 사표를 쓸 때다."

나도 세 번 정도 이직을 했는데 그중 한 번은 사람 때문에 너무 힘들어 사표를 썼다. 그리고 다행히 옮긴 직장에서 별 문제 없이 사람들과도 잘 지냈고 일도 잘 풀렸다. 하지만 그렇다고 내가 사표를 아무 계획도 없이 무작정 던진 것은 결코 아니다. 사람 때문에 받는 스트레스가 극에 달할 무렵 이직 제안이 들어왔는데 좋은 기회라는 생각이 들었다. 그리고 지금 그만둔다고 해도 최선을 다했기에 후회는 없을 것 같았다. 그래서 그때 나는 미련 없이 사표를 쓸 수 있었다.

그만두는 건 언제든 가능하다. 네가 마음만 먹으면 오늘 당장 그만두겠다는 의사를 밝힐 수도 있을 것이다. 하지만 후회하지 않으려면 사표를 쓰는 것은 언제나 너를 위한 최선의 선택이어야 한다. 그런 의미에서 보자면 누군가 너를 삐딱한 시선으로 보거나 싫어할 때 네가 그에게 할 수 있는 최고의 복수는 그가 함부로 못 할 만큼 네가 성공하고 행복해지는 것이다. 그러니 너를 힘들게 만드는 사람이 있다면 그와 상관없이 네가 웃을 수 있고 행복해질 방법부터 찾아보아라. 그러면 분명 답을 찾을 수 있을 것이다. 만일 아무리 생각해도 사표가 답이라면, 그 후의 계획도 서 있다면 용감하게 사표를 써라. 나는 그런 너를 응원할 것이다.

네 한계를 정할 수 있는 것은
오직 너뿐이다

[성공]

1960년대 냉전이 최고조에 달했던 당시 미국과 소련의 우주개발 경쟁에서 미국을 승리로 이끌었던 NASA(미항공우주국)의 첫 유인 우주선 프로젝트인 '머큐리 프로젝트(Project Mercury)'. 그때 NASA 직원들은 우주선을 쏘아 올리기 위해 손으로 수많은 계산을 해야 했다. 지금은 머릿속으로는 안 되는 복잡한 계산을 컴퓨터나 스마트폰으로 단숨에 할 수 있지만, 당시에는 컴퓨터가 없었기에 사람이 직접 그 모든 계산을 할 수밖에 없었다.

그때 계산원으로 일했던 사람 중에는 천부적인 수학적 재능을 가지고 있는 캐서린 존슨, IBM 컴퓨터 실행 기반을 다진 천재 프로그래머 도로시 본, NASA 최초의 흑인 여성 엔지니어 메리 잭슨

이 있었다. 그들은 머큐리 프로젝트에 큰 기여를 했지만 오랫동안 세상에 알려지지 않았다가 영화 〈히든 피겨스(Hidden Figures, 숨겨진 인물들)〉를 통해 세상에 알려졌다.

그들의 공통점은 하나였다. 흑인이자 여성이라는 것. 그런데 1960년대 당시에는 인간이 우주에 가는 것만큼이나 흑인과 백인이 한 교실에서 같이 수업을 듣는 것이 어려웠다. 미국의 인종 차별은 매우 심해서, 흑인이 버스에서 백인 칸에 앉으면 승차를 거부당했고, 백인 식당은 흑인에게 음식을 서빙하지 않았으며, 흑인은 공공건물부터 화장실, 음식점, 병원에 이르기까지 백인과 다른 출입구를 사용하거나 들어갈 수가 없었다. 여성 차별은 말할 것도 없었다.

NASA도 예외는 아니었다. 그래서 그들은 흑인이라는 이유로 사무실로부터 800미터 떨어진 유색인종 전용 화장실을 사용해야 했고, 여자라는 이유로 중요한 회의에 참석할 수 없었고, 커피포트조차 남들과 다른 유색인종 전용 커피포트를 써야만 했다.

그러다 보니 캐서린 존슨은 NASA의 핵심 두뇌들조차 해결하지 못한 수학 공식을 풀어 내지만, 보고서에 자신의 이름을 올릴 수가 없었다. 도로시 본은 아무리 밤새도록 일하고 리더 역할을 훌륭히 해내도 승진에서 번번이 떨어졌다. 메리 잭슨 또한 실력이 뛰어났지만 엔지니어가 될 수는 없었다.

하지만 그들은 편견과 차별에 굴하지 않았다. 캐서린 존슨은 결국 백인과 같은 화장실을 쓰게 되었고, 더 나아가 수많은 남자들이 실패한 계산에 성공해 인류의 달 탐사에 혁혁한 공을 세운다. 도로 시 본은 IBM 컴퓨터가 들어와 계산원이라는 일자리를 잃을 위기에 처하지만 기민한 판단력과 실행력으로 IBM 컴퓨터 다루는 법을 익혀 자신뿐만 아니라 수많은 여직원들을 실직 위기에서 구하고, NASA 최초 흑인 여성 슈퍼바이저가 되었다. 메리 잭슨 역시 엔지니어가 되려면 백인들만 다니는 학교에서 수업을 들어야 한다는 조건 때문에 꿈을 포기해야 할 상황에 놓이지만 법원에 입학 청원서를 내고 긴 싸움을 벌인 끝에 흑인 최초로 백인들만 다니는 학교에 들어가 흑인 여성 엔지니어로 성공하며 새로운 역사를 만들어 낸다.

나는 영화를 보고 나서 "천재성에는 인종이 없고, 강인함에는 남녀가 없으며, 용기에는 한계가 없다"는 포스터의 글귀에 무척 공감했다. 영화의 주인공들은 모두 흑인이라는 이유로, 여자라는 이유로 심한 차별을 받지만 '사회가 그렇고 세상이 그러니 내가 할 수 있는 게 없다'며 지레 포기하지 않는다. 그들은 동료인 백인 남성들을 원망하고, 조직을 원망하고, 세상을 원망하며 불평불만을 늘어놓는 대신, 그저 자신이 할 수 있는 것들을 하는 데 집중했다. 흑인이어도, 여자여도 충분히 무엇이든 해낼 수 있음을 말이 아닌 행동으로 보여 준 것이다.

그들을 보며 미국의 투자가인 제럴딘 와이스를 떠올렸다. 1926년생인 그녀는 UC버클리를 졸업하고 일찌감치 결혼을 했지만 애널리스트가 되고 싶다는 꿈을 이루기 위해 30대 중반의 나이에 일자리를 알아보게 된다. 하지만 번번이 퇴짜를 맞아야만 했다. 당시만해도 결혼 후 사회생활을 하는 여성 자체가 드물 때였다. 게다가 투자업계에선 여성이 이성보다 감정을 우선시하기 때문에 냉철한 의사 판단을 잘 못하며, 돈을 잘 다루지 못할 거라는 편견이 지배적이었다.

하지만 그녀는 포기하지 않았다. 40세가 되던 1966년 직접 〈인베스트먼트 퀄리티 트렌즈(IQT:Investment Quality Trends)〉라는 뉴스레터를 창간한다. 대신 여자라는 사실이 알려지면 아무도 구독하지 않을 것 같아서 'Mr. Weiss' 또는 'G. Weiss'라는 이름을 써서 남자인 척했다. 이 뉴스레터는 투자자들 사이에 탁월하다는 입소문이 나면서 엄청난 인기를 끌었고, 10년 후인 1977년 그녀는 TV 토크쇼에 출연하게 되었다. 그녀가 토크쇼에 모습을 드러냈을 때 구독자들은 뉴스레터의 발행인이 남자가 아니라 여자라는 사실에 크게 충격받았지만, 이미 그녀가 제공한 투자 정보들로 많은 수익을 냈기에 그것을 문제 삼지 않았다. 결국 그녀는 여자가 투자가로 일하는 것은 적합하지 않다는 사회적 편견을 그녀만의 방식으로 깨트렸다. 사회가 일자리를 주지 않자 스스로 일자리를 만들어 자신의 능력을 입증한 것이다. 그녀가 미국에서 1대 여성 투자가로 가장 많이 언급되는 이유다. 그녀는 그 후 20년을 더 뉴스레터를 발행했고 그녀가 세상을 떠난 지금도 이 뉴스레터는 계속 발행되고 있다.

누구나 차별을 당하면 억울하고 부당하다는 생각을 하게 된다.

그리고 그 상황에서 좌절하는 대신 묵묵히 목표와 꿈을 향해 나아가는 것은 정말 쉬운 일이 아니다.

증권업계에 처음 발을 내디뎠을 때가 생각난다. 당시 증권사엔 여자 시니어가 희귀했고, 롤모델로 삼을 만한 성공 사례는 더더욱 부족했다. 그러다 보니 나는 어떻게 하는 게 좋을지 몰라 매일매일 허둥대고 전전긍긍했다. 여자라서 잘 못한다는 말은 듣기 싫은데 웬지 선배들이 나를 어려워하는 게 '여자'라는 사실 때문인 것만 같았다.

그런 내 눈에 들어온 것은 담배를 피우는 사람들이었다. 부장이며, 과장이며, 대리며 남자 선배들은 담배 피우러 가서 중요한 회사 정보를 많이 공유하는 것 같았다. 최근에는 어느 부서 실적이 좋고, 그 부서의 부장이 차기 임원이 될 것 같고, 그래서 그 부서에 가고 싶어 하는 사람들이 줄을 섰더라 등등. 그러자 '나도 담배를 배워야 하나' 하는 생각이 들었다. 자꾸 나만 중요한 정보들을 놓치고 소외되는 느낌이 들었기 때문이다.

그래서 하루는 담배를 피우지는 않지만 담배 피우러 가는 선배들을 따라 옥상에 간 적이 있다. 그런데 막상 가 보니 연기가 밖으로 잘 빠지지 않아 부스 안 곳곳이 매캐했고, 잠시 있었는데도 머리카락까지 담배 냄새가 배고 말았다. 그리고 홀짝홀짝 자판기 커피를 마시며 남자 선배들이 하는 이야기를 들어 보니 일과 관련 없는 잡담이 대부분이었다. 내가 있어서 시시한 잡담만 한 건지, 아니면 대부분은 그런 대화를 나누는 건지 모르겠지만 어쨌든 나는 아무

수확도 없이 자리로 돌아왔고, 나에게 남은 건 온몸에 밴 담배 연기 뿐이었다. 그리고 그날 내내 담배 냄새를 견디느라 너무 힘들었다.

별일 아닐 수도 있지만 나는 그때 회사에서 남자들과 같은 방식으로 경쟁하고 일하는 것이 어려울 수도 있겠다는 생각을 처음으로 하게 되었다. 그리고 주위를 둘러 보니 나처럼 담배를 피우지 않는 남자 선배들도 여럿 있었다. 그러자 이 모든 것이 나의 조급함이자 지나친 피해의식일 수도 있겠다는 생각이 들었다. 그때부터였다. '여자라서 차별받는다는 피해의식에 사로잡혀 일을 망치지 말자', '그냥 나답게 나만의 방식으로 인정받자'라는 결심을 한 것은.

생각해 보면 나는 그때 나에게는 없지만 다른 사람들은 가지고 있는 것들을 참 많이 부러워했던 것 같다. 주변의 시선을 의식해 나 스스로가 아닌 다른 사람의 기준에 맞춰 행동하고, 다른 사람의 인생을 흉내 내려 한 것이다. 나라는 사람의 인생을 살지 못하고, 다른 사람의 그림자를 졸졸 따라다녔던 셈이지. 그런데 그럴 필요가 없었다. 사람은 누구나 가지고 태어난 기질, 능력이 다르므로 남의 인생을 흉내내 봐야 그를 따라잡지 못할뿐더러 그러는 동안 '나'를 잃어버리게 된다. 그리고 '제2의 유재석', '제2의 백종원', '제2의 워런 버핏', '제2의 윤여정'이라 불리는 삶이 과연 행복할까. 다른 사람의 그림자를 쫓아가 봐야 그림자 인생이 될 수밖에 없다.

나이 오십이 가까워 오니 이제는 비로소 알 것 같다. 왜 쉰 살을

'지천명(知天命)'이라고 부르는지. 지천명이라는 것은 말 그대로 '하늘의 명을 알게 된다'는 의미인데 나는 지금에서야 내가 어떤 사람인지, 내가 가진 그릇은 어떤 그릇인지, 하늘이 어떤 인생을 살라고 나를 이렇게 내렸는지, 나는 세상에서 어떤 역할을 해야 할지 조금은 알 것 같은 느낌이다.

만약 그때 담배를 배워 남자 선배들과 친해졌다면 회사 생활을 좀 더 수월하게 할 수 있었을지도 모르지만 정말 내가 원하는 것들을 이룰 수 있었을지는 잘 모르겠다. 왜냐하면 아무리 내부 정보에 능하고 줄을 잘 서도 결국 회사에서의 존재 가치는 '결과'로 판명 나기 때문이다.

회사에서는 일을 되게 만드는 것이 정말 중요하다. 남자든 여자든, 외향적인 사람이든, 내향적인 사람이든, 일을 처리하는 방법이나 스타일은 사람마다 다르게 마련이지만, 회사는 수익을 내고 성장하는 것을 목표로 하기 때문에 과정보다는 결과로 판단할 수밖에 없다. 그러므로 회사에서 존재 가치를 증명하려면 여자든, 남자든 그에 상관없이 결과를 만들어 낼 수 있어야 한다. 아무리 처세에 능해도 일을 잘하지 못하면 결국 회사에서 인정받고 승승장구하기 힘들다는 얘기다.

영화 〈히든 피겨스〉의 주인공들과 투자가인 제럴딘 와이스는 그어떤 편견과 차별에도 무너지지 않고 앞으로 나아갔다. 그런데 결국 그들을 성공으로 이끈 것은 그들의 뛰어난 실력이었다. 뛰어난 실력으로 누구도 함부로 못 하는 탁월한 결과를 만들어 냄으로써 편견과 차별을 이겨 낼 수 있었던 것이다.

네가 어떤 일을 하든 너에 대한 편견을 가지고 있는 사람이 있을 수 있고, 학력이나 성별 등으로 너를 무시하거나 차별하는 사람이 있을 수도 있다. 하지만 나는 네가 그것에 번번이 무너지지 않았으면 좋겠다. 무엇보다 그것이 너를 좁은 틀 안에 가두고 더 나아가 너의 목표와 꿈을 포기하게 만들지 않기를 바란다. 네 한계를 남들의 손에 맡기지 말라는 얘기다. 그리고 남들이 뭐라고 하기도 선에 스스로 겁먹고 네 한계를 낮추지도 마라. '나는 할 수 없을 거야', '해 봤자 안 될 거야'라면서 스스로를 깎아내리지 마라. 무엇이든 해 보고 나서 판단해라. 정말 할 수 없을지, 아니면 해낼 수 있는 일인지 그것은 아무도 모른다. 해 보기 전까지는 말이다. 심지어 너 자신도 모를 수 있다.

그리고 너를 편견에 가득한 시선으로 바라보는 사람들 때문에 주눅 들어 괜히 다른 사람의 인생을 흉내 내려 하지 마라. 그냥 남들이 뭐라고 하든 그에 상관없이 부지런히 너의 실력을 갈고 닦아 결과로 보여 주어라. 네가 결과를 보여 주면 너를 못마땅하게 생각하는 사람들도 너의 손을 잡으려 할 것이다. 만약 그렇지 않더라도 상관없다. 어떤 일을 잘해 냈다는 성취감이 너의 자존감을 높여 줄 테고, 너는 더 강해질 것이다. 그리고 적어도 너 자신은 알게 될 것이다. 다른 사람을 흉내 내려 애쓰지 않아도, 그냥 너의 방식으로도 충분히 성공할 수 있다는 사실을 말이다.

딸아, 너는 네 생각보다 더 용감하다

[인생]

한 여자가 있었다. 그녀는 결혼해 서른네 살까지 전업주부로 살다가 이혼 후 말도 통하지 않는 미국 뉴욕으로 떠나 그곳에서 미용 기술을 배웠다. 5년 후 그녀는 한국의 헤어 트렌드를 주도하는 최고의 헤어 드레서가 되어 나타났다. 우리나라 최초로 헤어 쇼를 열고 단발머리 열풍을 일으켜 1970~1980년대 미용계의 판도를 바꾸었고, 〈보그〉지가 선정한 '올해의 세계 20대 헤어 드레서'에 선정되기도 했다. 그레이스 리, 그녀가 나의 눈에 들어온 것은 어느 날 신문 기사를 보다 우연히 그녀가 남긴 말을 보고 나서였다.

"내 장례식은 우중충하고 궁상스럽고 징징거리는 모습이 아니었으면 좋겠어. 충분히 근사하게 살다 죽었는데 뭐가 슬프고 뭐가 아쉬워? 그러니 하얀 국화꽃 대신 분홍 장미를 장식하고 음악도 탱고나 내가 자주 듣던 걸로 틀어 줘. 그리고 음식도 장례식장에서 파는 것 말고 진짜 근사한 메뉴를 짜야 하는데 그건 아직 생각 중이야."

나이 일흔을 앞두고 느닷없이 암 선고를 받았지만 그녀는 너무 의연했다고 한다. 암과의 싸움이 두려울 법도 한데 사색이 되어 달려온 아들과 딸들에게 "어쩌면 마지막이 될지도 모르니, 먹고 싶은 것 다 먹어 보게 파티나 하자"라며 입원 파티를 열었고, 항암 치료로 머리카락이 다 빠져 머리를 짧게 자른 후에도 "이렇게 두상이 예쁜 줄 알았으면 진즉 쇼트커트를 하는 건데 괜히 단발을 고집했어"라는 말을 했을 정도다.

그래서 그녀의 유언에 따라 실제로 장례식장에서 영정 사진 주변은 그녀가 생전에 가장 좋아했던 핑크 바이올렛 컬러의 장미꽃으로 채워졌고, 그 외 공간들은 분홍빛 꽃들로 가득했다. 장례식 내내 은은한 음악이 울려 퍼졌음은 물론이다. 평소 그녀는 "죽음은 삶의 한 부분일 뿐 특별한 것이 아니다"라는 말을 많이 했다고 한다. 누구나 생애 끝자락에는 죽음을 맞이하는 법이니 장례식에 온 사람들이 너무 슬퍼하거나 우울해하지 않기를 바랐던 것이다.

그 기사를 읽으며 내 장례식도 그랬으면 좋겠다는 생각이 문득 들었다. 인생을 하나의 여행이라고 생각하면 그렇게 심각해질 것도, 우울해할 이유도 없지 않을까. 먼 곳으로 여행을 떠날 때마다 느끼는 거지만 여행지의 날씨가 항상 좋은 것은 아니다. 맑고 화창

한 날씨를 만날 때도 있지만 어느 날은 비가 오기도 하고, 어느 날은 흐리고 거센 바람이 불기도 한다. 그렇다고 여행이 재미없는 것은 아니다. 여러 가지 제약이 따르지만 흐리면 흐린 대로 좋고, 맑으면 맑은 대로 좋다. 인생도 마찬가지다. 스물한 살에 사랑하는 엄마를 느닷없이 잃고 난 후 힘들고 고통스러운 시간도 있었지만 그 이상으로 영광스럽고 좋았던 순간도 많았다. 네 아빠와 너와 네 동생을 얻었고, 20년 넘게 회사를 다니며 정말 다양한 경험을 할 수 있었다. 그것이 내 묘비명을 "즐거운 여행이었다"라고 쓰고 싶은 이유다.

엄마가 돌아가셨던 마흔여섯, 내가 그 나이가 될 것이라고는 상상도 못 했는데 그 나이가 되고 보니 이제는 알 것 같다. 엄마처럼 나도 언제든 예상치 못한 사고로 세상을 떠날 수 있다는 사실을, 내가 할 수 있는 건 결국 매 순간을 소중히 여기며 사는 것뿐임을 말이다. 하버드대 의대 교수 아툴 가완디는 《어떻게 죽을 것인가》에서 "결국 우리의 궁극적인 목표는 좋은 죽음이 아니라 마지막 순간까지 좋은 삶을 사는 것이다"라고 했는데 그 말이 맞다. 나 또한 인생의 마지막까지 좋은 삶을 살기 위해 노력하는 것이 내가 할 수 있는 최선이라는 생각이 드는 것이다.

그래서 나는 상상한다. 만약 내 장례식을 치러야 한다면 죽은 나보다는 남은 생을 살아가야 할 너와 네 동생에게 의미 있는 자리가 되었으면 좋겠다는 것이다. 엄마를 잃어 슬퍼하고 있는 너희들에게 장례식에 온 사람들이 '엄마는 이제 안 계시지만 엄마는 너희들을 정말 사랑했다'라는 말을 전해 주었으면 좋겠다. 그래서 너와 네 동생이 너무 오래 슬픔에 빠져 있지 않기를, 또다시 힘을 내어 앞으로 나아갈 수 있으면 참 좋겠다.

딸아, 스킨십도 좋아하고 감성적인 너에게 내가 매번 충분히 표현을 못 해 줘서 서운하다는 것을 안다. 하지만 내가 너를 별로 사랑하지 않는다는 생각은 하지 않았으면 좋겠다. 나는 너의 엄마여서 자랑스럽고 네가 내게에 의 준 것만으로도 너무 고맙다. 그래서 네가 바쁜 엄마를 이해한다고 말할 때마다 '어디서 이런 보석이 나한테 왔을까' 싶다가도 다른 집 아이들처럼 그냥 서운하다고, 좀 더 너한테 시간을 내 달라고 조를 수 있을 텐데 그러지 않는 게 나 때문인 것 같아 그저 미안할 뿐이다.

네가 초등학교 1학년 때였을 것이다. 너의 친구들이랑 그 엄마들까지 쇼핑몰에 놀러 간 적이 있었는데 술래잡기한다고 흩어졌다가 다들 돌아왔는데 네가 보이지 않았다. 그래서 애들에게 네가 어디 있느냐고 물었더니 중간부터 보이지 않았다고 했다. 그 순간 가슴이 철렁했다. 너를 잃어버릴 수도 있다는 공포가 밀려오는데 정말 그때의 심정은 죽을 것만 같았다. 무슨 정신이었는지도 모르겠다. 나는 미친 듯이 너를 찾아 나섰다. 네 이름을 목청껏 부르며 쇼핑몰을 몇 번을 돌았는지 모르겠다.

30분쯤 지났을까, 다행히 마트 계산대 옆에서 너를 찾을 수 있었다. 혼자서 무섭지만 울음을 최대한 참으며 발을 어깨 넓이로 벌리고 똑바로 서 있는 너를 발견했을 때 나도 모르게 눈물이 났다. 내가 "유진아!" 하면서 소리를 치니까 너는 나를 발견하고는 뛰어와서 안겼지. 나중에 내가 너한테 물었던 게 기억나니?

"왜 거기에 계속 그렇게 서 있었어?"

그러자 너는 말했지. 어린이집에서 엄마를 잃어버리면 어디 돌아다니지 말고 그 장소에 꼼짝 말고 서 있어야 한다, 엄마 찾는다고 돌아다니면 더 못 만난다고 배워서 그렇게 서 있었다고. 길을 잃고 어디선가 엉엉 울고 있을 줄만 알았는데, 그 넓은 쇼핑몰에서 너무 무서웠을 텐데 배운 대로 침착하게 행동한 네가 너무 기특했다. '작지만 용감한 장군'처럼 느껴졌달까.

앞으로도 네가 인생을 살다 보면 힘든 일이 많을 것이다. 그리고 어느 때인가는 나도 너와 작별을 해야 할 것이다. 하지만 나는 너를 걱정하지 않는다. 그때의 너는 여덟 살 어린아이였지만 너무나 용감하고 슬기로웠기에 앞으로도 그렇게 계속 한 발 한 발 나아갈 것이라는 생각이 들기 때문이다. 너는 네 생각보다 훨씬 더 용감한 아이다. 그래서 나는 너의 미래가 기대된다. 네가 용감하고 당당하게 만들어 갈 너의 인생이 기대되는 것이다. 다만 딸아, 눈물이 날 때는 너무 참지 마라. 그냥 시원하게 울고 다시 일어나기만 하면 돼. 네가 어떤 삶을 살든 인생의 마지막 순간에 '즐거운 여행'이었다고 말할 수 있다면 그것으로 충분할 것이다.